기관투자자만 아는
부동산 투자 운영 매뉴얼

기관투자자만 아는
부동산 투자 운영
매뉴얼

최인천 지음

A manual for Real Estate Investment & Management

매일경제신문사

들어가며

　해외에는 기관의 부동산 투자 역사가 수십 년에 이르고 있어 이론적 기반과 경험이 상당히 많이 축적되어 있지만, 국내는 그렇지 못합니다. 특히 한국 부동산 시장 특성을 반영한 '부동산 투자·운영 매뉴얼'은 더더욱 찾기 어려운 것이 현실입니다.

　부동산 투자 전략은 경영·경제·법학·건축 등 다양한 학문적 접근을 통해서 도출될 수 있으므로, 어느 한 전문 분야 지식만으로는 전체를 이해하기란 어렵습니다. 따라서 성공적인 부동산 투자를 위해서는 각 분야의 전문가 의견을 제대로 수렴하면서, 이를 바탕으로 투자의 판단을 바르게 할 수 있는 기초 역량을 다지는 것 또한 필요합니다.

　이 책은 국내 금융기관의 부동산 투자 담당자라면 반드시 알고 있어야 할 상업용 부동산 투자 및 운영 전반에 대한 기본적이면서도 중요한 사항들을 다루고 있습니다. 또한 투자 은행(Investment Bank)에서의 근무 시 실제 현장에서 직접 체득하고 확인한 정보들이므로, 여러분들이 부동산 시장에 대한 혜안을 갖추는 데 도움이 되리라 생각합니다.

상업용 부동산은 호텔, 물류창고, 리테일, 복합시설 등 다양하지만 그중 국내 기관투자자에게 가장 선호되는 투자 대상인 중대형 오피스 투자 및 운영 노하우에 대해 집중했습니다. 중대형 오피스의 투자·운영 노하우를 잘 익혀놓는다면 부동산 투자 전반에 걸쳐 폭넓게 적용 가능하기 때문입니다.

  첫 장은 부동산 시장에서 공통적으로 사용되는 주요 용어를 다뤘으며, 이후부터는 부동산 투자 및 운영, 매각의 각 단계별 주요 내용을 업무 진행 순서대로 담고 있습니다. 그리고 마지막 장에서는 회사에서 직접적으로 활용 가능한 업무 기술을 담아, 일반 기업체의 사원-대리급의 기초 역량 배양에도 도움이 될 수 있도록 했습니다.

  여러 학문과 법률들이 복잡하게 얽혀 있는 부동산 투자에서 이 책이 모든 문제에 대한 해법이 될 수는 없을 것입니다. 하지만 부동산 투자·운영에서 기존보다 한 단계 발전된 논의를 할 수 있는 작은 초석이 되었으면 하는 바람입니다.

차례

들어가며 … 4

01 부동산의 기본용어 … 9
   1. 면적 … 11
   2. AM/PM/FM … 18
   3. 매매계약 … 19
   4. 임대차계약 … 20
   5. 수익성 분석 … 24

02 상업용 부동산 투자 개론 … 37
   1. 기관의 부동산 투자 … 38
   2. 부동산 투자 전략 … 39
   3. 서울 오피스 시장의 구분 … 44
   4. 해외투자자의 국내투자(in-bound investment) … 50
   5. 국내투자자의 해외투자(out-bound investment) … 52
   6. 부동산 투자의 경쟁력 … 60
   7. 부동산 업계 구분 … 61
   8. 부동산 투자의 자금조달 … 62
   9. 리츠(REITs) vs. 부동산 펀드(REF) … 64

03 투자 검토 단계 … 69
   1. 부동산 투자 개괄 … 70
   2. 비밀유지협약서(CA) … 73
   3. Background Check … 77
   4. 자산실사(Due Diligence, DD) … 81
   5. Rentroll … 90
   6. Stacking Plan … 92
   7. 면적의 확인 … 93
   8. As-Is Sale … 101
   9. To Do List … 101

04 매매계약서 … 105
   1. 매매계약서의 수정 … 107
   2. 정산 … 108
   3. 진술 및 보장 … 110
   4. 위약금, 위약벌, 해약금 … 116
   5. 구분소유권 매매 … 117
   6. 기업결합신고 … 117
   7. 부동산거래신고 … 119
   8. 사업양수도 … 119
   9. 공시 … 122
   10. 송금 … 125
   11. 매매계약의 체결 … 128
   12. 관할 법원 … 131
   13. 매매종결 … 132

05 투자 분석 … 135
   1. 수익률의 표시 … 136
   2. 환원이율(Capital Rate) … 153
   3. 차입의 효과 … 160
   4. 매각가격의 결정 … 162
   5. 오피스 개발사업의 개략적 수익성 분석 … 164
   6. 간접투자 세금정리 … 169

06 운영 ··· 173
    1. 관련 용어 정리 ··· 175
    2. 임대차계약 ··· 195
    3. 관리비 ··· 207
    4. 자본적지출 ··· 210
    5. 보험 ··· 213
    6. PM계약 ··· 222
    7. 투자와 운영과의 관계 ··· 223

07 대출 ··· 225
    대출약정서 주요 용어 해설 ··· 227

08 매각 ··· 239
    1. 매각 방법 ··· 240
    2. 매각 절차 ··· 241

09 기타 ··· 251
    1. 이메일 ··· 252
    2. 일정관리 ··· 264
    3. 명함관리 ··· 265
    4. 업무환경 만들기 ··· 266
    5. MS excel 등 활용팁 ··· 269
    6. 용어정리 ··· 274
    7. 외국계기업 취업 및 생활 ··· 279

부록
    가. 정산관련 계약서 예시 ··· 286
    나. 진술 및 보장 관련 계약서 예시 ··· 294
    다. 이사회 결의사항 내용 정리 ··· 302

글을 마치며 ··· 304

A manual for Real Estate Investment & Management

chapter
01

부동산의
기본용어

chapter 01 부동산의 기본용어

'부동산'의 근간은 어느 하나의 학문에서 나온 것이 아니라, 경영·경제·건축·법률[1] 등 여러 분야로 이루어져 있다. 또한 투자와 깊이 관련되기 때문에 증권·은행 등의 전문 영어가 자주 사용되고 있어, 어느 한 분야의 전공 지식만으로는 내용을 이해하기 힘든 경우가 많다.

이에 부동산 업계에서 사용하는 공통된 기본 용어에 대해 먼저 설명해 보고자 한다. 용어의 사용에 이미 익숙하다면 이번 장을 생략해도 좋지만, 그렇지 않다면 부동산 업계에서만 사용되는 공통 용어에 대해 이해하는 것이 부동산 투자 및 운영의 첫걸음이 될 것이다.

---

1) 부동산 시장에서 많이 활용되는 대학 전공 분야는 아래와 같다.
　경영학과 - 재무관리, 회계원리, 기업가치평가
　건축학과 - 건축계획, 설계, 도시계획
　법학 - 민법, 행정법, 자본시장통합법, 부동산 투자회사법, 신탁법

1. 면적

면적을 표현하고 이해하는 것은 부동산의 이해의 가장 첫걸음이라고 할 수 있다. 면적을 표시할 때는 m²을 사용하는 것이 원칙이나, 그 외에도 사용되는 단위와, 단위간 환산하는 방법을 제대로 이해해둘 필요가 있다.

m²

제곱미터 또는 스퀘어 미터(square meter)라고 읽고, sqm, m² 와 같이 표기한다.[2] 건축물대장, 등기부등본 등에서는 소수점 둘째 자리까지 사용하고 있다.

참고로 2007년 7월 1일부터 '계량에 관한 법률'에 의해 비법정계량단위 사용이 금지되고 있으며, 법정계량단위인 m(길이), m²(넓이), kg(무게), L(부피)와 같은 단위를 사용해야 한다.

ft²

평방피트 또는 스퀘어풋(square foot, sqf)[3]이라고 하며, 한 변의 길이가 12인치(inch)인 정사각형의 면적이 1ft²에 해당한다. 우리나라에서는 국제단위계(Système international d'unités, SI)를 사용하고 있어서 미터(meter)가 기본 단위다. 미국, 캐나다, 영국, 홍콩, 인도 등[4]에서는 이를 주로 사용하고 있어 해외 부동산 시장을 이해[5]할 때 필요하다.

---

2) 건설현장에서는 '헤베'라는 일본식 표현으로 사용하기도 한다. 유사하게 부피단위에 해당하는 m³을 '루베'라고 말하기도 하지만 세 제곱미터 또는 옛날 표현이긴 하지만 입방미터가 맞는 표현이다.
3) 복수로는 square feet, sqf, Sq. Ft.
4) 싱가포르에서는 sqm 를 사용한다.
5) 1 평 = 약 35.583ft²

평

평(坪)[6]은 척관법에서 쓰이는 면적 단위다.

넓이 1평은 여섯 자 평방이며, 곧 길이 여섯 자를 한 변으로 하는 정사각형의 넓이를 나타내므로, '6자×6자'를 뜻한다. 미터법으로 환산하면 약 3.3058제곱미터(400/121㎡)이다. 이 단위는 한 사람이 팔과 다리를 벌리고 누울 수 있는 넓이에서 기원했다.

한국산업규격에서는 평 대신 제곱미터를 쓰도록 규정하고 있다.

면적의 환산

예전에는 면적단위로 '평'을 사용해서 계약서를 작성했지만, 최근의 부동산 관련 계약서에서는 제곱미터(㎡)을 기본 단위로 하는 것을 더 많이 볼 수 있다. 하지만 여전히 계약 조건을 협의할 때 기본 단위로 평(坪)이 사용되는 경우가 많기 때문에, 환산 방법에 대해 잘 익혀놓을 필요가 있다.

두 단위를 환산할 때 가장 많이 사용하는 방법으로는 '1㎡=0.3025평(坪)' 또는 '1평(坪)=3.3058㎡'임을 이용해서 곱하거나 나누어 값을 계산한다.

문제는 3.3058을 사용할 때 발생한다. 0.3025는 유한소수이나, 3.3058은 무한소수이기 때문에 반올림하는 유효숫자의 개수로 인해 반환되는 숫자도 달라질 수 있음에 유의해야 한다.[7] 즉, 3.3058에서 보이듯이 소수점 5째 자리에서 반올림하게 되므로, 총 단위가 5단위(즉 1만평)가 넘

---

6) 산업자원부에서는 2007년 7월 1일부터 사용을 전면 금지했으며, 이를 위반 시 50만 원 이하의 과태료가 부과된다.
7) 정확히 환산하기 위해서는 400/121을 곱하거나 나누어야 한다.

어가게 되면, 반올림한 숫자의 합이 정확한 숫자들의 합계와 맞지 않게 된다.

예를 들어, 여러 사람이 면적 자료를 관리할 때 서로 동일한 기초 자료를 사용했고 계산에 틀린 것이 없는데도 불구하고, 그 합계 면적이 수십 평 정도가 다르게 나오는 경우가 있다. 이는 반올림한 숫자의 단위에 따라 '유효숫자'를 고려해야 하지 못한 데서 오는 오류이다.

필자가 면적을 환산할 때 사용하는 규칙은 다음과 같다.

- 제곱미터(m^2) 단위에서는 소수점 둘째 자리까지 유효숫자[8]다. 예를 들어 100.1m^2이면, 이는 100.10m^2이라는 의미다.

- 제곱미터(m^2)와 평(坪)을 환산할 때 '(m^2)×0.3025' 또는 '(평)×1/0.3025'를 사용해, 유효숫자의 오류가 발생하지 않도록 한다.[9]

예를 들어, 건물의 연면적이 32,109.87m^2이라 할 때 9,713평으로 적는 것이 필자가 사용하는 방법이다.

---

[8] 건축물대장에서도 소수점 둘째 자리까지를 유효숫자로 기입하고 있다. 참고로 부동산의 면적은 건축물대장을 기준으로, 소유권은 등기부등본을 기준으로 삼는다.
[9] 면적에서 '평'을 사용할 때엔 소수점을 사용하지 않는 것을 원칙으로 하되, 문서 전체적으로 소수점 첫 번째 자리까지 명기하는 경우엔, 소수점 둘째 자리에서 반올림해 하도록 한다.

상기 기준을 사용하는 이유는 다음과 같다.

32,109.87×0.3025=9,713.24가 나오는데, '9,713.24'라는 숫자 안의 유효숫자는 9,7,1,3으로 총 4개다. 즉 32,109.87에서 유효숫자 7개와 0.3025의 유효숫자 4개가 곱해지면, 작은 쪽의 유효숫자인 4개가 유효숫자가 되기 때문에, 소수점 이하의 0.24는 의미가 크게 없어진다. 즉 소수점 첫째 자리를 반올림한 앞 4자리만 의미가 있게 되는 것이고, 이는 9,713이 된다.

이를 검증해보면, 32,109×0.3025=9,712.97이며 이를 소수점 첫째 자리까지 반올림하게 되면 9,713으로 같은 숫자가 나온다.

물론 환산되는 면적이 0.3025의 유효숫자인 네 자리 숫자보다 작은 경우엔 그 숫자만큼 평으로 환산한 면적도 의미가 있을 수 있겠다. 하지만 기업용 부동산 투자를 하는 대상은 대부분 연면적 10,000m^2를 넘기 때문에, 면적(m^2)을 평(坪)으로 환산하게 경우 소수점을 적지 않고 반올림해서 표기하는 것으로 기준을 삼으면 편하다.

이와 유사하지만 평으로 환산할 때도 소수점을 적게 되는 다른 예를 들어보자. 만일 123.45m^2을 평(坪)으로 환산하면, 123.45×0.3025=37.34가 나온다. 따라서 평(坪)으로 환산한 이후에도 유효숫자 네 자리 모두를 사용해 37.34평(坪)과 같이 소수점을 포함해서 표기해야 한다. 이렇게 작은 면적을 평으로 환산할 때에는 소수점 둘째 자리까지도 사용할 수 있다. 이는 개별 임대차 계약 시 임대면적 환산 또는 아파트 분양 면적을 계산할 때 적용할 수 있다.

GFA

연면적(Gross Floor Area, GFA)은 부동산 매매 및 각종 계약의 기준이 되는 단위다.

단 연면적은 임대면적과 상이할 수 있는데, 연면적은 각종 공부에 따라 정해진 숫자로 임의로 변경될 수 없지만, 임대면적은 임대인(landlord)이 산정한 숫자로 건물의 연면적 안에서 필요에 따라 임의로 정할 수 있기 때문에 두 면적은 다를 수 있다.

GLA

총임대면적(Gross Leasable Area, GLA)은 GFA와 이론적으로는 같은 면적이 되어야 한다. 하지만 외부에 임대되지 못하는 면적, 예를 들어 PM(Project Management) 사무실 또는 빌딩 소유주가 직접 사용하는 회의실 면적 등이 발생할 수 있기 때문에 rentroll[10]에서 임대가능면적의 합계인 즉 GLA가 GFA와 일치하지 않는 경우가 있다.

전용면적

전용면적(Net Rentable Area, NRA)은 임차인이 독자적으로 사용하는 실내 거주면적을 의미한다. 임차면적에 전용율을 곱해 전용면적을 산출하며, 각 층별 상황에 따라 조금씩 다른 전용율이 적용될 수도 있다.

평면도를 통해 임차인도 쉽고도 정확하게 산정할 수 있다. 유의할 것은 실제 사용하게 될 공간에 가서 실측하는 것을 잊지 않는 것이다. 계약면적은 도면에서 나타난 면적[11]으로 하는 것이 일반적이지만, 혹시 실제와 도면 사이에 차이가 있을 수 있기 때문이다.

---

10) 각 임차인별 임차면적, 임대차기간 및 임대조건을 정리한 표다.
11) CAD 도면을 기준으로 면적을 산정하는 것이 일반적이다. 하지만 벽체마감 끝을 기준으로 하는지 또는 중심선을 기준으로 하는지 등의 산정 방법의 차이로 인해 달라질 수 있다. 참고로 건축법 제26조에서 '허용오차'를 규정하고 있으며, 평면길이의 경우 벽으로 구획된 각 실의 경우 10센티미터 또는 2% 이내로 허용오차를 두고 있다.

임차인의 인테리어 공사 등을 위해 실측할 때, 방의 길이는 물론 높이까지 측정하는 것이 필요하며, 줄자를 이용하는 것보다는 레이저 거리측정기를 사용하는 것이 편리하기도 하면서 정확하다.

공용면적

전용면적의 반대는 공용면적이라 하고 이 둘을 합친 것이 임대면적이다. 전용면적은 도면을 통해 산출하기가 비교적 수월하지만 공용면적은 그 산정 방법이 아직 명확히 정리되지 않았으며 임대인의 재량에 따라 건축 연면적 이내에서 임의로 책정될 수 있다.

공용면적은 크게 층별공용면적, 전체공용면적으로 나눌 수 있으며, 층별공용면적에는 그 층에서만 사용되는 화장실, 복도 등이 해당되고 전체공용면적은 기계실, 주차장, 1층 엘리베이터 홀 면적 등이 해당된다. 이러한 공용면적은 각 층의 전용면적 비율에 따라 각층으로 안분되어 그 층의 임대면적을 구성한다.

참고로 미국 BOMA(Building Owners and Managers Association International)에서는 업무시설, 상업시설, 주거시설 등 다양한 용도에 따른 임대면적을 산정하는 방법에 대해 자세히 정의하고 있다.

NOC

NOC(Net Occupied Cost)는 전용면적당 총 임대비용을 계산한 것으로, 서로 다른 빌딩 사이의 임대료 및 관리비 수준을 비교할 때 사용된다.

각 빌딩은 각기 다른 전용율을 갖고 있기 때문에 계약면적 또는 임대면적당 단가가 같다 하더라도 실제 사용면적에 대한 가격은 다를 수 있다. 또한 빌딩별 관리비 수준도 다를 수 있기 때문에 이를 임대료와 같이 고려할 필요가 있다.

따라서 임차인이 전용면적당 지불하게 되는 월 임대료 및 관리비를 아래와 같이 계산해 사용한다.

NOC = (임대료+관리비+보증금×보증금운용이익율[12])/전용율

용적률

용적률(Floor Area Ratio, FAR)은 지하층을 제외한 건축 연면적을 대지면적으로 나눈 비율이다. 도시공간의 합리적 이용을 도모할 목적으로 규제하고 있다.

정확히 말하면 지상층 연면적 중에서도 옥탑의 일부 면적 등은 제외되기 때문에, 이를 직접 계산하는 것보다는 건축물대장에 표시된 용적률 산정 시 적용되는 지상층 연면적값이 적용된다고 보면 쉽다.

용적률[13] = 용적률 산정 연면적/대지면적

건폐율

건폐율(Site Coverage Ratio, SCR)은 건축면적을 대지면적으로 나눈 비율이다. 건축물의 과밀방지와 최소한의 공지확보를 위해 규제된다.

건축면적은 쉽게 생각해서 1층의 바닥면적[14]이다.

---

12) 월 임대료의 10배와 같이 통일한 보증금 비율을 갖는 경우엔 NOC 계산 시 보증금운용이익을 생략하는 경우도 있다.
13) 2개 이상의 지역지구가 하나의 부지에 걸치는 경우에, 기존에는 많은 면적이 걸쳐 있는 지역지구를 따라갔지만, 최근 개정 법령에 따르면 면적가중평균 용적률로 변경되었다. 따라서 기존 건축물에 적용된 용적률보다 변경된 법규로 인해 오히려 줄어든 용적률의 적용을 받을 수 있음에 유의해야 한다.
14) 수평투영면적, 즉 수직으로 떨어진 그림자 면적

2. AM/PM/FM

AM(Asset Management)은 자산(property)에 대한 운영, 관리, 매각 등의 업무를 총괄적으로 담당하며 property performance을 향상시켜, 자산 가치를 증대하고 소유자에게 최대의 이익을 실현시키고자 노력하는 일련의 과정을 말한다. 따라서 AM은 어느 순간에 일어나는 하나의 행동을 의미하지 않고, 매입부터 매각까지 전체적인 자산의 라이프 사이클 모두에 걸쳐서 일어난다. 종종 AM은 단일 자산에 대한 관리보다는 포트폴리오로 형성된 투자 자산 전체를 관리(portfolio management)하는 것에 집중하기도 한다.

PM(Property Management)은 개별자산에 대한 일상관리(day-to-day operation) 및 운영 — 임대차관리, 비용관리, 물리적 공사 등에 대한 업무를 수행한다.

FM(Facility Management)은 빌딩의 시설관리를 담당한다. PM 또는 AM 없이도 FM만으로도 빌딩 운영이 가능한데, 기관이 투자하는 상업용 부동산이 아닌 중소형 오피스 대다수가 이에 해당된다. 즉 설비·미화·보안 등 각 업체에서 각기 자신의 업무 영역만을 맡아 수행한다.

AM/PM/FM의 관계

상기 세 분야는 조금씩 다른 업무를 수행하지만 자산 가치 증대라는 공통의 목표를 위해 움직여야 한다.

즉 각자의 개별적인 이익만을 위해 의사 결정을 하게 된다면 결국 그 자산은 장기적으로 높은 가치를 유지할 수 없게 될 것이다. 따라서 단순한 비용절감이 아닌, 적절한 이윤의 축적이 가능한 수준의 비용이 고려되어야 자산 가치 증대라는 공통의 목표를 제대로 충족시킬 수 있을 것이다.

  과거의 비용관리 측면에서 한 걸음 나아가, 최근에는 오피스 임차인 눈높이에 맞춘 다양한 부가 서비스를 제공하려는 노력이 가시적인 성과를 보여주고 있다. 이는 단순한 수익향상 이상의 사회적 가치 창출을 이루고 있는 증거라고 생각된다.

3. 매매계약

PSA

매매계약서(Purchase and Sale Agreement, PSA)이며, PSA와 반대로 SPA(Sales and Purchase Agreement)라고 사용하기도 한다.

CA

비밀유지협약서(Confidential Agreement, CA)는 정보를 제공받는 쪽에서 그 정보에 대해 외부에 누설하지 않겠다고 약정 또는 확약을 하는 협약서다. CA는 다른 표현으로 NDA(Non Discloser Agreement)라고도 한다.

IM

IM(Information memorandum)은 매매 목적물의 기초 정보가 담기는 문서다. 이를 기초로 본격적인 투자 검토 및 자산실사를 시작한다.

  IM을 보내기 이전에 시장에 배포되는 teaser memo도 있는데, 이는 보다 간단한 내용을 담고 있으며, 일반적으로 CA체결 없이 받을 수 있다.

Teaser Memo, IM은 인쇄물인 hard copy로 받거나, PDF 또는 PPT의 파일인 soft copy로 받는 경우가 있다. Soft copy로 보관하는 것이 보다 편리하지만 보안 또는 외부 유출 가능성[15]이 그만큼 높아지는 단점이 있다.

4. 임대차계약

임대인, 임차인

임대인은 건물주, landlord, owner, lessor 등 계약서에 따라 다양하게 표현된다. 반대로 임차인도 tenant, lessee 등으로 표현된다.

참고로 임차인이 임대인의 동의를 얻어 자신의 임대면적을 제3자에게 재임대하는 경우가 있다. 이를 '전대(sublease)'라 하고, 임차인은 전대인의 지위가 되며, 실제로 임차하는 제3자는 전차인의 지위에 있게 된다. 이때 전대인과 전차인 사이에 체결되는 계약은 임대차계약이 아닌 '전대차계약'이다.

CAM

관리비 수입(Common Area Maintenance Charge, CAM)을 의미한다. 즉 임차인이 임대인에게 매월 지급하는 관리비다. '관리비' 또는 CAM이라는 표현은 '관리비 지출(Operating Expenses, OPEX)'과 혼동되어 쓰이는 경우가 많으니 유의해야 한다. 간혹 service charge라는 표현을 사용하기도 한다.

---

15) 이를 방지하기 위해 PDF 등에 비밀번호를 걸어놓기도 한다.

Triple Net

'트리플넷'이라고 부르며, NNN이라고 표시하는 경우도 있다. 임차인에게 관리 일체를 맡기면서 이에 따른 비용도 임차인이 모두 지불하게끔 하는 관리비 수취 방법이다. NNN은 Net tax, Net insurance, Net common area maintenance의 앞 글자만 딴 것이고, 임차인이 이 세 가지 비용을 부담한다는 뜻이다.

L&V

Loss & Vacancy의 약자다. '공실 및 불량부채' 정도로 해석할 수 있겠지만, 국문 표현으로는 거의 사용되지 않는다.

일반적으로 예상가능 총소득(Potential Gross Income, PGI)의 일정비율만큼의 수입이 들어오지 않는다고 가정할 때 그 해당 금액을 L&V라고 여길 수 있다.

예를 들면, 임대면적 전부를 임대했을 때 100%의 수입이 발생한다고 계산하는 경우,[16] 100%에서 3%만큼의 수입이 들어오지 않는 것으로 가정해 실제 들어오는 수입을 97%과 같이 보수적으로 계산[17]하는 것이 필요하고, 이때 3%만큼이 L&V가 된다. 참고로 L&V는 시장 평균 공실률을 사용하는 경우도 있다.

공실률

공실률은 현 공실 면적에서 임대면적을 나눈 비율을 말한다.

평균 공실률을 구하는 방법과 그 기초 데이터가 회사마다 다르므로, 각 사가 갖고 있는 기본 가정에 대해 이해하고 사용해야 한다.

---

16) 이를 총소득(Potential Gross Income, PGI)이라 한다.
17) 이를 유효총소득(Effective Gross Income, EGI)이라 한다.

최저공실률

Minimum vacancy[18]라는 표현이 더 자주 쓰인다. 어느 빌딩에서 나오는 임대 수입을 가정할 때, 전체 연면적에 대해 임대계약이 되어 있다 하더라도 일정 비율만큼은 수입을 시현할 수 없다는 보수적 가정을 하는 것이 필요한데, 그때 공실 면적으로 가정하는 비율을 의미한다.

최저공실률로는 시장평균 공실률을 사용하기도 하고, 직전 몇 년간의 당해 부동산의 평균값을 사용할 수도 있다.

전환율

보증금을 월 임대료로 전환하거나 그 반대의 경우에 사용되는 임대인의 요구 수익률이다. 예를 들어 전환율이 12%라면 전세 1,000만 원은 월세 10만 원이 된다.

$$10,000,000원 \times 12\% / 12개월 = 100,000원$$

환산임대료

보증금운용이익,[19] 월 임대료, 관리비를 합한 값으로, 임차인으로부터

---

18) L&V(Loss and Vacancy)와 유사한 개념으로 볼 수 있는데, L&V보다는 최저공실률(minimum vacancy)을 재무모델에서 가정했다고 설명하는 것이 좀 더 쉽게 수입 가정을 설명할 수 있다.
19) 임차인으로부터 임대차보증금을 받아 운용 시 발생하는 이자 등을 의미한다. 임대차기간 종료 시 임대인은 임차인에게 임대차보증금을 돌려줘야 하며, 돌려주기 전까지는 임대인이 이를 활용할 수 있다. 대부분의 경우 임대차기간 전까지 정기예금 등에 예치해 이자만을 받으며, 이를 주식 채권 등의 공격적 투자 운영에 활용하지는 않는다. 경우에 따라서는 기존대출금을 상환하는 재원으로 사용하기도 한다.

임대인에게 귀속되는 총금액을 말한다. 이를 통해 전세, 월세, 반전세와 같이 임대조건이 서로 다른 빌딩의 임대료 수준을 비교[20]할 수가 있다.

환산임대료[21] = (보증금 × 전환율 × 1/12) + 월 임대료 + 월 관리비

흡수율

Net Absorption Rate(NAR)이라고 하며, 신규 공급된 빌딩이 일정 기간 동안 오피스 시장에서 어느 정도 흡수[22]되었는가를 나타내는 지표이다. 이를 통해 오피스 시장의 수요와 공급을 통한 공실률 추이를 분석할 수 있으며, 나아가 시장성을 판단할 수 있게 된다.

흡수율 = 시장흡수면적 / 오피스 신규공급면적
     = (오피스 신규공급면적 − 공실 면적의 증감) / 오피스 신규공급면적

아래 예를 통해 흡수율에 대해 자세히 알아보도록 하자.

[가정]

기초 stock 100

기말 stock 110 (즉, 순 공급면적 10 = 신축면적 15 − 멸실면적 5)

기초 임대면적 90

---

[20] 또한 환산임대료는 임대대행수수료 등 계산에서도 사용될 수 있다.
[21] 관리비 및 보증금 운용이익이 포함되어 있는 실제 임차인이 부담하는 총액 개념이다. 시기, 지역 또는 물건 특성에 따라 전환율도 달라진다.
[22] '흡수' 대신 '임대'라고 이해해도 무방하다. 참고로 '흡수율'이 아닌 '흡수'라는 표현만을 단독적으로 쓰는 경우는 흔치 않다. 단지 여기에선 '흡수율'을 설명하는 것이다 보니 표현을 '흡수'라 표현하는 정도로 이해하면 좋을 것 같다.

기말 임대면적 95 (즉 순 임대면적 5 = 신규 임대면적 10 - 임대차 해지 면적 5)

[계산 A]

Net absorption

= 순임대 증가면적 = 95-90 = 5

[계산 B]

Net absorption

= 순임대 증가면적 - 순공급 증가면적 = (95-90) - (110-100) = 5 - 10 = -5

계산법 A와 B 중 어느 것이 순흡수면적(net absorption)을 제대로 구한 것일까.

정답은 A다. 자주 착각하는 이슈인데, 순흡수면적은 수요(demand) 측면인 임대면적만 고려되는 것이고, 공급(supply) 측면인 시장에 공급되는 신축 또는 멸실 면적과는 관련이 없다. 따라서 공급량이 고려된 B는 틀린 계산이다.

5. 수익성 분석

수익성 분석 관련 세부내용은 별도의 장에서 다루기로 하고, 여기에서는 수익성 분석의 개념과 연관된 일반적인 부동산 용어를 해설하고자 한다.

BP

사업계획(Business Plan, BP)은 프로젝트 시작 시 최초로 만들어지며,[23] 이후 연간 단위로 계속 수정(update)된다. 이후 모든 의사 결정은 BP에서 이미 만들어놓은 목표값[24] 대비 새로운 의사 결정에 따른 차이(variance)로서 평가 또는 검토될 수 있다.

예를 들어, BP에서는 5년 후에 매각하는 것이었는데, 이를 3년 만에 매각하고자 한다면, BP에서 예상된 결괏값보다 우수한 성과를 달성(outperform)할 수 있는지에 대한 질문이 가장 먼저 고려되어야 한다.

매각과 같이 큰 이슈뿐만 아니라, 운영 중 발생하는 상대적으로 작은 의사 결정－예를 들어, 신규 임대차 조건에 대한 의사 결정－또한 BP를 기준으로 판단할 수 있다.[25] 개별 임차인의 월별 현금흐름(monthly cash flow)을 엑셀에 반영(modeling)해 BP기준이 되었다면, 신규 임차인에 해당되는 임대차 조건 또한 BP와 비교해 결정할 수 있기 때문이다.

BP를 관리하는 몇 가지 기준을 살펴보면 아래와 같다.

- 첫 투자 심의 때 결정된 model이 첫 번째 BP이다. 매입 직후 운영계획은 첫 투자 심의 때 사용된 가정(assumptions)를 이행하는 것이 목표가 된다.
- 매년 4/4분기쯤 차기 연도 BP를 수립한다. 차기 연도 BP수립 시 금년도 BP대비 어떠한 가정이 변동되어 수익(return)에 영향을 미치

---

23) 유사한 표현으로 underwriting(UW) 표현이 있다. 이는 최초 투자 의사 결정할 때 사용한 모델 및 가정을 의미한다. 따라서 가장 첫 번째 연도의 사업계획은 UW과 동일하며, 이후 BP가 수정되지 않는다면 UW의 가정을 그대로 따라가게 된다. 따라서 첫해의 BP는 대부분 따로 작성하지 않게 되는데, 왜냐하면 투자 의사 결정 시 사용된 여러 가정들이 첫해에 바뀔 가능성은 낮기 때문이다.
24) 예를 들어, IRR 15.0%, Multiple 2.2x과 같은 목표 수익률을 의미한다.
25) 이는 BP를 세울 때 얼마나 정교한 modeling을 할 수 있는지에 따라 약간씩 다르게 나타날 수 있다.

는지 알아보는 것이 가장 중요하다.
- 새롭게 새워진 BP는 모든 의사 결정의 중심이 된다. 기존의 BP내용은 의사 결정에 더 이상 영향을 주지 못한다.
- BP는 1년 단위로 수립하지만 자산 가치에 영향을 주는 중대한 일이 발생한 경우엔 분기마다 이를 수정(update)해야 할 수도 있다.

매년 BP를 재수립하는 일은 매우 피곤하고 엄청난 업무량을 가져오게 된다. 왜냐하면 과거 매입할 때와 동일한 모든 가정[26]을 지금 갖고 있는 정보로 수정(update)해야 하고, 지난 1년간 실제 운영된 수입/비용의 모든 값(actual data)을 재무모델(financial model)안에 입력해서 최종 결괏값을 도출, 분석(variance check)해야 하기 때문이다.

하지만 이러한 과정 없이는 현재 부동산의 시장가치를 정확하게 알 수 없기 때문에 변동되는 시장 상황에[27] 맞도록 매년 BP를 재수립하는 것이 반드시 필요하다.

차기 연도의 새로운 사업계획을 수립한 이후 이것을 전년도와 비교해 달라진 점을 한눈에 알아볼 수 있도록 만드는 것이 BP update의 가장 큰 결과물이다. BP라 해서 특별한 내용을 담고 있지는 않지만, 주요 항목에 대한 검토를 해야 하기 때문에 일정 형식(format)이 갖추어진 양식을 잘 만들어 같은 내용을 매년 update를 하는 것이 중요하다.

---

[26] 기준층의 임대 기준가격, 공실 해소 가정과 같은 내용을 포함해, 향후 예상되는 Capex (capital expenditures) projection 등 모든 가정(assumption)에 대해 다시 검토한다. 매입할 때와 달리, 이러한 정보는 당해 자산을 관리하고 있는 PM 업체와 긴밀한 협의를 통해 결정하게 된다.

[27] 이렇게 자산의 시장 가치를 반영하는 것을 'market to market'이라고 한다.

아래에 BP의 주요 가정 항목에 대한 간단히 예와 설명을 곁들여보았다. BP결과물에는 '가정의 변화(assumption changes)'와 이에 따른 '금액의 변동'[28]이 있는데, 이에 따라 알맞은 양식을 갖추어 보고서를 작성할 수 있도록 한다.

BP Assumption Summary [29]

Project Sample Summary of BP14	BP14	BP15	Variance	Comments
IRR / Multiple				(예상) 수익률
Project Summary				
Date Closed				프로젝트가 시작된 시점
Gross Price(KRW BN)				총 매입금액
Ownership Structure				REF, REITs 등 투자구조
Asset Summary				
GFA				연면적
Efficiency				전용율
Floors				층수(지상/지하)
Current Condition				현재 BP를 작성하는 시점의 임대 상황 요약
Occ. Rate				입주율(또는 공실률)
Rent				기준층 임대료
Key Operation Assumptions				주요 운영 가정
Market Rent				시장임대료('15년도 1월 기준)
Deposit				
Rent				
CAM				
Annual Rent Growth Rate				임대료 상승 가정
2014				
2015				
2016				
Capital Expenditure(KRW MM)				CAPEX지출 합계 금액
Operating expense(% of CAM)				관리비 수입에서 지출이 차지하는 비율
Stabilized Yields				안정화 달성 후 수익률
Stabilized Occupancy				안정화 후 평균 입주율(최소공실률)
Stabilized Period				안정화 시점
Going-on Yields				안정화 이후 수익률
Turnover				
Total Turnover % of GFA				
Renewal % of GFA				
New leased % of GFA				
Disposition				매각 가정
Disposition Period				매각 시점
Gross Disposition Value(KRW BN)				매각 금액
KRW MM per py				
Exit Cap Rate(Forward 12 Months)				매각 cap rate 가성
Gross Disposition Proceeds / Purchase Price				

---

28) '금액의 변동'은 수입, 지출, 매각 금액 등의 차이로 비교한다. 또한 1년간의 변화 및 전체 매각 시점까지의 총 누적금액의 변화도 각각 비교할 수 있도록 한다.

29) 차기 연도를 2015년도라고 가정해 'BP15'라고 표시했다. 이 format은 전년도와 차기 연도의 차이를 나타내고 이를 설명하고자 작성된다.

BP Rec Sheet[30]

	FY2014			FY2015 to Deal End			Life of Deal		
	BP14	BP15	Variance	BP14	BP15	Variance	BP14	BP15	Variance
Rent/Sales Revenue Operating Expenses									
Net Operating Income									
Entity Expense Asset Management Fee									
EBITDA									
Interest Expense Entity level Tax Capital Expenditures									
Operating Net Cash Flow									
Equity Cash Flows: Contributions Distributions									
Cash Flow									

감정평가

감정평가는 크게 공적(公的, public)평가와 사적(私的, private)평가로 구분할 수 있다. 공적평가는 공시지가, 토지수용가격 등을 결정하는 업무이고, 사적평가는 담보평가, 시가평가 등 기업 부동산 시장과 연관된다.

'감정평가업자'[31]는 이러한 감정평가를 주관하는 개인이나 법인이다. 감정평가업자가 부동산 가치[32]를 결정하는 방법은 관련 법규[33]에서

---

30) 'Reconcile Sheet'의 줄임말로, 금액으로 가정의 차이를 알 수 있도록 표시한다.
31) 이는 법에서 사용되는 용어이기 때문에, 흔히들 말하는 '부동산 업자'와 같은 폄하하는 용어가 아니다.
32) 감정평가업지기 부동산을 평가해 금액을 결성하는 것을 '가치평가(valuation)'의 행동으로 볼 것인지 단순한 '가격산정(pricing)'으로 볼 것인지에 대한 논의도 있다. 단지 금액(price)만을 결정하는 행위로 볼 것인지, 아니면 부동산 가격 결정의 다양한 요인들을 종합 고려해 적정한 시장 가치(valuation)를 산정하는 행위로 볼 것인지에 대한 논의가 있다.
33) 감정평가규칙 등이 있다.

정하고 있는데, 수익접근법(income approach), 비용접근법(cost approach), 비교사례접근법(comparison approach)으로 이 모두를 '3방식'이라 한다. 이 3가지 방법으로 만든 가격을 적정한 비율로 가중 평균한 값[34]으로써 감정평가 금액을 결정한다.

동일한 부동산이라 하더라도 감정평가를 사용하는 용도에 따라 다른 가치가 매겨질 수 있다. 예를 들어, 매매가격을 검증받고자 하는 경우엔 시세평가를 요청하고, 담보력을 평가받고자 하는 경우엔 담보평가를 요청하게 된다.

매매금액은 시장에서 가장 높은 매수가격을 제안한 자가 매수인이 되는 시장결정원리에 따라 결정되기 때문에, 시세평가는 상대적으로 관대하게 가격이 매겨질 수 있다. 반면 담보평가 금액은 담보대출기관에서 경매 또는 공매 등을 통해 본 건 부동산을 환가(換價)하게 될 때 회수할 수 있는 금액[35]이 되어야 하기 때문에, 비교적 엄격한 기준으로 정해진다. 금융기관에서는 본 담보평가 금액에 대해 일정비율을 차감해[36] 본 건 부동산을 담보로 한 대출한도금액을 결정한다.

---

[34] 3방식에 따라 계산된 각각의 값을 임의의 비율로 가중 평균해 하나의 값으로 산출하는 것을 시산가격조정이라고 한다. 이 시산가격조정이 끝나고서야 감정평가 금액이 결정된다. 감정평가 금액을 결정하는 것은 감정평가사 고유의 권한이긴 하지만 3방식에서 평가 금액 산정 시 소수점 넷째 자리까지 정확하게 계산하고 있음에도 불구하고, 최종 가격을 결정할 때 '시산가격조정'이라는 명목하에 임의 숫자로 가중평균 하는 것은 평가사가 자의적인 숫자를 만들 수 있다는 점에서 논리적 오류를 갖고 있다고 사료된다.

[35] 동일한 자산이라 하더라도, 일반적인 매매의 경우보다 공매 또는 경매를 통해 결정되는 금액이 통상 더 낮기 마련이다. 그 이유는 1)매도자를 찾는 데 충분한 시간이 주어지지 않으며, 2)제공되는 정보가 일반 매매에 비해 제한적인 경우가 많고, 3)어떤 문제점에 대한 협상이 매도자와 매수자의 합의에 따라 해결되는 것이 아니라, 문제해결을 위한 충분한 금액 이상으로 감가되어지기 때문이다.

[36] 예를 들어, 담보평가 금액의 60%와 같이 최대 대출한도금액을 설정하는데, 이를 LTV(Loan to Value)라고 한다.

또한 감정평가에서 가장 중요하게 여겨지는 개념 중 하나가 '최유효이용' 또는 '최고최선의 이용'이다.

최유효이용이란, 객관적으로 보아 양식과 통상의 이용능력을 보유하는 사람이 합리적이고, 합법적으로 최고최선이 되게 이용하는 것[37]을 말한다.

참고로 미국감정평가협회(Appraisal Insititute)에서는 'Highest and Best Use(H&BU)'를 아래와 같이 정의하고 있다.

> The reasonably probable and legal use of property, that is physically possible, appropriately supported, and financially feasible, and that results in the highest value.

최유효이용을 전제했을 때의 가치가 최고의 가치를 나타내는 것이고, 이를 알아내는 것이 감정평가라는 점 정도로 이해하면 좋을 것이다.

부동산 투자 기구

기관이 주로 이용하는 부동산 투자 기구는 부동산 펀드(REF, Real Estate Fund)와 부동산 투자 회사(REITs)로 크게 구분된다.

이외에도, 부동산 개발 목적으로 PFV[38](Project Financing Vehicle)에 투자하거나, ABS(Asset Back Securities)를 투자해 지분 또는 담보대출을 실행하기도 한다.

---

37) 토지보상지침 제3조
38) 리츠, REF, ABS와 같은 부동산 투자 기구와는 달리 PFV를 규율하는 별도의 법률은 없지만, 법인세법 제51조의 2에 따라 규율되는 SPC의 한 형태라고 볼 수 있다.

아래는 각 부동산 투자 기구에 대한 간략한 설명이다. 많은 관련 자료가 인터넷 또는 책으로 설명되어 있으니, 여기에선 각 투자 기구의 차이점과 어느 경우에 선택하게 되는지에 대해 중점적으로 알아보기로 한다.

1) PFV(Project Financing Vehicle)

법인세법 제51조의 2에 근거해 설립요건[39]을 충족하고 부동산 개발사업, SOC 등 특정사업을 한시적으로 운영해 배당가능이익의 100분의 90 이상을 배당한 경우 그 배당금액을 사업연도의 소득금액에서 공제받을 수 있는 투자 회사를 말한다. PFV를 통해 받은 배당금액은 사업연도의 소득금액에서 공제해 PFV 주주의 이중과세 문제[40]를 회피할 수 있으며, 부동산 취득 시 취득세 감면 혜택 등[41]이 있다.

2) ABS(Asset Backed Securities)

ABS는 증권화를 통해 자산을 유동화하는 방법 중 하나로, 유동화 중개기관이 원래 소유자로부터 자산을 떼어내 자산보유자에게 넘기고 이를 신용평가기관의 평가를 거쳐 증권화시킨 후 시중에 유통시키는 것을 말한다. ABS는 실물자산을 근거로 발행되고 원래 소유자의 신용과 분리되어 보다 높게 평가될 수 있기 때문에 원래 소유자가 직접 매각하는 것보다 유리한 구조를 만들 수 있다.

---

39) 상근 임직원을 두지 말 것, 한시적으로 설립된 주식회사일 것, 자본금 50억 원 이상, 주주 중 1인 이상이 금융회사로 주식의 5% 이상 출자할 것 등이 있다. PFV의 설립요건에 대해 법인세법 등에서 정확한 규정이 없기 때문에, 그 요건의 충족 여부는 해석에 맡겨져 있는 단점이 있다.
40) 만일 PFV 등의 부동산 투자를 위한 SPC에 법인세를 부과하는 경우에, 그 주주는 배당을 받은 이후에 다시 법인세 또는 소득세를 내야 하기 때문에 이중으로 과세를 받게 되는데, 이를 이중과세 문제라 한다.
41) 이는 부동산 간접 투자 기구에 일반적으로 적용되나, 감면혜택 적용여부 및 내용은 항상 최신법령 등을 확인하도록 한다.

3) REF(Real Estate Fund)[42]

2인 이상의 투자자로부터 모집한 자금을 부동산에 투자해 그 수익을 투자자에게 배당하는 금융상품을 말한다. 크게 실물 투자형과 PF대출형으로 구분할 수 있다.

4) REITs[43]

부동산 투자 회사법에서 규정하는 자산관리회사가 다수의 투자자들로부터 투자를 받아 부동산 등에 투자해 투자자에게 수익을 배당하는 투자 회사다.

여기에서 중요한 것은 부동산 투자 대상 또는 그 내용에 따라 상기 4가지 투자 기구를 적절히 활용할 수 있어야 한다는 점이다.

예를 들어, 부동산 개발사업인 경우엔 PFV 또는 REITs가 우선적으로 검토된다. 그 이유는 ABS 또는 REF의 경우 적극적인 자산관리 - 쉽게 말해서 투자자는 개발행위를 할 수 없지만 PFV와 REITs는 투자자가 주주로서 개발행위에 대해 적극적인 의사 결정[44]을 직접 할 수 있기 때문이다. 만일 REF의 주주(정확히는 수익증권을 갖고 있는 투자자, beneficiary holder)가 시공사 선정 등 개발사업의 내용에 대해 직접 관여하게 되면, 기존 세제 혜택이 모두 없어짐은 물론 벌금까지 추징될 수 있다.

---

42) 부동산 간접 투자 기구, 부동산 펀드, indirect real estate investment vehicle 등의 표현도 같이 사용될 수 있다.
43) '부동산 투자 회사'이며 주식회사 형태다.
44) 개발단계에서 투자자가 의사 결정에 직접적으로 참여하는 것이 중요한 이유는 주요 의사 결정 단계에서 내려지는 결정들이 매우 중요하고 차후에 미칠 영향이 크기 때문이다. 즉 직접적으로 수익 또는 비용에 연관이 되는 주요 의사 결정-예를 들어 시공사 선정, 건축 계획 결정 등-에 대해 판단을 내려야 할 필요성이 매우 높기 때문이다.

PFV와 REITs는 개발사업에서 모두 사용될 수 있지만, 이 둘의 차이점을 명확히 알아둘 필요가 있다. PFV는 말 그대로 한시적인 목적을 가진 SPC이기 때문에 개발기간이 종료된 이후엔 청산[45])되는 것이 당연한 법인이다. 만일 PFV를 준공 이후에도 영속적으로 운영하는 주체로 고려해야 한다면 이때엔 PFV가 아닌 REITs를 고려하는 것이 맞다.

　　만일 이미 운영되고 있는 빌딩을 매입해 운영하는 경우엔 ABS가 우선적으로 고려되어야 한다. 이는 다른 투자 기구보다 설립 또는 운영하는 데 훨씬 작은 비용과 노력이 소요되기 때문이다. 하지만 모든 경우에 ABS의 혜택을 받을 수 있는 것은 아니고, 자산유동화회사[46])의 신용등급이 투자 적격등급(BBB)이상을 확보한 경우에만 가능하다. 따라서 대기업 등에서 현금흐름을 보강해주면서 SPC에 매각하는 경우가 아니면 해당되기 어렵다. 또한 ABS는 리모델링 등의 적극적 자산관리를 할 수 없는 것도 필수적으로 고려해야 할 요소다.

　　결론적으로 위의 배경으로 인해, 운영 중인 오피스 매매를 할 경우엔 REF 또는 REITs가 부동산 투자 기구(vehicle)로서 주로 활용되고 있다.

---

45) 일반적으로 준공 이후 안정화 기간-명확한 기간이 나온 것은 없지만, 일반적으로 3년 이내는 PFV도 운영 주체로서 고려될 수 있을 것으로 생각된다. 그렇지만 이를 넘어서서 훨씬 긴 기간 동안 PFV가 임대 등 운영을 한다면 문제 소지가 있다.
46) '유동화전문회사'라고도 한다.

REF 및 REITs 순자산 가치 추이[47]

(단위: 억 원)

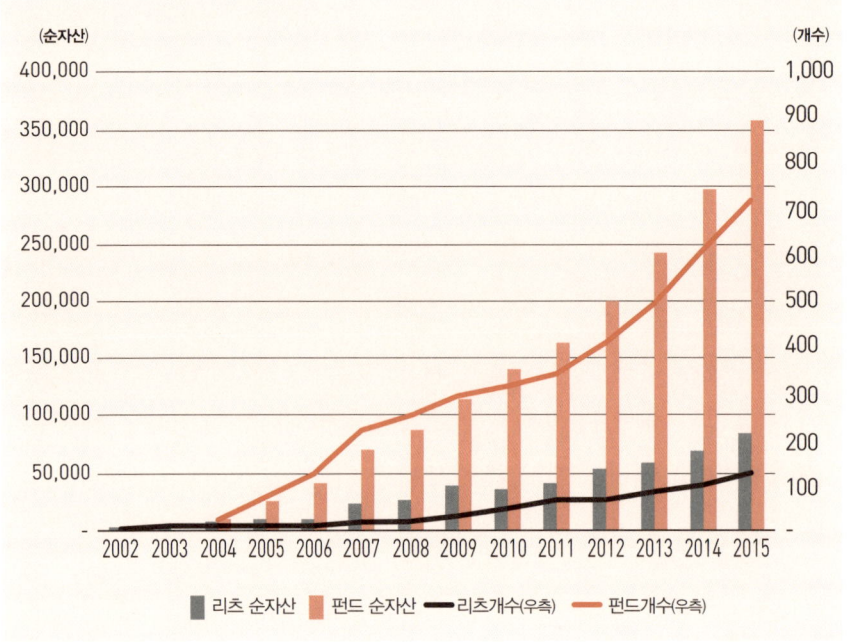

위의 그림에서도 보여지듯이 REF가 REITs보다 더 많은 AUM[48]을 보여주고 있다. REF가 REITs에 비해 설립기간이 비교적 짧고 수월하기 때문이기도 하지만, REITs는 주주분산요건 및 상장의무[49] 등 제약조건이 있는 반면 REF는 보다 자유로운 투자자 모집이 가능한 것이 가장 큰 이유다.

---

47) 출처: 한국리츠협회 및 금융투자협회 자료 발췌
48) Asset Under Management, 총자산금액이다. 일반적으로 지분투자금액만이 아닌 대출까지 포함한 총자산(흔히 'asset value'라고 함) 기준이다. 유의할 것은 REF의 경우 지분투자만 하거나 반대로 대출로만 이뤄진 경우가 있으며, 이로 인해 투자한 프로젝트의 총자산규모를 알 수 없는 경우도 많다. 따라서 REF에서 AUM을 말할 때엔 이것이 '총자산금액' 기준인지 또는 '지분금액만 고려된 설정액' 기준인지 확인할 필요가 있다. 상기 표에서는 후자를 기준했다.

그렇다면 REF 또는 REITs의 투자 및 운영상 고려해야 할 이슈는 무엇일까.

REF는 쉽게 생각해서 투자자는 passive investor임을 가정하고 있다. 투자자 – 정확히는 '수익자 또는 beneficiary holder'라는 표현을 사용한다 – 는 수익증권을 증권사로부터 매입한 것에 불과하므로 원칙적으로 적극적인 투자 의사 결정에 참여할 수 없다. 쉽게 말하면 수익자(투자자)는 자산으로부터 나오는 현금(배당)을 증권사를 통해 받는 것에 불과하고 자산의 매각 또는 리모델링 등 주요 의사 결정에 참여할 기회가 없다. 오히려 이에 대해 관여하게 되면 REF를 통한 투자가 아닌 직접 투자로 간주될 가능성이 매우 높다. 물론 아주 중요한 의사 결정에 대해 수익자총회를 통해 직접 의사 결정에 참여하게 될 수도 있지만 이는 매우 드문 경우다. 부동산을 매입하고 운영할 때 처음 예상한 대로 움직이지 않는 경우가 훨씬 많은데, 이런 경우에 수익자가 직접 의사 결정을 할 수 없다는 것은 매우 큰 단점이 될 수 있다. 물론 현실에서는 REF를 운용하는 자산운용사가 직접 수익자에게 연락해 주요 의사 결정에 대해 상의하는 것이 통상적[50]이지만 이것은 분명히 위험성이 있는 것임을 인지해야 한다.

반면 REITs는 주식회사로 설립되기 때문에 투자자는 주주로서 이사회 및 주주총회 등을 통해 의사 결정에 참여할 수 있는 점이 다르다.

---

49) 물론 CR-REITs의 경우엔 상장의무가 없다. 또한 수수문산요건도 무농산부자회사법시행령 제12조의 3(일반청약에 대한 예외)에 따라 국민연금공단을 비롯한 23개 금융기관의 경우엔 완화를 시켜주고 있지만 여전히 REF보다 강화된 투자자 보호규정을 적용받고 있다고 생각된다.
50) 최초 REF 설립 시 투자자 모집 의무는 증권사에게 있는 것이 원칙이지만, 대부분의 경우엔 자산운용사가 직접 투자자 모집 등의 업무를 맡게 되고 증권사는 형식적인 증권발행 등만 담당하게 되는 경우가 많다.

상기 이유로 인해 과연 REF가 투자자보호 측면에서 적절한지와 리모델링 또는 개발사업에 있어서 REF를 사용하는 것이 적절한지에 대한 깊은 검토가 선행되어야 할 것이다. 만일 이러한 근본적인 문제점이 중요한 시점에 불거지게 된다면 절감받은 세제혜택이 없어지는 것은 물론 몇 배의 벌금까지도 감내해야만 하는 최악의 상황이 벌어질 수도 있다.

A manual for Real Estate Investment & Management

chapter
02

상업용 부동산
투자 개론

chapter 02 상업용 부동산 투자 개론

　상업용 부동산 투자 방법을 구체적으로 알아보기에 앞서 일반적으로 알아야 할 상업용 부동산 시장에 대한 내용을 먼저 설명한다.

1. 기관의 부동산 투자

　상업용 부동산의 매매금액은 수백, 수천억 원에 이르기 때문에 대부분 기관투자자(institutional investor)와 기업(corporate)이 주도하고 있다. 이 중에서 '기관'이라 하면 연기금, 공제회, 보험사 등을 주로 말하며, 이들은 부동산 투자[51]를 자산운용의 한 방편으로 활용하고 있다.
　투자 방법은 직접 투자와 간접 투자로 나뉜다. 직접 투자는 기관이

---

[51] 투자는 지분투자(equity investment)를 의미하고 융자는 대출(loan)을 의미한다. 융자를 중심으로 상업용 부동산을 운용처로 삼는 기관(또는 부서)도 있고, 반대로 지분투자만을 선호하는 기관도 있다.

자신의 이름으로 직접 소유권을 취득해 부동산을 매입하는 것을 말하고, 간접 투자는 리츠, REF 등 부동산 간접 투자 기구를 활용해 투자하는 것을 의미한다.

　기관의 상업용 부동산 투자 대상은 오피스(office), 상업시설(retail), 호텔(hotel) 및 복합시설(mixed-use) 등이 있는데, 그중 대부분은 오피스 중심으로 투자가 이뤄지고 있다. 참고로 국내 기관에서 부동산을 대상으로 자산운용을 하는 것이 근래 들어 시작된 것은 아니다. 부동산 담보대출, 즉 여신 형태로 자산운용을 하는 것은 기관들에게는 꽤 오래전부터 익숙한 방법이다. 하지만 여신이 아닌 지분 투자(equity investment) 방식의 부동산 담보대출이 자산운용의 한 중심축으로 제대로 자리매김하게 된 것은 10여 년 남짓에 불과하다.

2. 부동산 투자 전략[52]

　부동산 투자 전략은 크게 투자 스타일(style)과 투자 시점(phase)으로 구분해볼 수 있다.

투자 스타일에 따른 구분(Investing by Style)

　투자 스타일에는 4가지, Core, Core Plus, Value Add 및 Opportunistic이 있으며, 상업용 부동산 투자자는 이 중 하나 또는 둘 정도를 선택해 투자를 집행한다. 국내 기관투자자의 경우엔 보험사, 연기금이 부동산 투자자의 대부분을 구성하다 보니 코어(Core) 또는 코어 플러

---

52) Guide to US Real Estate Investing _ AFIRE _ 2009 일부 참조

스(Core Plus)에 대한 투자가 주로 선택되고 있지만, 해외 투자자는 각자의 운용 자금 특성에 따라 다양하게 투자되고 있다. 추구하는 목표 수익률에 따라 투자 은행(Investment Banking, IB)은 Value Add 또는 Opportunistic, 연기금은 Core 또는 Core Plus를 투자 대상으로 주로 삼고 있다.

Investing by Style

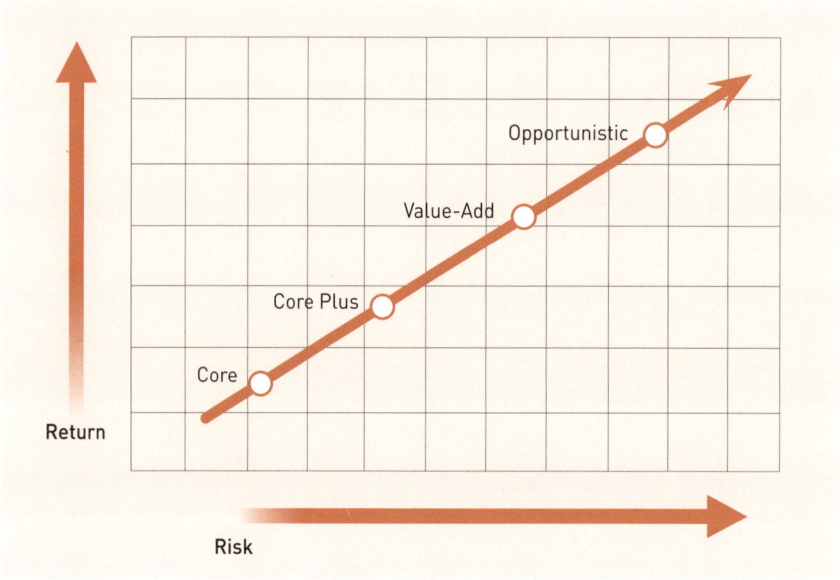

Core

신용도가 좋은 우량 임차인과의 장기 임대차 계약(long term lease)을 통해 완전히 안정화(fully stabilized)된 자산(property)에 투자하는 것을 말한다. Core asset이라 해서 핵심권역[서울의 경우 도심(CBD), 강남(GBD), 여의도(YBD) 내 오피스 중심지역]뿐만 아니라 이보다 약간 떨어지는 지역, 즉 secondary market도 포함하며, 이는 안정적인 수익

(return)을 찾는 기관투자자들의 주 투자 대상이다. 상업용 부동산 투자에서 Core asset에 대한 투자는 투자 포트폴리오(investment portfolio)의 다양성을 높이기 위한 방안으로 선택되어지기도 한다.

국내 기관들은 아직까지 오피스 위주로 투자하고 있지만, core asset에는 오피스(office), 물류창고(industrial), 상업시설(retail), 주택(multifamily)의 4가지가 모두 포함될 수 있다.

Core형 부동산이 선호되는 이유는, 비교적 높은 수익률을 낼 수 있을 뿐 아니라 채권과 유사한 성격, 자산의 다양화(diversification), 그리고 인플레이션 헤지에 대한 혜택(inflation-hedging benefit)의 장점이 함께 있다고 생각되기 때문이다.

Core Plus

여전히 안정적인 수익(return)을 요구하지만 core보다는 조금 더 높은 수익을 추구하는 투자다. 일반적으로 현재의 임대차 계약을 갱신해 보다 높은 수익을 얻을 수 있는 기회가 보이는 자산을 말한다. 즉 우량 임차인으로 구성되어 있지만 임대차 만기가 도래해, 임차인 교체 또는 임대 조건을 상승시킬 수 있는 계약을 갖고 있는 경우이다. 핵심권역 내에 위치한 A class office가 이에 해당되는 경우가 많다. Core에만 투자하는 투자자의 경우엔 이런 임대 현황을 (현금흐름이 안정적이지 못하고 어느 경우엔 감소 가능하기 때문에) 위험요인(downside risk)으로 인식하는 반면 Core Plus에 투자하는 투자자의 경우 이를 기회요인(upside potential)으로 보는 것이 차이점이라 할 수 있다.

Value Add

용어 그대로 현 부동산의 가치를 증대시키는 기회를 찾는 투자를 말한다. 높은 공실률이 유지되고 있거나 물리적으로 오래된(physical obsolescence) 건물인 경우가 많다. 투자자들은 이러한 자산을 싼 가격에 매입한 후 공실률을 낮추거나 물리적 하자를 보수하는 방법을 사용하게 된다. 임대 안정 이후엔 Core 투자자에게 매각해 투자금을 회수한다.

Value-added strategy라고도 부르며, 보통 투자금의 약 40~70%에 해당하는 차입(leverage)을 활용하며 13~17%의 목표 수익률(target return)을 추구한다.

Opportunistic

부실자산(distressed asset), 개발사업(development project), 또는 신흥국가(emerging market)에 투자해 높은 수익을 목표로 하는 것을 말한다. 따라서 opportunistic investment를 하는 투자자는 높은 수익을 올리기 위한 위험성(entrepreneurial risk)을 감수할 수 있어야 한다.[53]

원래 기관 투자자들은 위험을 선호하지 않기 때문에, opportunistic investment에 대한 비중을 매우 제한적으로 두고 있었지만, 최근에는 높은 수익성을 추구하는 목적으로 점차 관심이 높아지고 있다.

위험투자는 70% 이상의 높은 차입(high leverage)을 통해 20%가 넘는 목표 수익률을 추구한다.

투자 시점에 따른 구분(Investing by phase)

자산의 라이프 사이클에 맞춰 투자 시점을 세울 수 있는데, 이러한 전

---

53) 출처: http://www.activerain.com

략은 투자자에겐 위험을 줄이면서도 수익을 향상시킬 수 있는 기회요소를 제공하기도 한다. 투자 시점은 아래와 같이 크게 세 단계로 나누어 볼 수 있다.

개발 단계(development)

개발 단계는 위험 투자(opportunistic investment)가 추구하는 대표적인 투자 시점이다. 이미 준공되어 운영되고 있는 자산의 매매가격이 새롭게 개발해 공급하는 원가보다 훨씬 높은 가격 프리미엄을 형성할 경우, 활발한 개발사업(development project)으로 부동산 신규 공급이 늘어나게 된다. 또한 낮은 공실률, 낮은 cap rate과 같이 거시적 부동산 시장 환경이 우호적일 경우에도 개발이 활성화될 수 있다.

안정화 단계(stabilization)

이미 임대차가 안정화된 자산을 매입하는 투자의 형태다. 당연히 개발 또는 재개발되는 자산보다 낮은 수익을 가져다 주지만, 현금 흐름을 예측할 수 있기 때문에 안정성이 높다고 할 수 있다. 기관 투자자의 성격과 가장 잘 맞을 수 있는데, 매입·매각만이 의사 결정의 핵심 요소가 되고, cap rate과 투자 수익률(return on investment)의 차이가 가장 클 때 매각하는 것이 기본 전략이다.

재개발 단계(repositioning/redevelopment)

가치 부가 전략(value-added strategy)이 실행되는 투자 시점이다. 안정화 된 자산이 높은 가격으로 매매될 때 운영이 잘 안 되거나 일시적 현금 유동성에 봉착한 자산을 대상으로 리포지셔닝(repositioning) 또는 재개발(redevelopment)을 시도하게 된다.

3. 서울 오피스 시장의 구분

가장 쉽게 국내 오피스 시장을 이해하려면, 리서치 기관에서 발간하는 보고서를 읽어보는 것이 좋다. 시장보고서를 주기적으로 발행하는 주요 기관은 Savills Korea, JLL, CBRE, 신영에셋, 메이트플러스, 젠스타, 서브원 등이 있으며, 각 회사의 사이트에서 월간 또는 분기 보고서를 찾아볼 수 있다.

부동산이 토지와 건물로 이루어져 있듯이, 오피스 시장에서 이를 표시하는 것은 지역(도심CBD, 강남GBD, 여의도YBD, 기타)과 빌딩등급(Prime, A, B class)이다. 즉 'CBD 내 A class 오피스는 어떤 상황이다'라는 이야기만으로도 대략 어느 시장을 이야기하는지 특정 지을 수 있게 된다.

시장보고서에서 유사한 용어를 사용한다고 모두 같은 사실을 이야기하는 것은 아니다. 이 차이를 이해하는 것이 전문가에 한 발짝 다가서는 길이라 생각된다. 일단 큰 그림 먼저 읽고 상세한 차이점을 이해하는 것을 추천한다.

지역

서울은 크게 도심, 강남 그리고 여의도를 중심으로 오피스 시장이 형성되어 있다. 이를 CBD(Central Business District), GBD(Gangnam Business District), YBD(Yeouido Business District)로 표현하고, 합쳐서 '서울 3대 권역'이라 부른다. 각 권역은 임대료 및 임차인도 각기 다른 특징을 보인다.

이외에도 분당, 상암, 잠실 등 부도심의 오피스군을 기타권역이라 해서 이곳 또한 기관들의 투자가 활발히 이뤄지는 무대다.

각 기관별로 지역을 정의하는 내용이 약간씩은 다르지만, 대략적인 위치를 살펴보면 아래 그림과 같다.

서울 주요권역 지도[54]

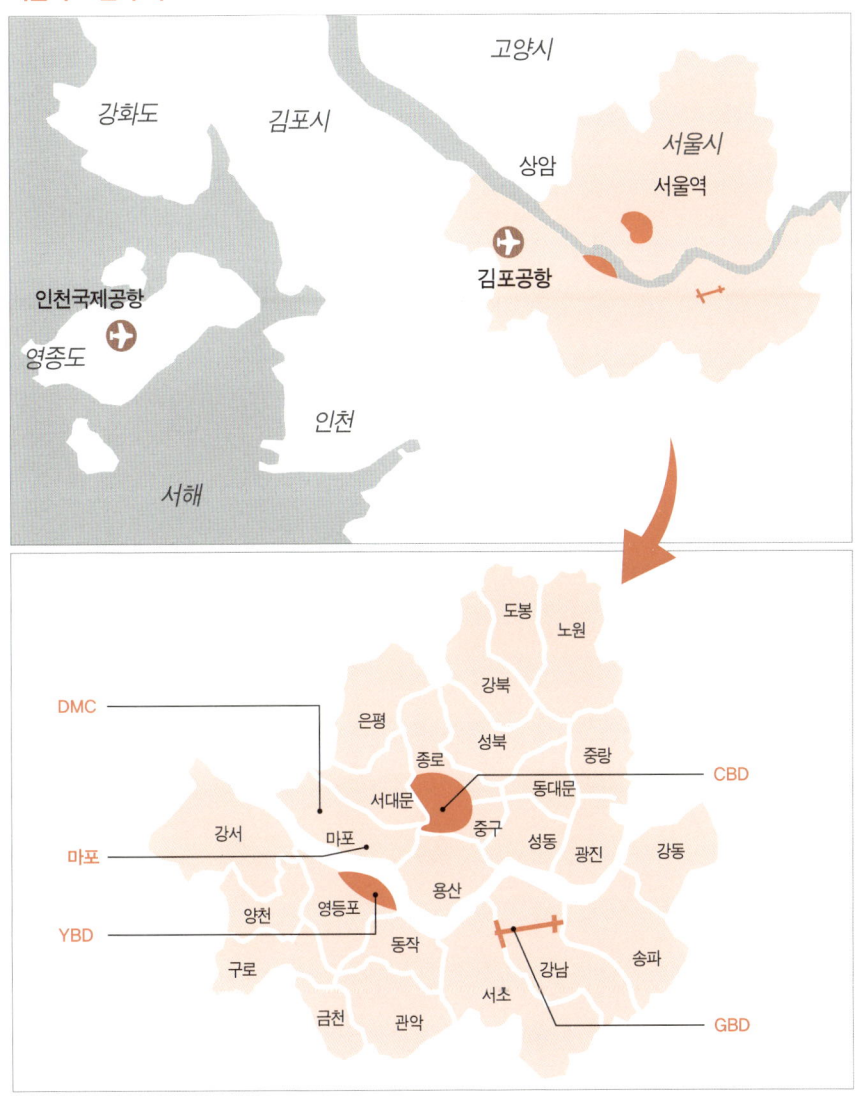

---

54) 출처: Savills Korea

빌딩 등급

빌딩 면적, 준공연도, 편의성 등을 종합적으로 고려해 통상 Prime, A, B급으로 나누고 있지만, 아직 이에 대한 정확한 정의는 없다.

넓은 지역에서 랜드마크가 될 수 있는 정도의 오피스를 프라임급,[55] 인근지역에서 인지도가 우수한 빌딩이 A급, 이보다 낮은 빌딩을 B급으로 개념적으로 이해할 수 있다.

참고로 미국 BOMA(Building Owners and Managers Association International)에서는 오피스의 등급을 class A, B, C로 나누고 있으며 각각의 정의는 아래와 같다.

> **Class A**
> Most prestigious buildings competing for premier office users with rents above average for the area. Buildings have high quality standard finishes, state of the art systems, exceptional accessibility and a definite market presence.
>
> **Class B**
> Buildings competing for a wide range of users with rents in the average range for the area. Building finishes are fair to good for the area. Building finishes are fair to good for the area and systems are adequate, but the building does not compete with Class A at the same price.
>
> **Class C**
> Buildings competing for tenants requiring functional space at rents below the average for the area.

---

[55] Trophy asset이라는 표현도 있으나, 이는 빌딩 grade의 구분에 따른 것은 아니며, 도심내 가장 뛰어난 빌딩 또는 자신이 가지고 있는 자산 중 가장 뛰어난 빌딩을 의미한다.

국내 시장보고서를 주기적으로 발행하는 리서치 기관 또한 빌딩 등급 분류 방법에 대해 차이를 보이고 있는데, 그 주요 내용을 비교[56]해보면 다음과 같다.

신영에셋
구분 : Prime등급, A 등급, B 등급, C 등급
방법 : 건축 연면적, 월세, 지하철까지 거리, 접도수, 건축년수 등 5가지 항목을 기준으로 항목별 가중점수를 합산한 점수를 기준으로 분류

신영에셋 등급 분류

구분	Prime 등급	A 등급	B 등급	C 등급
범위	상위 10%	20%	30%	40%
수준	권역 내 최고수준 랜드마크 빌딩	권역평균을 상회하는 우수빌딩	권역 내에서 인지도를 보유	평균 이하의 인지도 낮은 빌딩
개수	97	221	242	274
건축 연면적(천평)	15 이상	11 이상 ~ 15 미만	5 이상 ~ 11 미만	5 미만
월세(천원/평)	79 이상	69 이상	59 이상	59 미만
지하철까지 거리	지하철역 인접	도보 5분 이내	도보 10분 이내	도보 10분 이상
접도수	4개 이상	3개	2개	1개
건물년수	5년 이하	6~10년	11~15년	16년 이상

Savills
구분 : A 등급, B 등급
방법 : 서울시 소재 3만㎡ 이상의 대형오피스 빌딩은 2011년말 기준 총 279개, 총 연면적 1,400만㎡(CBD 36.5%, GBD 24.3%, YBD 13.2%)임. CBD, GBD, YBD 권역에 위치한 3만㎡ 이상 빌딩 중

---

[56] 각 내용은 각사 홈페이지 또는 발표하는 시장보고서 등에서 정리했음.

116개 프라임빌딩을 선정, 이 중 87개를 대상으로 A 등급 및 B 등급으로 분류

Savills 등급 분류

구분		합계/평균	CBD	GBD	YBD
평균 연면적(천평)	A	27	26	29	27
	B	14	15	12	13
총 연면적(만평)	A	106	49	41	16
	B	65	31	20	13
평균 준공년도	A	1999	2000	1999	1997
	B	1997	1997	1998	1995
빌딩개수	A	39	19	14	6
	B	48	21	17	10

젠스타

구분: Prime 등급, A 등급, B 등급, C 등급

방법: 물리적, 경제적, 입지적 요인에 점수를 부여해 요인별 가중치를 두어 개별 오피스 점수를 산출한 후, 지역별로 등급을 부여

젠스타 등급 분류

구분	Prime 등급	A 등급	B 등급	C 등급
범위	상위 10% 이내	상위 10~30%	상위 30~60%	상위 60~100%
기준	권역 내 랜드마크 수준 빌딩	권역 내 우수빌딩	권역 내 평균 수준 빌딩	권역 내 평균 이하 빌딩
개수	83	165	221	347

메이트플러스

구분: 대형, 중형, 소형

방법: 대형 1만평 이상, 중형 3천평 이상~1만평 미만, 소형 3천평 미만

공실률

리서치 기관에서 부동산 시장 동향을 말할 때 빼놓지 않는 것이 바로 '공실률'이다. 단 아래 표와 같이 공실률을 산정하는 표본집단뿐만 아니라 산정방법[57]도 매우 다르기 때문에, 같은 시기의 공실률도 다르게 나타날 수 있음을 유의해야 한다.

공실산정 비교표

	신영에셋	Savills	메이트플러스	젠스타
표본기준	연면적 6,600m² 이상 or 10층 이상 오피스	CBD, GBD, YBD의 3개 권역 소재 연면적 3만m² 이상 빌딩 중 프라임급만 선정	연면적 1,500m² 이상 and 지상 5층 이상(업무용 50% 이상 오피스)	연면적 1천평 이상 (업무용 70% 이상 오피스)
총 표본수	약 834개	총 87개	914개 * '11.1Q부터 적용 (이전 810개)	816개 * '11.1Q부터 적용 (이전 331개)
권역별	CBD: 225, GBD: 315, YBD: 158	CBD: 40, GBD: 31, YBD: 16	CBD: 186, GBD: 341, YBD: 125	CBD: 167, GBD: 289, YBD: 121
등급별	P: 97, A:221, B: 242, C: 274	A: 39, B: 48		P: 34, A: 165, B:221, C:347
서울 총 stock	약 1,000만평 이상 추정	424만평 *9천평 이상만 고려	1,074만평	1,084만평
총 표본면적	641만평	171만평	605만평	562만평
서울 stock 비중	60%	40%	56%	52%
권역별 비중	CBD: 31%, GBD: 34%, YBD: 18%	CBD: 47%, GBD: 36%, YBD: 17%	CBD: 24%, GBD: 27%, YBD: 12%	CBD: 37%, GBD: 27%, YBD: 19%
신축반영	신축 즉시 반영(사옥제외) *단 임대활동 사옥은 포함시킴 *신축빌딩 추가 시 기존 빌딩은 모수에서 제외해 약 830개 유지	신축 즉시 반영 (사옥, 리모델링 제외)	신축 2년 미만 빌딩 제외 *과거 임대현황은 과거 인터뷰, 임대안내자료 등을 역추적해 과거 조사자료에 재반영	신축 1년 미만 or 공실률 5% 이상 빌딩 제외 *신축 1년 이후라도 공실률 5% 이상일 경우 모수에서 제외

4. 해외 투자자의 국내 투자(in-bound investment)

국내 부동산 시장에서 해외 투자자들이 활동하기 시작한 때는 1997년 금융위기 직후부터다. 이들은 발전된 투자 기술을 바탕으로 core는 물론 opportunistic investment까지 다양한 투자 전략을 펼치고 활발한 투자 활동을 보여왔다. 2008년의 금융위기 이후 해외 투자자의 국내 진출은 그 전보다는 많이 약화된 것으로 보여지지만, 여전히 선진 기법, 풍부한 정보력과 자금을 바탕으로 국내 부동산 시장에서 중요한 영향력을 행사하고 있다.

국내 투자 목적

해외 부동산 투자 시장에서 한국시장의 위상을 객관적으로 볼 필요가 있다. 국제 금융거래가 발달한 주식시장과 마찬가지로 한국시장은 선진국 시장에 포함되지 않는다. 신흥시장 중에서도 매우 작아 대부분 AP(Asia-pacific) region에 해당하는 투자처 중 일부로 인식되는 것이 현실이다.

물론 국내 투자처의 매력으로는 투자 포트폴리오 다변화 효과, 대체로 높은 성장률 유지, 비교적 자유롭고 투명한 해외자금 유출입 가능성, 그리고 부동산 시장 미성숙에 따른 기회요인 등이 있다. 그렇지만 금융위기 이후에는 성장률 감소, 해외 부동산 시장의 회복세, 해외자본에 대한 국내 언론의 불편한 시선, 국내 부동산 시장 참여자의 발달로 우량 물건을 찾기가 어려워짐에 따라 신규 투자가 다소 줄어드는 형국이다. 반면에 중국, 인도로의 해외 자본 부동산 투자는 금융위기 이전 수준을 신속하게 회복해 다른 모습을 보여주고 있다.

---

57) 준공 1년 미만 신축 오피스의 공실 면적을 시장 공실면적에 포함시키지 않는 기관도 있다. 이 경우엔 대형 신규 공급으로 공실 발생 및 임대료 하락이 있음에도, 공실률은 큰 변화를 보이지 않는 결과가 나타난다.

해외 투자자의 투자 방법

해외 투자자는 대부분 부동산 펀드나 리츠 같은 다양한 부동산 투자 기구를 이용해 국내 부동산을 취득하고 있다. 이는 국내 전문 부동산 투자자와 유사한 형태이다. 참고로 국내 기관 투자자는, 부동산 투자 기구는 물론 직접 매입하는 방법도 활용하고 있는 점이 다르다.

부동산 투자 기구를 이용하는 목적은 절세 효과를 누리기 위함이다. 이는 국내 투자자가 부동산 투자를 실행할 때와 동일한 것이고 해외 투자자라 해서 차별받는 내용도 아니다. 따라서 잘 이해하지 못하고 마치 이를 불법적인 탈세와 유사하게 몰아가는 일부 시선은 잘못된 것이라 생각된다.

단지 해외 투자자는 국내에 설립된 간접 투자 기구에 투자할 때에도 해외에 설립된 복수의 유동화전문 회사(SPC)를 통해 여러 단계를 거쳐서 투자하기 때문에 그 모습을 한눈에 알기는 무척 어렵다. 해외 투자자의 본사 조직에는 이 SPC 등을 설립하고 운영하는 별도 부서가 있으며 이를 IC(investment controller)라고 부른다.

전망

국내 부동산 시장은 해외 투자자가 처음 들어오던 때보다 매입 경쟁이 더욱 치열해지고 있으며, 부동산 시장을 둘러싼 거시 경제 환경은 더 어려워진 것으로 보인다. 오히려 국내 기관 투자자들은 운용자산의 증대와 더불어 해외시장까지 투자 대상을 점차 확대하려는 추세에 있다. 이는 해외 투자자-특히 해외 운용사로서는 오히려 한국을 투자처로 보는 기회(in-bound investment)보다도, 한국의 자금을 끌어들여 전 세계의 여러 부동산 시장에 투자할 수 있는 기회로 보는 경우(out-bound investment)가 늘어날 것으로 보인다. 따라서 국내 기관 투자자는 해외

유수의 부동산 전문 운용사 등과 협업을 늘려나가고 해외 프로젝트에 대한 검토 능력을 갖추어가야 할 것이다.

5. 국내 투자자의 해외 투자(out-bound investment)

국내 기관 투자자가 해외 부동산 – 특히 core asset에 대해 적극적인 투자를 시작한 것은 불과 몇 년 되지 않았다. IMF 이후 해외 투자자가 국내 시장에 들어온 지 거의 10년 후에나 본격적으로 시작되었다. 그러나 짧은 기간임에도 불구하고 그 규모나 위상이 급격히 상승해 유수의 해외 운용사들이 국내 연기금, 보험사 등과 협업을 모색 중에 있다. 또한 해외 부동산을 적합한 투자 운용처로 여기는 국내 기관 투자자들도 증가추세에 있다.

해외 부동산 투자 목적

국내 기관의 자산운용규모가 빠른 속도로 증가함에 따라 해외 자산운용 시장까지 고려해야 하는 상황에 놓이게 되었다. 실제 기관의 접근이 용이한 국내 오피스 투자 시장은 연간 약 10조 원[58] 이상 규모로 성장하고 있으며, 동시에 대체투자 수요 증가로 인한 매입 경쟁이 무척 치열한 상황이다.

또 분산효과(asset allocation) 측면 – 즉 포트폴리오 다각화 목적에서 해외부동산 투자를 고려하기도 한다. 이는 역시 해외 부동산 투자자가 한국시장에 진입하는 이유와도 동일하다.

---

58) 2018년도 국내 오피스 투자규모는 약 11.6조원을 기록함(Savills Korea 브리핑 서울 프라임 오피스 Q4/2018 기준)

해외 부동산 투자 특징

해외 부동산에 투자하는 경우 국내 부동산 투자 대비 추가로 고려해야 할 사항은 아래와 같다. 국내 투자와는 다른 고려해야 할 요소들이 많지만, 모두 다 담을 수는 없어서 간략한 소개 정도만 해두기로 한다.

해외 시장은 전용율, 임대차 관행 등 많은 요소가 국내 시장과 매우 다르기 때문에 직접적인 비교를 하는 경우 오류 가능성이 높다. 따라서 그 지역 부동산 시장에서 활동하고 있는 전문가의 의견을 듣고 제대로 이해하며, 자신의 눈으로 판단할 수 있는 역량이 필요하다고 생각된다.

환율

해외 부동산 투자를 할 때 가장 처음 떠올리게 되는 이슈다. 환율 문제는 비단 상업용 부동산 투자에서만 있는 것이 아니기 때문에, 시장에 이미 여러 상품을 통해 환율 변동 위험을 회피할 수 있는 방법이 제시되어 있다. 하지만 그 내용이 상업용 부동산 투자에 특화되어 있지 않기 때문에, 필요한 내용이 무엇인지를 정확히 알고 그것을 전문가(은행의 외환 담당)에게 설명하고 의견을 구하는 것이 좋다.

기본적으로 환율 변동에 의한 본 부동산 투자 수익의 변동을 최소화하는 것이 목표이다. 환율 변동에 노출되는 현금흐름은 크게 매입(acquisition), 배당(distribution), 그리고 매각(disposition)의 세 부분으로 나뉘어진다. 매입금액은 투자 시점 기준 환율로 모든 금액을 환전하게 되기 때문에 미래에 대한 위험은 없다. 하지만 향후 발생하는 현금흐름에 대해서는 환율 변동에 노출되기 때문에 이를 관리할 수 있어야 한다.

환헷지[59] 방법으로는 forward 계약, CRS 계약, 옵션 계약 등이 있는데, 주로 forward 계약과 CRS 계약을 주로 사용하고 있고, 여기에서는 forward 계약을 예로 해서 설명하고자 한다.

'선물환계약(Forward exchange contract)'이란, 미래의 특정일자를 결제일로 해서 특정통화의 매매계약을 체결하고, 결제일이 되면 약정한 환율에 의해 해당 자금을 결제하는 거래를 말한다. 여기에는 '선물환마진'이 발생할 수도 있는데, 이는 교환되는 두 통화의 금리차를 환율로 전환한 값이다.

예를 들어, 설명하면 아래와 같은 선물환계약이 체결된다.[60]

1) 선물환 buy거래 1건(매입): 계약금 송금 이전까지, 계약금 $10,000,000 선물환 계약

2) 선물환 buy 거래 1건(매입): 잔금지급일에, 잔금 $90,000,000을 잔금 지급일에 대한 선물환 계약[61]

3) 선물환 sell 거래 10건(배당): 정해진 배당일자에, 예상 배당금의 대략 60~90% 수준에 대한 선물환 계약(배당이 10회라고 가정하면, 총 10건의 선물환 거래가 발생)

4) 선물환 sell 거래 1건(매각): 정해진 매각일자[62]에, 투자 금액의 100%에 대한 선물환 계약

---

59) 환헷지(hedge)란 환율변동으로부터 위험을 없엔다는 표현이고, 반대말로는 '환노출'이 있다. '환노출'은 환율변동에 그대로 노출(open)되어 있는 것이고, '환헷지'는 방법에 따라 환손실 또는 차익을 얻을 수도 있다.
60) 보다 자세한 내용은 재무관련 도서 또는 은행 외환담당자를 통해 알아볼 수 있다.
61) 계약금과 잔금을 나누지 않고, 한 번에 매매금액 전부를 진급 지급 시 송금하는 것이 더 일반적으로 사용되기도 한다. 따라서 이 경우엔 두 건의 선물환 매입거래가 이뤄지지 않는다.
62) 정확히는 매각되는 날짜에 맞춰서 국내에 매매금액의 전부가 송금되기는 어렵다. 따라서 환헷지를 위해서는 매각일자가 아닌 투자금 회수가 실제로 일어날 것으로 예정되는 날짜를 정해야 한다.

상기 예시와 같이 운영기간 중 총 10회의 배당을 예정하고 있다고 가정한다면, 이는 일정 시점에 일정 금액을 해외로부터 받아 국내 투자자에게 돌려준다는 의미다. 이 예상 배당금액 전부를 hedge대상으로 삼게된다면, 실제 배당 가능금액이 이보다 작게 되는 경우, 그 부족분 전부를 계약당사자[63] swap bank에 갚아야 하는 위험이 발생한다. 이러한 위험성을 막기 위해 통상 예상 배당금액의 60~90% 금액을 추정해 hedge대상 금액으로 정하게 되며, 나머지 금액은 배당시점의 환율로 환전된다. 따라서 나머지 10~40%에 해당되는 금액에 대해서는 혹은 실제 배당받는 금액과 차액에 대해서는 hedge가 될 수 없게 된다.

다음은 매각[64]에 대해 설명해보겠다. 만일 5년 뒤 매각을 가정했다면 그 매각 금액은 매각 차익이 포함되어 재무모델에 반영되어 있을 것이다. 만일 이 매각 예상 금액 전부를 hedge대상으로 삼는다면 이보다 작은 금액으로 매각될 경우 그 차액만큼의 외환 금액 전부를 swap bank에 갚아야 하는 위험성이 생긴다. 따라서 이러한 위험성을 막기 위해 통상 보수적인 가정을 하고, 투자 원금에 해당하는 금액만큼 만을 계약 대상으로 삼게 된다. 따라서 투자 원금보다 높은 매각차익(capital gain)이 발생하는 금액에 대해서는 hedge가 되지 않는다. 그리고 투자 원금보다 낮은 금액으로 매각된다면 여전히 그 부족한 금액만큼 swap bank

---

[63] 일반적으로 기관에서 해외 부동산 투자를 진행하는 경우엔 간접 투자 기구 또는 SPC를 통하기 때문에 실체가 없는 경우가 대부분이다. 따라서 계약당사자에게 swap bank가 부족한 외화표시 금액을 갚을 것을 요청한다 하더라도 SPC는 실체회사가 아니기 때문에 갚을 능력이 없을 수도 있다. 따라서 이런 경우를 대비해 swap bank는 실제 투자자에게 별도의 약정서 또는 확약서를 요청하는 경우도 있다.
[64] 여기에서 설명하고 있는 환헷지 내용은 부동산을 직접 매입할 경우에 해당되는 것이고, 투자 상품이 직접 부동산 매입이 아닌 debt fund와 같은 경우엔 다른 접근 방법이 고려되어야 한다.

에 갚아야 하는 의무가 남게 된다.

만일 본 부동산이 조기매각되거나 예상한 5년 이후에 매각되는 경우에는 선물환계약에서 정한 계약일자와 달라지게 된다. 이 경우에는, 이를 결정하게 되는 시점의 환율로 다시 sell-buy 계약 또는 buy-sell 계약을 체결해 기존의 계약을 상쇄시켜야 한다.

매각 일자의 환율 및 기 체결된 선물환계약사이의 환율 차이만큼은 미리 결정할 수 없는 부분이다. 조기매각의 경우, 매각 시점에 이 환율 차이에 따라 손실이 크게 발생해 전체 최종 수익에 영향을 미치게 된다면 아예 매각하지 않을 수 있기 때문에 실제로는 조기매각 리스크가 발생할 가능성은 크지 않다. 하지만 만기 때까지 매각을 하지 못하는 경우는 실제 리스크로 나타나게 될 것이다.

해외 투자자는 swap bank에 부족한 외환을 갚는다는 내용의 분할인출약정서(capital call)를 swap bank와 운용사 사이에 체결하게 되는 경우도 있다. 특기할 것은 REF의 경우엔 자산운용사는 투자자가 누구인지 알 수 없어야 함[65]에도 불구하고, 수익자에게서 본 인출약정서를 받아 swap bank와 같이 계약을 체결해야 하는 모순이 발생하게 될 수밖엔 없다는 점이다.

세금

해외 부동산 투자에서는 예상치 못한 세금부과가 목표 수익률에 큰 영향을 미칠 수 있다. 따라서 현지 부동산 세무 전문가의 내용을 국내 다국

---

[65] 이는 REF의 본질적인 특징으로 수익증권 판매사인 증권회사만 그 수익증권의 주인이 누구인지 알 수 있으며, 자산운용사는 수익증권의 투자자가 누구인지 정확히 알 수가 없다.

적 회계법인을 통해 확인하는 절차를 반드시 포함시켜야 한다.

아래는 미국 시카고 오피스 매입할 때 검토된 내용 중의 일부다. 실제 정확한 내용과 숫자[66]는 아래 표와 다를 수 있으나, 다양한 종류의 세금이 있고 현지와 국내에서 어떻게 세금이 발생되고 환급되는지에 대해 개괄적으로 이해하는 데 도움이 되었으면 하는 목적에서 발췌했다.

추정 세금 유출액[67]

구분	취득단계	운영단계	처분단계
[미국]			
REIT 단계에서의 법인세율	-	-	35% (*1)
부동산 거래세 (Transfer Tax)	취득가액*0.75%	–	양도가액*0.45%
프랜차이즈세 (Franchise Tax)	-	납입자본금*0.1%	-
투자자 단계에서의 이자소득에 대한 원천징수 세율	-	12%	-
투자자 단계에서의 배당소득에 대한 원천징수 세율	-	15% (10%)	-
[한국]			
투자자의 이자소득에 대해 납부한 외국납부세액 공제율 (*1)	-	-12%	-
투자자의 배당소득에 대해 납부한 외국납부세액 공제율 (*2)	-	-14% (-10%)	-14%
예상유효세율			
거래세, 프랜차이즈세	취득가액*0.75%	납입자본금*0.1%	양도가액*0.45%
법인세	-	1% (0%)	21%

(*1) REIT의 경우 배당소득공제로 인해 법인세가 발생하지 아니 하나, 자산매각에 따른 양도차익에 대해서는 FIRPTA규정에 의해 35%의 법인세가 부과됨
(*2) 외국납부세액의 환급비율이 100%라고 가정했으며, 간접투자회사 등의 외국납부세액공제 특례에 따른 외국납부 세액공제 한도는 14%임

---

[66] 해외 투자의 경우 투자자별 특징에 따라 세금의 종류와 그 내용도 달라지는 경우가 있으니 현지 전문가의 의견을 받도록 한다.
[67] 현대자산운용에서 진행한 시카고 오피스 매입 내용 중 일부 발췌

관행차이

다음에 나오는 표는 시카고 오피스 매입 시 주요 가정에 대해 서울 도심 내 유사한 규모의 오피스와 비교한 것이다.

시카고, 서울 오피스 임대 조건 비교

Items Unit		Chicago USD, sf, yr	KRW, py, mo	Seoul KRW, py, mo
Rental income	Market Rent	$17/sf/yr floor 2-23 $20/sf/yr floor 24-33 $24/sf/yr floor 34-53 $25/sf/yr floor 54-57	KRW 55.5 py/mo KRW 65.2 py/mo KRW 78.3 py/mo KRW 81.5 py/mo	KRW 120K/ py/ mo
	Market Rent Growth Rate	2012 - 2.5% 2013 - 2.5% 2014 - 2.5% 2015 - 2.5% 2016+ 2.5%		approx. 2%~5% p.a.
(Free Rent)	Gross Abatement(5 year lease)	For new/renewals: 011 - 5 months free/3 2012 - 5 months/3 2013 - 5 months/3 2014 - 5 months/3 2015+ 2.5months/1.5	1month free p.a. (5+ yrs' lease term)	For new/renewals: 1~1.5 months free p.a./1 month free p.a. (2 yrs' lease term)
	Gross Abatement(10 year lease)	For new/renewals: 2011 - 10 months free/5 2012 - 10 months/5 2013 - 10 months/5 2014 - 10 months/5 2015+ 5months/2.5		
CAM (L&V)	CAM Minimum Vacancy Allowance Renewal Probability Month Vacancy	$12.37/sf/yr(2010) 7 months	KRW 40.3 py/mo 0.08 0.7 2.1 months free	KRW 40K/py/mo 3~5% N/A (incl L&A)
Effective Gross Income				
(OPEX) NOI	OPEX	$13.10/sf/yr(2010)	KRW 42.7 py/mo	KRW 30K/py/mo
(Tenant Improvement) (Leasing Commission)	TI Allowance(5year lease) TI Allowance(10year lease) Leasing Commission(5year lease) Leasing Commission(10year lease)	$30/sf(new) & $15/sf $60/sf(new) & $30/sf For new/renewals: $9.38 / $9.38 For new/renewals: $18.75 / $18.75	15 months free 30 months free 4.7 months free 9.4 months free	1 month p.a. (or N/A) For new/renewals: 80~120% of monthly rent / half of new lease
(CAPEX) BTCF		$5.7MM(projected in 5 yrs)	KRW 2,583 py/mo	KRW 1,500~2,000/py/mo
(Debt Service) (Entity Expense, Tax) ATCF		mid of 4%		approx. 6%

상기 표를 자세히 살펴보면 두 지역 간 임대료 수준 차이는 이해할 수 있다고 하더라도, 관리비 수입 및 비용의 지출, 수수료의 지급 기준 등에서도 상당히 큰 차이가 있음을 알 수 있다. 즉, 같은 개념임에도 불구하고 적용되는 내용은 매우 상이한 것이다. 예를 들어, 시카고에서는 free rent 외에도 임차인에게 TI allowance(임차인 공사 보조금)를 통해 상당히 많은 금액이 지원되고 있는 것을 볼 수 있고, 임대대행수수료인 leasing commission 또한 그 금액이 서울 시장에 비해 약 4배 이상 높은 수준[68]이다.

또한 TI, rent abatement 등의 예상되는 지급시점은 거의 정해져 있기 때문에 이를 매매금액의 정산 항목에 포함시키는 경우도 있으니 이를 사전에 고려할 수 있어야 한다.

해외 프로젝트의 경우엔 현지의 관행이 어떻게 형성되어 있고 그 평균값이 어떠한지에 대해 먼저 알 수 없기 때문에 정확한 시장을 이해하고 있는 현지 파트너가 매우 중요하며, 그 결과물에 대해서도 국내 시장과 비교했을 때 어떤 내용이 다른지에 대해 이해하는 것이 재무분석 모델링(modeling)을 할 때는 물론 국내 투자자에게 내용을 설명할 때 중요한 요소가 된다.

---

[68] 물론 임대차계약 기간이 최소한 5년 이상이며 대부분 10년이기 때문에 나타난 차이로 볼 수도 있겠지만, 최근 서울 부동산 시장에서도 이 같은 장기 임대차계약이 점차 많아지고 있음에도 임대대행수수료는 월 실질임대료의 100~150%에서 크게 벗어나지 못하는 것이 일반적임을 볼 때 개별 시장 특성 차이라고 보여진다.

6. 부동산 투자의 경쟁력[69]

　자산운용 측면에서의 부동산 투자는 결국 자금을 투자해 운영한 후 투자원금을 회수하는 것이니 '투자', '운영'과 '매각' 어느 한 곳을 소홀히 할 수 없다.
　주식 및 채권은 '투자'와 '매각'만 있고, 이 또한 정형화된 시장 안에서 일어나는 것이니 시점과 종목 '선택'만을 잘하면 되겠지만, 부동산은 그 특징상 '선택'뿐 아니라 위험요인을 분석해 비정형화된 계약으로 협상까지 해야 하는 것이다. 또한 '운영' 기간 동안 부동산의 본질을 이해하고 관리하지 못한다면 매각 시 좋은 결과를 가져오기 어렵게 되는 것도 특징적인 요소 중 하나가 된다.

　따라서 깊이 있는 '운영' 노하우가 바탕이 되지 않는다면 부동산 투자를 잘할 수는 없다. 반면에, '운영' 노하우가 바탕이 된다면 다른 투자자보다 뛰어난 AM(Asset Management) 관점에서 접근 가능하기 때문에, 동일한 위험 또는 시장 상황에서도 이를 뚫고 갈 수 있는 기술(tool)을 마련해 낼 수 있을 것이다.
　실제로 모두 기 운영 중인 오피스, 즉 현재 개발이 없는 hard asset 매입만 몰두할 때 해외 투자자는 중소형 B class 오피스를 매입해 리모델링 후 분산효과(asset allocation)을 통한 value add play를 성공적으로

---

[69] 본 내용은 전 직장 후배가 궁금해하던 질문 – '수많은 부동산 투자자들이 있는데 그중 경쟁력이 높은 곳이 있는 것 같다. 그 경쟁력의 원천은 무엇이라고 생각하는지?'에 대한 대답을 정리해본 내용이다. 즉 연기금 및 자산운용사 대부분이 동일한 물건에 대해 거의 엇비슷한 projection을 하고 있는 상황에서, '투자를 잘한다'라는 게 과연 존재하는지, 또한 부동산에서는 과연 어떤 요인이 이런 경쟁력을 만들어내는지 궁금하다는 질문 요지였다.

마친 사례가 무척 많았었다. 이러한 AM에 대한 강점은 지분(equity) 수익률 향상뿐만 아니라, 시장에서 투자 물건을 찾고 매입을 실행(execution)하는 데 매우 큰 장점으로 작용했다고 생각된다.

7. 부동산 업계 구분

보험사, 연기금 등 기관투자자가 다루는 부동산 시장은 크게 PF시장과 실물시장으로 나뉘어지며, 지분 투자 또는 담보대출 등을 통해 운용되고 있다.

PF(Project Financing)시장은 개발사업을 목적으로 한 경우가 많고, 토지주(또는 시행사), 시공사, 금융기관(증권사, 제2금융권 등),[70] 신탁사 등이 주요 참여자가 된다.

반면 실물시장(일명 hard asset market이라 부르기도 한다)은 오피스, 호텔처럼 준공 이후 임대차를 기반으로 해서 운영되고 있는 빌딩 매매를 의미하고, 빌딩 소유자, 금융기관, AMC(리츠 또는 부동산 펀드운용사), 임대대행사, PM사 등이 주요 참여자다.

이렇게 PF시장과 실물시장은 리스크 요인, 예상 현금흐름, 참여자 등에서 상당히 차이가 있으며, 업계 종사 인력도 다르게 구성되는 경우도 많다.

이 책에서는 주로 실물 부동산 시장의 투자·운영 방법에 대해 기술하고자 한다.

---

70) 금융기관은 제1금융기관, 제2금융기관으로 나눠서 부르기도 하는데, 제1금융기관은 은행을 말하며 제2금융기관은 보험사 및 저축은행을 포함한다.

8. 부동산 투자의 자금조달

　부동산 투자는 크게 대출과 지분 투자의 2가지 형태로 자금이 조달된다. 대출 및 지분 투자 모두 기관과 개인이 참여 가능하지만 부동산 투자는 최소한 수백억 원에서 쉽게 수천억 원이 넘는 대규모 자금 조달이 필수적이다 보니 개인들만의 참여로는 어렵고, 대부분의 경우 기관 투자자가 중심이 된다. 또한 개인들의 요구수익률은 기관 투자자의 요구수익률보다 높은 경우가 많기 때문에 대출형태의 투자는 거의 불가능하고 지분 투자 형태로만 참가하게 된다.

　반면 기관투자자는 자신의 요구수익률 또는 자금운용 형태에 따라 대출 또는 지분 투자로 나누어 부동산 투자를 하게 된다. 하지만 몇몇 보험사(대형 생명보험사) 또는 연기금(국민연금 등)에서는 대출 없이 전부 지분(equity)만으로 부동산을 취득하는 경우도 있다. 이는 보험업법 등의 관련 규정에 있어서 외부차입조달 금지라는 규정 때문이기도 하지만 자신이 갖고 있는 자산운용 방법 중 일부가 대출이기 때문이기도 하다. 즉 단일 부동산 자산(asset)에 투자하는 경우, 자신의 금액으로 대출을 포함하는 것과 대출 없이 전부를 지분 투자(full equity)로 투자하는 것 모두 동일한 효과를 가져오기 때문이다.[71]

기관 투자자

　상업용 부동산 투자자 중 중요한 부분을 차지하는 것이 연기금, 공제회, 보험사 등의 기관 투자자다.

---

[71] 물론 해외 부동산 매입의 경우엔 현지 담보대출 시장의 금리차이, Fx Hedge 내용 등에 따라 차입을 포함하는 투자와 그렇지 않은 투자가 상당히 다른 risk와 return을 보이게 된다.

이들은 지분(equity)만을 부동산에 투자하기보다는 대출을 중심으로 안정적인 자산운용을 도모하면서 지분의 일부를 참여하는 경우가 많다. 요구수익률이 보험사보다 높은 몇몇 연기금, 공제회의 경우, 자신의 자산운용 요구수익률이 담보 대출 금리보다 높기 때문에 대출에는 참여를 못하고 지분투자만을 선호하는 경우도 있으나, 시장 전체 규모로 볼 때엔 대출과 지분을 동시에 참여시키는 기관이 더 많은 것으로 보여진다.

지분 투자자(equity investor)의 구성원 모두가 대주(lender)와 동일한 경우보다는 그렇지 않은 경우가 더 많은 편이다. 이 경우에 지분 투자자는 차주(borrower)로 대주(lender)의 반대 입장이 되기 때문에 대출약정서 협의 시 이견이 생기는 경우도 있다. 즉 차주와 대주가 동일한 구성원으로 형성되어 있는 경우엔 대출약정서(loan doc)의 작성 및 해석이 동일한 사람(기관)에게 있게 되므로 크게 문제될 것이 없지만, 차주와 대주의 구성원이 일치하지 않거나 아예 다른 경우엔 대출약정서(loan doc)의 내용에 대해 상당히 민감해질 수밖에 없다.[72]

개인 투자자

개인 투자자는 기관보다 높은 요구수익률을 갖고 있고, 이를 다르게 말하면 그만큼 높은 위험을 감내하겠다는 뜻과 같다.

따라서 개인 투자자들의 자금은 거의 대부분 지분 투자(equity)에 사용되게 된다.

개인 투자자를 모아 fund raising을 하는 것을 '공모'라는 표현을 쓴

---

[72] 대출약정서(loan doc) 내용 중 차주 입장에서 중요하게 여겨지는 부분은 결국 기한이익 상실 EOD(event of default)를 실행시키는 규정(covenant)에 대한 정의와 해석이 된다.

다. 공개모집이라는 의미인데 물론 공개모집을 통해서 (작은) 기관이 참여할 수도 있지만, 거의 대부분 증권사 객장 또는 PB(Private Bank)창구를 통해 개인들의 자금이 모여 투자된다. 따라서 수익자 또는 주주의 숫자는 사모만으로 구성된 기관의 수를 훨씬 넘어서게 된다. 이로 인해 주요 의사 결정 또한 한 곳에서 모여서 단일화하기 어렵게 되므로 서면결의 등의 요청서가 증권사 등을 통해 각 개인들에게 전달되는 형태를 띄기도 한다.

공모는 증권사의 역량에 따라 달라지는데, 유사한 프로젝트라 하더라도, 증권사의 창구 및 개인 큰손을 통해 얼마나 빠른 시간에 많이 모아올 수 있는지 – 즉 증권사의 시장성에 따라 조성할 수 있는 투자금의 규모가 달라진다. 대개는 단일 프로젝트에 500억 원을 넘기가 쉽지 않으며, 대형 증권사를 통해 자금을 열심히 조달한다 하더라도 1,000억 원을 넘는 경우는 좀처럼 드문 경우다.

9. 리츠(REITs) vs. 부동산 펀드(REF)

리츠(REITs)와 부동산 펀드(REF)는 부동산 간접투자기구[73]의 두 개의 큰 축을 형성하고 있다.[74]

두 기구 사이의 특징은 다른 곳에서도 자세하고 정확하게(법령 또는 지침은 바뀌는 경우가 많으니 반드시 가장 최근 내용을 확인해야 한다) 정리된

---

73) 줄여서 흔히 '간투'라고 부른다.
74) 이 밖에도 ABS, PFV의 형태도 고려될 수 있겠지만, 일반적인 간접 투자 기구는 상기 2개를 뜻한다.

것이 많으니, 여기에서는 기관투자자들 관점(또는 AMC관점)에서 특징을 설명하고자 한다.

먼저 이해해야 할 것은 두 간접 투자 기구 모두 지분 투자(equity investment)를 위해, 그리고 부동산 투자의 효율성(세제혜택 및 매입/운영)을 위해 사용되는 것이라는 점이다. 물론 부동산 펀드(REF)의 경우엔 속칭 '대출형 펀드'로만 운영되어 loan만을 대출해주는 기구로서도 활용되는 경우도 많지만, 리츠(REITs)의 경우엔 거의 모두 지분 투자를 위해 설정되고 있다.

의사 결정 구조

가장 중요한 차이점은 투자 기구의 투자자가 주요 의사 결정에 직접적으로 참가할 수 있는지 여부다.

리츠의 경우엔 기본적으로 '회사'이기 때문에, 이사회·주주총회 등 주식회사가 갖는 의사 결정 방법을 그대로 따르게 된다. 따라서 투자자는 (모든 투자자가 '이사회'의 '이사'가 되는 것은 아니지만) 이사회에서 이사로 회사(리츠)의 운영 내용을 깊이 있게 직접 이해하고 집행할 수 있는 권한을 부여 받을 수 있으며, 모든 투자자는 주주로서 의결권을 가지고 자산 매각 등 주요 의사 결정에 직접 참여할 수 있다.

부동산 펀드의 경우엔 기본적으로 REF AMC('○○자산운용'이란 회사이름을 갖고 있으며, 정확히는 '자산운용협회' 홈페이지www.amak.or.kr에서 회사 정보를 찾을 수 있다)가 매각 등 주요한 의사 결정은 물론 투자자의 배당 수준을 포함한 펀드 운용에 관련된 모든 의사 결정의 권한을 갖는다. 오히려 투자자는 이 의사 결정에 관여하게 되는 것이 '엄격히' 금지되어 있으며, 이를 위반하는 경우엔 부동산 펀드에게 부여한 세제혜택이 취소 등 중과를 맞을 위험이 있다. 그리고 REF AMC는 투자자가 누구인지 알 수 없는 것이 원칙인데 이는 투자자 모집은 AMC가 아니라 펀드 '판매사'가 하도록 제도화되어 있기 때문이다. 즉 AMC는 부동산 펀드 운영에만 관여해 그 배당금의 지급까지만 역할을 다하는 것이고, 그 이후 단계 – 투자자가 배당금을 수취하는 행위는 증권사와 투자자(정확히는 '펀드 수익자')사이에서만 일어나게 된다.

상기 내용을 검토해보면, REF AMC가 투자자의 이익을 위해 최선을 다하는 선관주의 의무 등이 있고 이를 이행할 것으로 '이해'되긴 하지만 리츠만큼 정확하게 투자자의 의사를 직접적으로 반영하고 있다고 말하기는 어렵다. 오히려 REF 투자자의 이익과 REF AMC 사이의 이익이 상충되는 의사 결정의 순간, REF 투자자는 이에 막을 수 있는 방법이 (거의) 없기 때문에 문제가 될 수도 있다.

예를 들어, 펀드 만기가 남아 있지만 시장 상황이 좋아져서 펀드 만기 이전에 조기 매각을 통해 REF 투자자, 즉 펀드 수익자가 더 높은 수익을 거둬갈 것으로 예상되는 경우, 펀드 수익자는 더 높은 수익을 얻고자 매각을 요청할 수 있지만 REF AMC입장에서는 조기 매각에 따라 자신의 AUM(Asset Under Management)이 줄어들고 그에 따른 보수(일반적으로 자산총액의 연간 30bps 내외)가 없어지므로 조기 매각을 선호할 이유가 크지 않다.

물론 REF에서도 펀드 수익자의 의견을 아주 반영할 수 없는 것은 아니다. '수익자총회'를 통해 간접적으로 펀드 운영에 대해 의견을 낼 수 있고, 심지어는 REF AMC의 교체까지도 요청할 수도 있지만 현실적으로 이를 실행하는 데 많은 어려움이 따른다.

그렇다고 해서, 리츠에서 이사로 활동한다 해서 장점만 있는 것은 아니다. 이사에겐 회사의 주요 의사 결정에 대해 직접 검토하고 집행하는 권한과 책임이 주어지는데, 투자자의 일개 직원임에 불구함에도 외부 회사의 이사가 되어 의사 결정을 내리게 되는 것이므로 그 책임은 직원 개인에게 넘어올 수 있다. 즉 개인적으로 일을 하는 것이 분명히 아니지만 이사 업무에 대한 책임이 개인에게 남을 수 있다는 것이 문제가 될 수 있다. 물론 부동산 투자 회사를 위해 의사를 결정하는 것이 투자한 투자자의 이해관계와 일치하는 경우가 대부분이겠지만, 기관이 아닌 개인주주까지 이해관계가 다양하게 형성되므로 그 의사 결정의 부담감이 없다고 하기 어려울 것이다.

이렇게 전문적인 의사 결정에 대한 개인적 책임을 면하기 위해, '임원배상책임보험'을 가입하는 경우가 점차 많아지고 있으며, 자산운용회사에서도 이 위험을 고지하고 보험으로 사전에 이러한 위험을 피할 수 있어야 할 것이다.

차등배당 가능성

리츠와 부동산 펀드 사이의 또 하나의 큰 차이점은 주주간 차등배당 가능성 여부이다. 부동산 펀드의 투자자는 '수익증권(beneficiary certificate)'을 갖고 있는 수익자(beneficiary)인데, 모든 수익증권은 서로 다른 내용을 담고 있지 못한다. 즉 주식회사에서 우선주를 발행하는 것과 유사하게 차등배당 등에 대해 수익증권의 특성상 만들 수가 없는 것이다.

반대로 리츠의 경우엔 지분 투자자를 우선주와 보통주로 나누어서 차등배당은 물론 매각 시 차익에 대해서도 서로 다른 risk & return을 명확하게 할 수 있다.

최근에는 단일 자산에 대해 펀드를 2개 설정하는 방법을 통해 부동산 펀드에서도 지분 투자자 사이에서 서로 다른 현금흐름을 향유할 수 있도록 하는 방법도 고안되고 있기 때문에 차등배당이 아주 불가능하다고 보기도 어렵다. 하지만 이를 위해서는 서로의 현금흐름 구조를 만들기 위한 별도 약정서 등이 필요하고, 관련 규정에 맞는지 세밀한 검토도 선행되어야 하는 점을 먼저 이해해야 한다.

A manual for Real Estate Investment & Management

chapter
03

투자 검토 단계

chapter 03 투자 검토 단계

부동산 투자 의사 결정을 위한 사전 단계에 대한 설명을 하고자 한다. 투자 검토가 이뤄졌음에도 실제 투자까지 이뤄지는 경우는 그리 많지 않기 때문에 어떻게 생각해보면 업무 중에서 가장 빈번하게 이뤄지는 내용이라고도 생각된다. 또한 투자 검토가 정확하게 이뤄지게 된다면 향후 실제 매수 협상에서도 유리한 고지에서 시작할 수 있게 되므로 쉽게 간과해서는 안 되는 것이 투자 검토 단계다.

1. 부동산 투자 개괄

상업용 부동산 매입단계에서 가장 첫 번째로 고려해야 할 내용은 매입하려는 자산의 성격과 요구수익률[75]이다. 이와 동시에 투자 규모 즉, 총 매입금액 및 자신이 투자해야 하는 지분금액 또는 담보대출금액이 어느 기간 동안 얼마만큼 실행되어야 하는지에 대해서도 우선적으로 고려해야 한다.

이는 결국 투자자 자신이 어떤 성격의 투자를 하고 싶은지에 대한 자신의 성격을 정의하는 것이 필요하다는 것이며, 운영사 입장이라면 자신이 운용해야 하는 자금의 성격이 어떤 것인지 투자 성향은 어떤 것인지에 대한 자산 운영 계획[76]을 먼저 수립해야 한다는 것이다.

조금 더 구체적으로는, 투자 스타일에 맞게 자산의 성격(property type), 지역적 위치(geographical location), 임대차 현황(tenancy)에 대해 결정하는 것이 필요하다.
그 이후 투자 방법,[77] 시장분석, 대상 자산분석, 매입가능 대상 검토, 가격의 결정, 매매계약 협상 및 자산실사 등이 개별 자산 또는 프로젝트별로 진행된다.[78]

자산 성격(Property type)

앞서 설명한 것과 같이 부동산 투자의 4가지 기본적인 투자 전략은 opportunistic, value add, core-plus, core로 나뉠 수 있고, 전략 선택에 따라 대상 자산의 성격(property type)이 정해질 수 있다.

지역적 선호(Geographical location)

투자자들은 투자 가능 대상 지역을 한정할 필요가 있다. 예를 들어, 매입하고자 하는 자산의 선호지역을 강남권역 또는 도심으로 먼저 특정하

---

75) 요구수익률(return requirement)은 매년 얻어지는 현금흐름뿐 아니라 매각차익까지 포함하는 전체 수익률(total return)의 두 가지 모두가 고려되어야 한다.
76) 투자자로부터 funding을 받았을 때 논의된 상품의 내용에 따라 투자할 수 있는 대상이 결정된다. 이는 '투자설명서'에 기술되어 있다.
77) 직접 투자, 간접 투자 또는 단독 투자, 공동 투자 등의 투자 구조 결정
78) 보다 상세한 내용은 'chapter 08 매각' 참조

는 것을 들 수 있다. 또한 그 부동산 시장에 대해 자세히 알지 못하는 해외 부동산 투자의 경우 cover할 수 있는 지역적 대상을 일정 정도로 한정하는 것이 좋다.

임대차 현황(Tenancy)

투자 성향에 따라 임대차 계약이 안정화된(stabilized) 임대차 현황을 갖고 있는 자산과 현 임대차계약을 해지하고 보다 나은 임차조건으로 바꿀 수 있는 가능성이 있는 자산으로 나눠볼 수 있다.

당연히 임대차 현황은 예상 현금흐름의 성격도 규정짓게 된다. 따라서 지금 현황뿐 아니라 미래 새로 형성될 임대차 조건 등에 대해서도 미리 검토해야 한다.

임대차 현황 검토는 투자 기간에 따라서도 결정될 수 있는데, 만일 3~5년 미만의 비교적 짧은 투자 기간을 가정한다면 임대차 현황을 바꾸어 단기간에 수익성 향상을 추구하는 opportunistic 전략이 맞을 것이고, 이보다 긴 10년 이상의 투자기간을 고려한다 개별 임대차 조건을 한두 번 바꾸는 것만으로는 쉽지 않고 보다 긴 안목으로 투자할 수 있는 코어(core)또는 코어 플러스(core-plus)전략이 적합할 것이다.

시장분석(Market research)

상기 내용이 결정된 이후에는 본격적인 검토가 진행되는데, 이는 database 검토, 현장 방문(site tour), 시장 정보 획득(networking) 등이 진행된다.

시장의 목소리를 가능한 한 넓게 듣도록 노력하되 제3자, 특히 브로커가 제공하는 자료를 전적으로 믿지 말고, 자신이 직접 자료를 작성하고 제3자의 자료와 비교·분석하는 것도 중요하다.

가치산정(Property evaluation)

매도자가 제공하는 각종 정보 – Rentroll, 수선내역, 시장정보, 지난 수년간의 operating statement 등 – 에 기초해 대상 자산의 가치를 산정(valuation)한다. 또한 차입 구조, 매입 후 운영기간 등도 함께 고려해 최초 제안 가격(initial offer)을 선정해야 한다.

또한 매입경쟁에 있어서 상대 매수자가 써낼 금액의 범위를 추정해보는 것도 필요한데, 이는 대부분의 경우 공개 또는 비공개 '경쟁' 입찰이기 때문에 1등 또는 순위권 내에 들어가지 못하는 valuation은 의미가 없기 때문이다. 만일 매번 순위권 내에 들지 못하는 보수적인 valuation만을 acquisition team에서 고집한다면 결국 퇴출될 수밖에 없을 것이다.

매입의향제출(Offer)

의향서(Letter of Intent, LOI) 등을 통해 매입의향을 제출할 수 있는데, 첫 매입의향은 반드시 철회 가능(non-binding)해야 한다. 또한 이후에도 매매계약 체결 전 자산실사(Due Diligence, DD)를 통해 내용을 충분히 검토할 수 있도록 여지를 남겨둘 수 있어야 한다.

2. 비밀유지협약서(CA)

배경

매도자가 잠재 매수자에게 비공개 정보를 전달하고자 할 때 '비밀유지협약서(Confidential Agreement, CA)'를 체결한다.

이는 매수자 입장에서는 매도자가 갖고 있는 구체적인 정보를 획득해야만 매매 조건을 정할 수 있지만, 매도자는 자신의 정보를 아무런 보호

장치 없이 무작정 전달할 수는 없기 때문이다.

따라서 CA 체결 후, 매수자는 제공받은 정보를 외부에 유출하지 않아야 하며 만일 계약이 성사되지 않더라도 일정 기간 동안 보안을 유지해야 한다. 만일 매수자가 이를 어겼을 경우 매도자는 손해배상을 청구할 수 있다는 내용을 약정하게 되는 것이다.

체결 과정

잠재매수자가 시장에서 개략적 설명자료(teaser memo)를 확보한 이후 구체적인 자료(Information Memorandum, IM)를 매도자 또는 매도자가 고용한 대리인(agency)로부터 받고자 할 때 CA를 체결하게 된다.

CA는 매도자 측 또는 매도자가 고용한 대리인(agency)에게서 잠재 매수자 측에 전달된다. 원래는 쌍방간의 계약이므로 잠재매수자와 매도자 모두 날인하는 것이 일반적이었으나, 매도자는 날인하지 않고 잠재 매수자만 날인해 전달하는 것만으로도 갈음되는 경우도 있다.

중요한 것은 CA도 양사 간 계약 중 일부라는 것이다. 따라서 계약 내용은 날인 당사자인 개인이 아닌 회사 전체를 구속하게 되는 사항이므로, 무권대리(권한이 없는 자가 계약을 체결하는 행위)가 되지는 않는지 위임전결규정, 법무검토 필요 여부 등을 반드시 확인해야 한다.

수많은 물건을 검토하는 과정에서 정보를 받는 것뿐인데 이 과정을 매번 거치는 것이 귀찮고 번거롭기 때문에, 상기 절차를 무시하고 구두보고 정도만 거친 후 실무 담당자가 부서 내 사용인감 혹은 자신의 사인 등을 통해 진행하는 경우가 상당히 많다. 하지만 CA내용을 위반해 문제가 생겼을 경우, 회사 전체에 심각한 영향을 미칠 수 있을 뿐 아니라 개인적으로 사내 규정된 절차를 위반했을 가능성이 높다. 만일 사규 등을 어겨 퇴사하게 된 경우, 더 이상 관련 직종에 근무하기 어려워질 수도 있다. 이 위험을 개인이 감당하지 않으려면 지켜야 할 규정과 이를 어겼을 때의 위험에 대해 충분히 숙지해야 할 것이다.

CA도 일반적인 계약서 검토 및 체결 절차와 동일하게 처리해야 한다. 즉 사내 법무팀에게 전달해 내용의 체결 가능 여부를 확인을 받는 것이 필요하다. 만일 전달받은 CA내용 중 수정 사항이 나타난다면 이를 매도자에게 요청해 수정하거나 협의를 빨리 진행해야 할 것이다.

만일 매번 다른 내용의 CA를 서로 다른 매도인으로부터 전달받아 일일이 이를 검토하고 체결하기 어렵다면, 오히려 잠재 매수인 측에서 역으로 수용 가능한 내용의 CA를 제안할 수도 있다.

(비록 정상적인 경우라 보긴 어렵지만) CA체결을 위해 거의 한 달간 양사 간 문구 협의를 진행한 경우도 있을 정도로 중요한 일이 될 수 있음을 명심해야 한다.

주요 내용
크게 1)효력기간과 2)관계사 등에게 자료 전달 가능여부 그리고 3)손해배상 조항이 핵심 내용이다.

CA의 효력기간은 2년이 통상적이다. 검토되다가 중간에 drop되는 경우에도 매매가 다른 기관과 아직 종결되지 않은 상태일 수 있기 때문에,

매도자가 제공한 정보가 일정 기간 동안 비밀유지가 되어야 하기 때문이다. 문제는 아주 간단한 내용의 IM만이 제공되는 자료의 전부임에도 이를 2년 동안 간직하는 것이 부담일 수 있다. 이는 CA의 복사본을 만들지 않고 검토하다가 해당 건(deal)을 drop하면서 원본을 매도자에게 다시 돌려줌으로써 어느 정도는 해결할 수 있다.

  이 경우에도 구두로 자료의 일부를 외부에 알리게 되어 문제가 발생할 수는 있지만, 이를 증명하기는 쉽지 않은 일이 될 것이다.

  자료를 받은 쪽에서는 받은 자료의 검토를 위해 계열사 또는 자신의 협력사 – PM, 외부 리서치 기관 등 – 에게 그 내용을 전달해야 경우도 있다. 이 경우에는 그 정보의 관리 책임이 잠재 매수자에게 있기 때문에 자료가 엄밀하게 관리될 수 있도록 해야 한다. 하지만 CA의 내부 검토 목적용 자료전달이 지나치게 제한되거나 불가한 경우도 있는데, 잠재 매수인 측은 이를 실현 가능한 수준으로 완화를 시켜놓아야 한다. 그렇지 않을 경우, 자료를 제공한 자체만으로도 위반사항이 될 수 있기 때문이다.

  CA에 처음부터 손해배상 조항을 포함시킨 경우가 대부분이다. 손해배상 조항이 없다고 해서 CA 위반에 대해서 손해배상 청구 소송을 못 하는 것은 아니지만, 문구 수준에 따라 체결이 어려워질 수도 있다는 점을 염두에 두어야 할 것이다.

3. Background Check

어느 종류의 거래에서와 마찬가지로 거래 상대방의 배경조사(background check)는 반드시 필요하다.

상대방이 어떤 종류의 회사이고 왜 이 거래를 행하는지에 대한 내막을 모르고서는 협상 전략을 세우기도 어렵고, 설령 거래를 마치고 난 후에도 구설수에 오를 가능성이 남기 때문이다.

매매계약과 임대차계약을 제외한 다른 부동산 관련 계약 – 예를 들면, PM, 화재보험 계약 등 – 에서도 상대방의 background check는 필요할 수 있지만, 대부분 매매계약과 임대차계약에서만 행해지게 된다.

이는 매매계약과 임대차계약 외의 다른 부동산 관련 계약의 경우, 상대방 회사가 업계에서 활동하고 있는 상태이기 때문에 비교적 상세한 내용을 이미 인지하고 있으며, 상대방이 제공하는 정보 – 회사소개서 등 – 으로도 구체적인 내용이 파악되는 경우가 많기 때문이다.[79]

Background check 내용은 다음과 같으며, 직접 조사할 수도 있지만 전문기관을 통해 report를 받을 수도 있다.

이 중 형사관련 기록은 직접 열람이 어려운 부분이 있으므로 외부 전문기관에게 검토하게 하는 것이 좋다.

- ✓ 회사명칭
- ✓ 설립연도

---

[79] 그러나 해외 프로젝트를 진행할 때 이런 정보에 대한 접근이 매우 제한적이므로, 외부 기관에 배경조사(background check)를 의뢰해 진행하는 것을 검토할 필요가 있다.

- ✓ 자본금 및 주주구성
- ✓ 범법 기록(사기 등 형사관련 내용 포함)
- ✓ 소송 관련 내용(현재 진행 중인 내용 및 지난 내용 포함)
- ✓ 시장 루머(뉴스 자료 등)

첨언하자면 해외 기관이 계약을 체결할 때 이 background check는 자산실사 절차(DD procedure)처럼 일상적인 내용으로 이해하고 진행하지만 국내 기관 또는 개인 사이의 거래에서는 간과하고 진행되는 경우가 대부분이다.

심지어 대기업 간 거래에서는 이러한 절차가 필요 없다고 여기는데, 실상은 매우 다를 수 있다.

실제 사례로, 어느 국내 대기업이 해외 부동산 매입을 하려 할 때 거래 상대방인 외국기관이 그 기업에 대해 background check를 했고, 그 결과에서 회사의 대표가 형사 소송에 고소된 사유로 인해 이 내용이 문제가 되어 결국 거래 상대방으로 설 수 없었던 경우도 있었다고 전해진다. 어느 계약이건 상대방이 과거 불미스러운 사건에 연루되었다면 계약을 쉽게 체결하지는 않을 것이며, 이를 사전에 확인하는 절차는 당연히 필요한 것이다.

특히 거래 상대방이 개인 또는 업역(history)이 빈약한 법인일 경우엔 background check가 더욱 필요한데, 거래 상대방의 자금원이 어디인지 그 자금의 출처는 누구인지[80] 등에 대해 확인을 해야 하기 때문이다.

---

80) 자금원이 어디이건 상관 없다고 생각할 수도 있겠지만, 매매 상대방이 누구인지 정확히 알지 못하고 거래를 성사하는 것은 매우 위험한 일일 수 있다.

매매계약 체결 시

1) 자신이 매도자인 경우

매수자에 대한 background check는 적격 매수자인지와 잔금 납부 가능성의 2가지 관점에서 검토되어야 한다.

적격 매수자 검토는 거래 상대방으로 적절한지를 고려하는 것으로, 국가 공공기관, 정치인, 범법자, 시장 내 경쟁관계 등에 대해 본 거래에 영향을 미칠만한 요소가 없는지 검토하는 것이다. 이는 단지 매매계약 종결까지가 아닌 그 이후까지도 영향을 미칠 수 있는 내용에 대해 검토하는 것이 되어야 할 것이다. 예를 들어, 거래는 성공적으로 마무리되었지만 매수자가 사회적으로 지탄받는 업체(또는 개인)인 경우 향후 매도자의 평판(reputation)에도 영향을 미칠 수 있기 때문이다.

잔금납부 가능성은 background check만으로 결론 내릴 수 있는 내용은 아니지만, 잔금이 적절한 사업계획 또는 자금조달계획에 따라 납부 가능한지에 대해 검토할 수 있어야 한다.

예를 들어, 개인 또는 소규모 법인인 경우엔 외부자금을 조달(funding) 받아 잔금을 치르는 경우가 많은데, 이 외부자금은 경우에 따라 매우 큰 초기 조달비용 – 일명 '꺾기'와 같은 취급수수료 – 이 자금조달과 동시에 발생하기 때문에 이를 되돌리기란 거의 불가능에 가깝다. 따라서 불법적인 자금 출처가 의심되는 매수자인 경우에는 처음부터 계약 체결에 신중해져야 한다.

그리고 background check는 잔금 납입 전까지 실시하는 것이 아니라, 매매계약 체결 전 완료되어야 한다. 문제점이 예견되는 경우, 이를 매매계약 등에 반영을 시키거나 거래 자체를 진행되지 않게끔 할 수 있어야 하기 때문이다.

2) 자신이 매수자인 경우

매수자 입장에서의 background check는 큰 의미를 갖기 어려운데, 매도자인 경우엔 매수자를 어느 정도 선택할 수 있는 입장이지만 매수자는 그렇지 않기 때문이다. 하지만 여전히 적격 매도자 여부에 대해서는 전략적인 측면에서 대략적으로라도 검토되어야 할 것이다.

임대차계약 체결 시

1) 자신이 임대인인 경우

아마도 대부분의 경우가 이에 해당될 것인데, 다수의 임차인으로 구성된 오피스를 운영하다 보면 새로운 임차인과 협의를 많이 하게 된다.

어느 정도 임대 조건 협의가 마무리되면, 그 임차인의 background check를 실시해야 한다. 그 내용은 매매계약 체결할 때, 적격 업체 여부를 검토하는 것과 유사하다.

만일 임차인이 개인 또는 신용도가 없는 법인이고 이로 인해 향후 임대료 미납 또는 운영상 문제점을 야기할 개연성이 높다고 판단되는 경우, 보증금 비율을 높여 임대인 입장에서 문제 발생 시 해결할 수 있는 충분한 시간을 마련해야 할 것이다.

2) 자신이 임차인인 경우

자신이 임차 협상을 하는 경우는 극히 드문 경우라 할 것이다. 기업이 임차인으로 이전을 하게 되는 경우는 짧게는 수년 혹은 그 이상에 한 번 정도가 있을까 말까 하는 일이기 때문이다. 대다수의 경우엔 재계약

(renewal)을 하거나 동일 건물 내 확장이전(expansion) 결정을 한다.

이 경우에도 매매계약에서 임차인 입장에서 background check 결과에 따라 협상력을 발휘할 수 있는 내용은 많지 않다. 하지만 임대인이 임대차 기간이 종료된 후 재계약 조건을 크게 변경하지는 않는지, 임차인과 경쟁사 관계로 인해 보안 등 문제가 있지는 않는지 등에 대한 검토가 선행될 수 있을 것이다.

또한 background check의 직접적 내용은 아니지만, 입주하는 빌딩 내 타 임차인에 대한 내용도 개략적이나마 조사될 수 있다. 경쟁사가 동일 빌딩 내에 있거나 바로 위층에 있는 경우, 임차를 꺼리는 회사도 있으며 대사관, 언론사 등 특수한 임차인이 있는 경우 사전에 고려되어야 한다.

4. 자산실사(Due Diligence, DD)

자산실사는 매매계약 체결 전 가장 중요한 단계 중 하나로 개별 부동산이 갖고 있는 현황(fact)에 대해 파악하고, 매입 후 운영 계획을 수립하는 기초자료를 수집하는 것이다. 만일 자산실사에서 문제점이 발결될 경우, 그 문제점의 해결이 매매계약서에 선행조건(Condition Precedence, CP)으로서 반영되거나, 향후 매매대금의 정산 또는 중요도에 따라 매매계약의 취소 사유가 될 수도 있다.

실사범위

자산실사를 하는 주요 범위는 아래와 같이 매우 넓다. 따라서 각 분야별 전문기관을 개별 실사업체로 각각 계약해야 한다.

법률실사(Legal DD)

법률실사는 부동산의 소유권, 인허가관련사항, 우발채무, 계약사항 및 분쟁사항 등을 검토하고 진행 방향을 조언하게 된다.

차후 매매계약서 등을 작성할 때 같이 일하게 될 법무법인(law firm)과 법률실사부터 함께 협업을 하는 것이 비용은 물론 매매계약서 등의 향후 작업이 수월해지기 때문에 유리하다.

주의할 것은 법률실사만으로 실사가 완성될 수는 없고, 물리적(physical) 또는 재무(financial) 분야의 실사 등 다른 실사 진행 내용을 공유하고 이해시켜주어야만 적절한 결과물을 얻을 수 있다는 점이다.

또한 만들어진 자료를 법무법인에게 그대로 전달[81]만 하면 되는 것이 아니라, 주요 이슈에 대한 설명도 잊지 말아야 한다. 변호사가 deal을 진행하는 것이 아니라 AM이 직접 모든 것을 챙겨서 알려주는 자세로 일을 해야 하기 때문이다. 법무법인은 법률 전문가이지 다른 분야의 모든 내용을 이해하고 직접 실사할 수 없기 때문이다. 한발 더 나아가 설명하면, 자산에 대한 종합적인 이해를 통해 업무를 주도하는 것은 AM이며, 그 업무에 따른 모든 책임은 AM에게 있는 것이지 변호사 등 대리인에게 있지 않다는 점을 간과해서는 안 된다.

---

81) 방대한 자료만을 전달했으니 상대방이 다 그 내용을 읽고 이해해야 한다고 생각한다면 큰 오산이다. 물리적 실사 등 후 작성되는 리포트에는 반드시 요약(summary)을 요청하고 이 내용에 주요 이슈가 알기 쉽게 포함될 수 있도록 해야 다른 분야와 업무협조가 가능하다.

물리적실사(Physical DD)

물리적 실사는 건물의 상태를 점검하고, 향후 운영 기간 중 발생 가능한 문제점을 조기에 발견해 그 대응 방안을 제시하는 것이다. 따라서 최종 보고서에는 운영기간 - 예를 들어 5년 - 동안의 수선비 또는 Capex에 대한 예측(projection)이 포함되어야 한다.

작은 프로젝트인 경우, PM회사에서 인원을 구성[82]해 물리적 실사를 진행하는 경우가 있다. 하지만 PM인력은 건축·기계·전기 분야의 전문가라기 보다는 건물을 운영하는 운영자에 가깝기 때문에, 전문성[83] 및 실사 리포트 작성에서 실사 전문기관[84]보다 부족한 것이 사실이다.

또한 물리적 실사 보고서는 매매계약 협상 시 감액에 대한 근거자료로 삼을 수 있고, 어떤 경우에는 이에 대한 기술적 설명과 이슈에 대한 다툼까지도 해야 하는데 PM업체를 이용하는 경우 그 객관성과 전문성에서 인정받기 어렵다. 최악의 경우, 시간에 쫓긴 채 결국 전문기관에게 별도의 보고서를 요청하게 될 수도 있다.

따라서 물리적 실사를 위한 전문 업체게 의뢰하는 것은 결과물의 질과 향후 문제 발생 소지를 미연에 방지할 수 있다는 점에서 반드시 필요하다.

---

82) 물리적 실사는 크게 건축, 설비, 전기 분야로 나뉘게 된다.
83) 전문기관에서는 각 분야에서 엔지니어링 자격 중 최고 등급에 해당되는 '기술사'를 고용하고 있는 것이 일반적이다. 또한 대형 실사 업체는 엔지니어만 수백 명이 넘는 전문가 집단으로 기술력과 경험에서 PM 업체와는 큰 차이를 보일 수밖에 없다.
84) 실사를 할 수 있는 기관은 모두 CM(construction management)실적을 갖고 있기 때문에 이를 참고 하는 것도 좋다. CM 실적을 갖고 있는 업체의 대부분은 건축설계사무소를 본업으로 하는 경우가 많기 때문에 이를 제외하면, 전문 실사업체로는 한미글로벌, 파슨스브링커호프 등이 있다. 이들은 매우 많은 엔지니어를 직원으로 갖고 있기 때문에, 비단 오피스 매입 시 물리적실사 업무만을 하는 것은 아니라, 대규모 개발사업에 있어서도 전문적인 기술분야에 대해 조언을 해줄 수 있다.

물리적 실사 보고서의 이슈 사항

물리적 실사 보고서는 매수자가 매도자와 협상 시 사용할 중요한 근거 문서가 된다.

매도자는 현상태 매매(As-Is sale condition)를 주장하며, 물리적 감가 또는 하자로 인해 매매금액의 변동이 없어야 하며 매수인이 제시한 매매금액은 본 하자 내용을 포함한 금액이라고 주장하는 것이 일반적이기 때문이다. 따라서 이 현상태 매매(As-Is sale)에 대해 반박하기 위해서는 객관적인 증빙인 물리적 실사 보고서가 필요하다.

즉 시설 교체시기가 도래했음에도 바꾸지 않은 시설이 있거나, 당장 빌딩 운영에 문제가 있는 것에 대해서는 그 금액에 대해 감액 요청을 하는 것이 당연하기 때문에, 이러한 점을 선별해 논의 대상에 올릴 수 있게 만드는 것이 중요하다.

경계측량(Boundary check)

경계측량이라고 하며 대상 부동산의 경계를 확정하는 것으로, 상업용 부동산 투자에서는 경계복원측량과 현황측량 2가지가 주로 사용된다.

경계복원측량은 지적공부상에 등록된 경계를 지표상에 복원하는 측량[85]으로 건축물을 신축, 증축, 개축하거나 인접한 토지와의 경계를 확인하고자 할 때 주로 하는 측량이다.

반면 현황측량은 건축물 등의 위치현황을 지적도에 등록된 경계와 대비해 그 관계 위치표시 및 면적을 알기 위한 측량이다. 결과물은 대지 경계와 건물 경계가 하나의 도면에 표시된 '지적측량성과도'로 확인된다.

---

85) 경계점 표지 설치가 의무화되어 있다.

도심에 신축된 빌딩이라 할지라도 인접 부지의 대지경계를 넘어간 사례[86]가 있으므로 경계측량(boundary check)은 매입 전 반드시 실행 해야 할 실사 내용이다. 인접 대지를 넘어간 것으로 확인되는 경우, 인접부지 소유자와 합의서를 작성을 통해 이를 해소해야 하는데, 그리 간단히 해결되지 않는 경우가 매우 많다.

기존 침범 상태로 유지된 기간 동안의 점용료도 그렇지만 이를 철거하고 원상복구하는 데 비용과 인접 부지 소유자와 합의도 시일이 많이 소요될 수 있기 때문이다. 특히 부동산 거래 중임을 알게 되는 경우에는 인접 부지 소유자 또한 한몫을 건지려는 태도도 영향을 미치게 된다. 최악의 경우 경계침범으로 인해 토지 소유권을 빼앗길 가능성도 배제하지 못하기[87] 때문에, 실제 경계침범 사실이 크고 작은 문제를 떠나서 매매계약 시 가장 민감하고 금액이 크게 움직일 가능성이 있는 중요 사항이다.

환경실사(Environmental DD)

부동산 매매뿐 아니라, 최근 M&A에서도 환경실사보고서를 예외 없이 요구하는 등 환경 관련 문제는 사회적으로 크게 부각되고 있다. 환경실사 내용은 토양오염여부를 확인하는 것부터 건물 내 석면함유 물질의 확인까지 매우 자세히 한다. 이는 법령에서 규제되는 사항을 위반할 가능성에 대해 확인받는 것으로, 특히 기존 토지 사용에 위험물저장시설

---

[86] 빌딩 자체가 인접 부지를 침범한 사례는 거의 없지만, 화단 주차장, 담장 등이 경계를 넘고 있는 경우가 상당히 많다. 또한 구도심의 경우 인근 지적측량점으로부터 평판측량을 통해 경계를 결정했다. 따라서 GPS가 이용되기 이전에 신축된 경우 어느 정도의 오차가 있다고 보수적으로 보는 편이다.

[87] 등기부등본은 공신력은 없고 공시력만 있다는 점에 유의해야 한다.

이 있거나 오래된 건물을 매매하는 경우엔 석면 포함여부[88] 확인이 필요하므로 반드시 실시해야 한다.

재무실사(Financial DD)

매도자의 재무제표 등을 검토하고, 지난 수년간의 회계 기록을 살펴 이슈는 없는지 확인한다. 특히 자산양수도가 아닌 사업양수도 share sale인 경우엔 우발채무 등의 우려 때문에 financial DD의 중요성이 더욱 커진다. 또한 실사와 더불어서 향후 현금흐름(cash flow projection)에 대한 검증 또는 모델링도 같이 업무에 포함하는 경우도 있다.

보험(Insurance)

보험 관련 내용은 매입 이후에도 크게 신경 쓰지 못하는 내용이어서 그런지 매입 전 실사 시 생략되는 경우가 무척 많다. 하지만 매도자가 현재 어떤 보험에 가입해 있고, 매입 후 그 보험을 인수해 오는 경우[89]라면 새로 가입하는 것만큼 검토를 진행해야 한다.

대부분의 경우 보험이라고 하면 물리적인 화재보험만을 생각하는데 오히려 더 발생 확률이 높고 검토되어야 할 내용은 따로 있다. 이는 general liability라고 부르는 배상책임보험 등의 내용인데 별도로 설명하기로 한다.

---

88) 석면이 포함된 건물을 매수하는 경우, 차후 리모델링 공사비 등이 석면물질의 제거로 인해 크게 증가할 수 있다. 석면은 보온재, 치음제 등으로 사용된 것 이외에도 바닥타일 등에서도 포함될 정도로 그 사용 형태는 매우 다양하다.
89) 대부분의 보험은 매년도(calendar year, CY) 기준으로 매년 갱신되며, 부동산 매매 시 잔여 기간 동안의 보험료는 환입받게 된다. 또한 매수자가 원하는 경우 기존 보험을 매도자의 보험 요율로써 잔여 기간 동안 유지할 수가 있기 때문에 보험 내용을 검토받는 것이 필요하다.

임차인

현 임차인 모두를 조사할 수는 없지만 핵심 임차인(anchor tenant) 또는 이슈가 될 만한 임차인[90]의 경우에는 사전 조사를 통해 향후 임대차 계약 해지 가능성 등 잠재적 위험에 대해 검토할 필요가 있다.

실사업체의 선정

실사업체를 선정하기 위해서는 실사 진행 전 먼저 연락을 취해놓아야 한다. 왜냐하면 그 기관에서도 실사에 필요한 인원 등을 준비하고 일정을 맞추어야 하는데, 진행 중인 프로젝트가 있는 경우 서로 맞추지 못할 경우도 있기 때문이다.

예를 들어, 경계측량(boundary check)은 대한지적공사에 의뢰하는 것이 일반적인데, 신청한 후 1주일 이후에나 실사 진행이 가능하고, 물리적 실사(physical DD)의 경우 실사 인원 구성을 위해 최소 3~4주 전의 사전 통지가 필요하다.

실사업체를 결정하는 것은 업무의 성패를 좌우할 정도로 매우 중요하다. 업체를 잘못 선정하면 DD를 하지 않은 것과 마찬가지이며, 오히려 위험을 간과하게 되어 더 큰 화를 불러올 수도 있다. 또한 선정 사유에 대해 외부 잡음이 들리지 않도록, 선정 프로세스 등에 대해 명확히 알리도록 한다.

---

[90] 신용도의 급격한 변화, 신규 임차인과의 관계, 건물 근처 시위 또는 농성 가능성 등을 고려한다.

DD업체를 선정하게 되면 계약을 체결하는데, 금액과 용역기간, 범위에 대해 이견이 없도록 명확히 해두어야 한다.

DD가 마무리되면, 보고서를 제출받고 계약이 종료되는데 최종 보고서 제출 이전에 개략적인 내용 등에 대해 먼저 업체와 조율을 해놓는 것이 예기치 못한 잘못된 최종 보고서를 막기 위해 필요하다. 특히 업무 누락이 있는 경우에는 매매계약까지의 촉박한 일정 등으로 인해 큰 타격이 올 수 있기 때문에 최초 미팅(kick off meeting) 등에서 확실히 해두는 것이 필요하다.

또한 상당 부분의 내용을 전문가들과 업무를 진행해야 하기 때문에, 최소한의 기본 용어 등에 대해서 이해를 하고 업무를 맡기는 것이 원활한 진행을 위해 필요하다.

참고로 DD업체를 선정함에 있어 좋은 검토 기준[91]이 있어 소개한다.

---

91) 출처: Guide to US Real Estate Investing _ AFIRE _ 2009

· **Skills**

실사에서 다양한 전문분야의 지식은 물론 전략(strategy), 실행(execution) 및 보고서(reporting)까지도 업무기술(skills)에 포함되어야 한다. 특히 기술분야의 DD업체는 전략부분에 약점을 보이는 경우가 많으니, 어떤 목적에서 DD가 진행되며 무엇을 주안점으로 삼아야 할지에 대해 먼저 같이 확인한 후 진행하는 것이 필요하다.

· **Trust**

투자자와 DD업체 간 신뢰형성이 필요하다. 당연히 높은 윤리적 기준뿐 아니라 보안유지, CA체결 내용 숙지 등에 대한 업무 기술적인 부분까지도 모든 팀원이 같이 이해해야 한다. 이런 신뢰관계 구축은 단기간에 이룰 수 있는 것이 아니라, 오랜 기간에 걸쳐서 축적되는 것이다.

· **Experience**

특히 처음 해보는 deal일수록 전문가의 경험이 빛을 발한다. 이것은 지식의 차원을 넘어 경험이 쌓여야 진정한 위험을 미연에 발견할 수 있기 때문이다.

· **Performance**

DD업체가 지난 3~5년간 어떻게 수익을 올려왔는지 확인하는 것이 중요하다. 회사소개서에 재무제표 등이 나오지 않았다면, 금융감독원 공시사이트(www.dart.fss.or.kr)에서 사업보고서 등을 찾아보도록 한다.

5. Rentroll

오피스 시장에서 가장 기본이 되는 용어일 수 있는데, 각 임차인별 임차면적, 임대차기간 및 임대조건을 정리한 표다. 본 건물에서 얼만큼의 수익이 발생하는지 알 수 있는 가장 기본적인 사항이며, 시장임대료와 비교해 얼마나 향후 수익이 상승 또는 하락할 수 있는지 살펴볼 수 있는 자료이기도 하다.

일반적으로 임차인이름·임대차 면적·임대차기간·보증금·임대료·관리비 등 항목이 표시된다.

그렇지만 구체적인 임대차 조건을 모두 담고 있지 않는 경우가 많으니, 아래 사항도 모두 꼼꼼히 확인해 당해 부동산에서 발생 가능한 수익이 어떻게 구성되는지 정확히 알아내야 한다.

- 임대차 중도해지 조항(특히 임차인이 중도해지 할 수 있는지 여부 및 방법)
- free rent(무상임대기간)
- 무료주차[92] 대수
- step-up(중도인상)
- 기타수입(이동통신 중계기, 창고 이용료, 추가관리비, 매출연동 임대료 등)
- 임대차 자동연장(또는 해지) 사전통보 기간(pre-notice period)
- 주요 임차인(major 또는 anchor tenant) 현황
- 시장임대료(market rent) 대비 기준층 임대료의 비율

---

92) Rentroll에서 나온 항목 이외의 수입 중 큰 부분을 차지하는 것이 월정주차 및 시간제주차이다. 이 actual data를 받아서 지난 1년간 평균 금액의 약 80% 정도를 수입으로 가정하는 것도 가능하다. 외부 주차관리회사를 고용하는 경우도 있는데, 이 경우엔 일정 수입을 그 회사에서 보증하고 초과 주차수입에 대해 가져가는 형태를 취한다.

Rentroll 예시

FL	Tenants	GLA py	NLA py	Eff. rate %	Lease Term Start	Lease Term End	Rent KRW	CAM KRW	Deposit KRW	Remarks
26F	ABC Company									
25F	ABC Company									
24F	DEF Compnay									
23F	DEF Compnay									
22F	Vacancy									
⋮										
TOTAL / AVERAGE										

상가임대차보호법

Rentroll 검토 시 중요한 확인 사항이 있는데, 임차인 중에 '상가임대차보호대상'이 있는지 알아보는 것이다. 상가임대차보호법 대상 임차인이 되는 경우엔 임대차계약기간이 5년에 못 미친다 하더라도, 5년간의 임대차계약기간이 보장되기 때문에 임차인을 교체할 수 없게 된다.

상가임대차보호법 적용 조건은 1)환산보증금(=월차임[93]×100[94]+임대차보증금)이 서울의 경우 9억 원 이하, 수도권과밀억제권역 6.9억 원 등으로서 2)점유와 3)사업자등록신고가 되어 있고 4)월세 3기 이상의 연체 등이 없으면 해당된다.

---

[93] 월 임대료와 같은 뜻이다.
[94] 월 차임×100은 연환산 12%의 환원이율과 동일하다. 즉 월 차임×12개월/12% = 월세×100

참고로 환산보증금[95]을 인상할 경우엔 12%를 한도[96]로 해야 하고, 이는 임대차 계약을 갱신하는 경우에만 적용된다. 상기 관련 내용은 법령 개정에 맞춰 수정될 수 있기 때문에 최근 규정 내용을 직접 확인할 필요가 있다.[97]

6. Stacking Plan[98]

Rentroll을 기준으로 각 층별 임대차 현황을 수직적으로 그린 것이 stacking plan이다. 임차인별 면적 및 공실 현황을 직접 눈으로 볼 수 있어서 rentroll보다 직관적으로 보기 쉬우며, 임차인별로 색깔을 달리해서 표시하는 경우도 많다. Rentroll 및 stacking plan은 매월 업데이트가 될 수 있도록 하는 것이 효율적이다.

---

95) 환산보증금이라는 표현은 임대보증금이 월 임대료의 10배가 아닌 경우에 이를 동일하게 비교하기 위해 주로 사용되거나, 이와 같이 상가임대차보호법 적용 시 이의 계산을 위해서 사용된다.
96) 상가건물임대차보호법 시행령 제4조: 법 제11조 제1항의 규정에 의한 차임 또는 보증금의 증액청구는 청구 당시의 차임 또는 보증금의 100분의 12의 금액을 초과하지 못한다.
97) 2019.4.2일 개정 기준
98) 임차인 이름, 면적 및 층 등의 정보를 담은 단면도를 stacking plan이라고 부른다. Stacking plan은 임대차 정보를 층별로 정리한 rent roll과 도식화했다는 점에서 차이가 있다.

Stacking plan 예시[99]

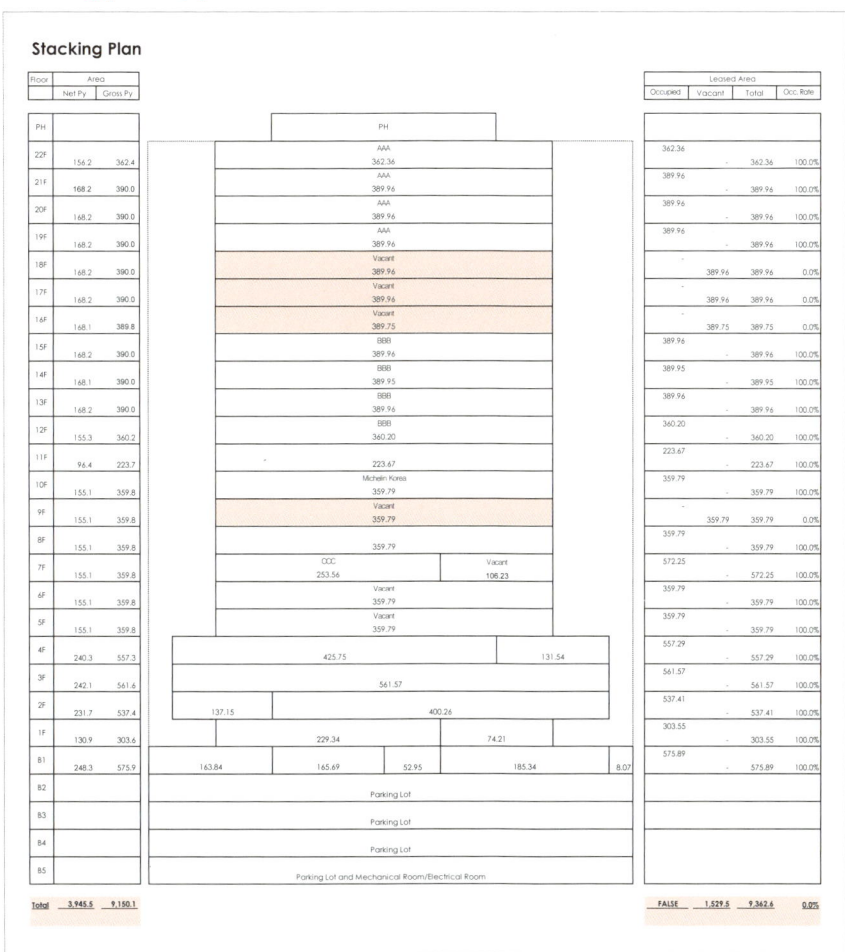

7. 면적의 확인

　면적은 매매대금의 기초가 될 뿐 아니라 향후 임대차계약 및 수익의 원천이 되기 때문에 매우 중요한 확인 요소다.

　면적은 건축물대장을 기준으로 등기부 등본과 rentroll, IM에서 제시

---

99) 출처: 표준적인 오피스를 기준으로 가상으로 작성

한 임대면적 등과 대조해야 한다. 실제로 이 숫자들 사이에서 차이가 자주 발견되는데, 그 내용에 대해 정확히 짚고 가지 않으면 소유권 문제까지 이어져서 매매계약 여부까지도 영향을 미칠 수 있기 때문에 끝까지 확인해야 한다.

참고로 미국 BOMA(Building Owners and Managers Association International)에서 제시한 면적 산정 방법은 아래와 같다. 우리나라 실정 또는 AM입장에서 이를 그대로 행하기는 어렵지만, 도움이 될 것 같아 소개한다.

A building measured to the BOMA Standard means that an exact, sequential method was followed when measuring the building. This method is comprised of three different steps.

How & Where to Measure

The first step defines the sequential process of how to measure a building. For example, first, establish the Interior Gross Area(IGA) and so on. If the specific order of measurement is changed the final calculation will be incorrect. The Standard also defines where the boundaries of the measured space are established.

For example, the inside face of the dominant portion (glass or wall) of a vertical exterior enclosure defines the boundary. Again, if the rules of boundaries are not followed significant discrepancies will occur in final calculations.

Inventory & Categorize

The next step is to identify and inventory a complete list of all measured rooms and areas within the building. Categories may include lobbies, corridors, restrooms, occupant area, mechanical, elevator, electrical, shafts, etc. Incidentally, there are some areas of a building that the BOMA Standard does not recognize or measure. It is our practice at Stevenson to measure all parts, areas, patios, walkways, overhangs, etc. that go with the building. These areas typically are not included in the calculation but many commercial real estate professionals want a complete inventory of the entire building.

Apportionment & Calculation

The third step is to apportion all inventoried areas to their respectful classification of space. BOMA clearly identifies the classes including, major vertical penetrations, occupant areas, building and floor services areas, etc. The Standard also identifies where the boundaries of each class of space is located (wall priority diagram). Finally once all areas have been classified a series of calculations and formulas are applied to determine Rentable, Service, Amenity, and Usable square feet. A formula is also applied to obtain a load factor.

As tenants move in and out of a building measurement becomes increasingly sophisticated. Maintaining correct building calculations requires diligent and expert documentation by an experienced Space Accounting firm.

연면적에 대한 고찰

일반적으로 연면적은 임대면적과 동일해야 한다. 그렇지만 면적의 기준이 되는 건축물대장상의 면적의 합계 – 즉 연면적과 IM 또는 rentroll의 임대면적이 서로 맞지 않는 경우가 있다.

예를 들어, 오피스는 주차장면적을 임대면적에 포함시키지 않는 경우가 있는데, 이렇게 되면 연면적이 임대면적보다 크게 된다. 따라서 이 경우에는 대부분 오피스 전용율이 올라가는 효과가 생긴다. 또한 부수적으로 얻어지는 효과가 있는데, 주차장면적이 임대면적에 포함되지 않기 때문에 이를 건물주인 마음대로 처분 – 예를 들어 건물임차인이 아닌 외부 주차로 활용하는 – 할 수 있는 근거가 된다.

여기에서 질문이 될 수 있는 것으로 연면적과 임대면적이 같은 오피스의 경우, 주차장을 임차인이 아닌 외부인에게 임차해 – 쉽게 말하면, 외부주차를 받아 건물 주인이 별도의 수입을 챙길 수 있는지 이슈가 될 수 있다. 즉 임차인은 자신의 임대차 계약 면적 안에 이미 주차장 면적이 포함되어 있다. 하지만 자신에게 제공되어야 할 면적의 일부가 제3자에게 제공되는 것에 대해 동의한 적이 없었음에도 이를 건물주가 활용하는 것에 대해 임차인의 동의를 받아야 하는 것인지 혹은 자신에게 외부주차 임대 수익을 나눠줄 것에 대해 요청할 수 있는지에 대한 질문이다.

외부주차는 원칙적으로 임대차계약서상 무료주차 대수를 넘는 주차 면수에 대해서만 적용되어야 하나 실제는 그렇지 않다. 그 이유는 주차관리에 대한 빌딩관리규정이 임대인에 의해 사전적으로 결정되어 있기 때문이기도 하고, 보다 실질적으로는 주차면수 1면당 주차 가능한 차량은 1대를 훨씬 넘는 것이 일반적이기 때문이다.

그러나 빌딩 전체 연면적에 대해 1개의 임차인만 있는 경우에는 이야기가 좀 다를 수 있다. 즉 건물주 마음대로 임대면적에 포함된 면적에 대해 제3자에게 임대를 하기엔 껄끄러운 면이 있을 수 있다. 예를 들어, 임차인이 빌딩을 자신의 사옥으로 사용하고 있는 경우가 많은데, 이 경우 임차인이 주차관리를 포함한 공용면적의 시설관리를 할 가능성이 매우 높다. 따라서 '모든 경우에 건물주인이 공용부분에 해당되는 주차장에 대해 외부주차를 마음껏 활용할 수 있다'라고 말하기는 어려울 것이다.

1개의 임차인이 있는 경우에만 적용되는 것은 아니지만 이와 비슷한 경우로 지하주차장의 주차면적 이외의 남는 공간을 창고로 사용하거나 임차인에게 임차를 주는 경우 또는 구두닦이에게 사용하게 하는 경우 혹은 1층 로비 면적 중 공용면적에 해당되는 부분을 커피샵으로 바꾸어 임차하는 경우 – 물론 이 경우엔 근린생활시설 또는 면적에 따라 판매시설로 용도변경을 해야 하는 행정적 필요까지 있지만, 이는 변론으로 하고 – 에 대해서도 같은 이슈가 제기될 수 있다. 이는 임차인의 권리가 침해받을 수 있는 내용이기 때문이다.

하지만 대부분의 경우 임대인은 임차인의 동의 없이 상기 내용을 운영하고 있는데 여기에 주의할 점이 있다. 임차인에게 제공된 공용면적을 제3자에게 임차해주는 경우 – 정확히 말하면 '임차'가 아닌 '사용'하게 해주는 경우 – 에 제3자와 '임대차계약'이 아닌 '사용·대차계약'을 체결해야 한다는 것이다. 즉 이미 임대면적에 포함된 부분을 임차인의 동의 없이 제3자에게 내어주는 행위 – 임대차계약의 체결은 문제 소지가 아주 높으며 임대인이 이에 대해 받은 수익의 일부를 임차인에게 돌려주는 등의 경제적 손해를 입을 가능성이 있다. 하지만 이를 사용·대차계약을 통해 제3자에게 사용하게 해주는 경우엔 상기 제기되는 이슈에 대해 어느 정도 피해나갈 수 있는 근거로 삼고 있다. 참고로 사용대차와 임대차계약의 차이는 건물주가 제3자에게서 공간제공으로 인해 반대 급부로 받는 금원의 성격이 '사용료'인지 '임대료'인지의 차이에 있다.

면적과 관련한 다른 이슈로 건물연면적과 소유면적이 일치하지 않는 경우가 있을 수 있다. 즉 다수의 소유자가 하나의 건물을 갖고 있는 경우가 있는데 이를 지분건물 또는 strata office라고 부르며, 그 특징은 다음과 같다.

- 일반적으로 strata 거래단가는 100% 소유권을 갖고 있는 것보다 낮게 형성되는 것이 일반적임
- 이는 관리, 운영 등에서 타 소유권자와 협의를 해야 하기 때문임
- '집합건축물의 소유 및 관리에 관한 법'에 따라 관리단이 구성되고 관리규약에 따라 건물 운영을 결정하게 됨
- 일반적으로 소유자수 및 면적에 따라 의결권을 갖게 되나, 구체적인 내용은 반드시 건물의 관리규약을 먼저 살펴보아야 함
- 특기할 것은 건물의 대수선·용도변경 등을 할 경우 건물 전체 소유자의 동의가 있어야 하며, 그 결과는 전체 건물에 미치게 됨. 즉 만일 벌금 또는 과태료 등이 나올 경우 같이 부담해야 할 수 있다는 것임
- 또한 공용부분의 면적 변경, 인테리어 또는 시설 변경 등이 있을 때 타 소유권자와 협의를 마쳐야 하며, 그 비용의 부담 등에 있어서 합의해야 하는 등 운영 시 어려운 점이 있음

도심재개발 사업의 시행으로 건축되는 도심 내 오피스의 경우, 관리처분계획의 수용절차에 따라 현금으로 청산되지 않고 기존 토지소유자에

게 분양되어 일부 면적이 남게 되는 경우가 있다. 이 경우에도 작은 면적이긴 하지만 strata office가 됨에 유의해야 한다.

따라서 만일 rentroll에서 GFA(정확히는 GLA로 표현해야 하지만)가 건축물대장상의 '연면적'과 다르다면,
1) 구분소유건물로, 건물의 100%면적을 소유하고 있지 않거나
2) 임대면적에 건물의 공용면적을 모두 포함시키지 않고 남겨놓은 것이다.

예를 들어, 법정주차대수보다 훨씬 많은 주차장을 갖고 있는 오피스의 경우, 이를 모두 공용면적에 배분하게 되면 전용율이 낮아져서 임대가 산정 또는 임차인 협의 등에 어려움을 겪게 된다. 물론 NOC기준으로 경쟁력 있는 환산한 임대가를 책정할 수 있지만, 임차인 입장으로는 불필요한 면적의 관리비를 과도하게 지출해야 하는 단점이 생기게 된다. 게다가 임대인은 남는 면적을 외부주차 임대 등으로 활용하게 되는데, 이는 엄밀히 보면 임차인의 공유공간을 외부에 다시 임차하는 셈이 된다. 따라서 과도한 잉여 면적을 공유면적으로 배분해 전용율을 낮춘 것은 임차인 입장에선 유리할 것이 별로 없는 경우가 많다.

전용면적의 확인

임대차계약서 별첨에 임대차 면적 중 전용면적 표시가 평면도에 표기된 경우가 많은데 계약서에서 적혀 있는 전용면적과도 같아야 한다.

최초 신축 후 임대를 개시하는 시점에 설정된 각 층별 전용면적 및 전체 빌딩의 임대면적을 몇 번의 매매 이후에도 계속 사용하는 경우가 많다. 이는 빌딩 매매 시 전용면적의 계산 등을 그대로 유지하는 경우가 많기 때문이다. 하지만 원칙적으로는 공용면적의 배분 내용에 대해 확인하

여 총 임대면적이 산출되었는지, 개별 임차인의 전용면적은 어떻게 산정되었으며 도면과 일치하는지 등에 대해 실사해야 한다.

특히 한 층에 여러 임차인을 둘 수 있는 오피스에서 층별 공용면적, 전용면적에 대한 이슈가 자주 발생한다.

예를 들어, 엘리베이터 코어(core)와 사무실 사이의 복도는 복수의 임차인이 있을 것임에 대비해 구획한 것이므로 층별 공용면적으로 배분되어 전용면적에 속하지 않는다. 그렇지만 이를 임차인의 목적에 따라 전용화 할 때 문제가 발생될 수 있다. 즉 임차인이 엘리베이터 홀이 끝나는 부분에 보안 등을 이유로 별도의 출입문을 만든 경우를 생각해보자. 이 경우 소방법 상 방화구획의 침범 여부 및 층별 공용면적을 전용면적처럼 사용하는 데 계약서에서 어떻게 표시할 수 있을지 등의 이슈에 대한 추가적인 검토가 필요하게 된다.

GLA의 확인

주의할 것은 매매계약서 또는 매매대금의 기준이 되는 면적은 연면적임에도 불구하고, 본 건물에서 나오는 수입의 기준이 되는 면적은 GLA이기 때문에 이 둘 사이의 면적이 틀릴 경우엔 빌딩에서 발생하는 수입 자체가 다를 수 있다는 것이다.

초기 매입 검토 시 외부에 알려진 GFA만으로 수입가정(revenue projection)을 하다가, 실사 기간 중 두 면적의 차이를 발견하게 된다면 그 차이 나는 면적 만큼의 수익 감소에 대해 고민하게 될 것이다.

8. As-Is Sale

'현황 매각 조건'이라고도 부르지만, 대부분 영문표현 그대로 사용한다.

쉽게 말해서, 새 건물을 매매하는 것이 아니라 물리적 감가[100]가 그대로 반영된 현황 그대로의 조건으로 매매한다는 내용이다. 조금 극단적으로 설명하면, As-Is sale이라는 표현에서는 '현재 법령 등에 맞지 않는 내용도 포함되어 매매목적물을 이루고 있다'는 것을 암시한다고 볼 수도 있다.

매도자의 악의적인 의도가 없다면, 평온·공연하게 갖고 있던 부동산임에도 불구하고, 실사를 통해 나타나는 자신도 몰랐던 내용의 하자 등에 책임을 지기 어렵기 때문이다.

As-Is sale에 대해서는 매도자는 IM에서 이를 밝히는 경우가 많은데, 이것이 누락되고 후에 매매계약에서 문구를 넣게 되면 상당히 심한 다툼이 일어날 가능성이 높다. 즉 매수인은 As-Is sale이 아닌 것으로 이해하고 매매금액을 제안했다고 주장할 수 있는 근거가 되기 때문이다.

9. To Do List

프로젝트가 어느 정도 진행되면 향후 할 일의 목록, 즉 'To Do List'를 만들어야 한다. 이는 업무 누락을 없게 만들기도 하지만, 담당자와 기한을 지정해 일의 진행(progress)을 확인할 수 있게끔 한다.

---

[100] '경년감가'라고도 한다.

To Do List를 만드는 데 있어, 중요한 체크포인트는 아래와 같다.

- ✓ 업무내용
- ✓ 담당자
- ✓ 기한(시점~종점)
- ✓ 현재 진행사행

기한을 적을 때 작업의 선·후 관계를 날짜[101]로 적고, 이를 엑셀에서 서로 link를 걸어도 좋다. 일단 To Do List가 작성이 되면, 각 담당자와 함께 검토 및 공유해서 계속 update[102]하도록 한다.

S&U(Sources & Uses)

매매를 준비하면서 필요한 또 다른 체크리스트 중 하나가 S&U table이다. 일종의 현금흐름표 같은 것인데, 자금의 유입과 유출을 예상해서 작성하는데 좌변은 현금의 유입을 우변은 현금의 유출을 기록하고 그 합계는 양쪽이 동일해야 한다.

자금의 유입 항목인 sources는 크게 equity와 loan으로 비교적 단순하게 구성되지만, 지분투자자 또는 대출기관이 여럿일 때 그 기관별 금액을 모두 적도록 한다. 특히 대출취급수수료 등을 차감해 재원조달을 하더라도 총금액을 sources 항목에 적고 자금의 유출을 uses 항목

---

[101] 엑셀에서 오늘을 표시하는 함수는 '=today()'이다. 이를 활용해 몇 일의 여유 날짜 (floating date)가 남아 있는지 확인하게 만들 수도 있다.
[102] 사실 update는 잘 안 되는 부분이지만 향후 '어떤 item이 진행 안 되고 있음'에 대해 논의할 때, 그렇지 않고 일을 하는 것보다 더 신속한 의사 결정을 할 수 있는 장점이 있다는 데 의의가 있다고 생각된다.

Sources & Uses

Sources & Uses
(All amounts in KRW 000s unless otherwise noted)

Source of Fund		Use of Fund	
Sales Proceeds	100,000,000	Loan repayment	58,500,000
		Legal Fee	250,000
		Operating expenses	250,000
		Brokerage Fee	1,000,000
		Equity Distribution	40,000,000
Total	100,000,000	Total	100,000,000

에 적어서 서로 차감될 수 있도록 하는 것이 중요하다. 이는 서로 날짜 차이가 발생해 현금 과부족이 생길 위험을 방지할 수도 있고, 총대출금액 등을 간략히 정리할 때 착오를 일으킬 가능성도 낮게 되기 때문이다.

자금의 유출 항목인 uses는 매매대금, 제세공과금, 각종 수수료 등 현금이 유출되는 모든 항목을 금액과 함께 지급처, 날짜 등 참고내용을 같이 적는다.

S&U는 실무자가 작성해 일자별로 정리해놓는 것이 좋고, 모든 날짜를 하나로 전체의 S&U를 볼 수 있도록 관리해야 하며, 실무자 사이에서는 공유해서 놓치는 경우가 없도록 서로 확인할 수 있어야 한다.

A manual for Real Estate Investment & Management

chapter
04

매매계약서

(Purchase and Sale Agreement)

chapter 04 매매계약서
(Purchase and Sale Agreement)

　매매계약은 양해각서(Memorandum Of Understanding, MOU)에서 협의된 내용을 바탕으로 한 계약 초안을 상대방에게 보내면서 시작된다. MOU에서 주요하게 협의되는 것은 매매금액, 매매대금의 지급조건, As-Is sale condition 등에 대한 내용 정도지만, 매매계약서는 MOU 때 내용을 포함해 구체적으로 작성된다.

　매매계약의 협의를 시작할 때, 최초로 제안하는 내용이 무척 중요하다. 즉 누가 어떤 내용으로 보내는지에 따라 향후 몇 주간의 협의 내용이 원만할 수도 있고 그 반대일 수도 있다. 어느 쪽에서 먼저 보내야 할지도 중요한데 대부분 자신이 먼저 보내는 쪽이 유리한 고지를 선점하는 경우가 많다. 이는 보내기 전 어떤 이슈가 있을지 먼저 알고 있을 가능성이 높기 때문이다.

1. 매매계약서의 수정

Mark up version

전체 매매 절차에서 매매계약서는 매우 중요하기 때문에 최소한 몇 차례, 많게는 수십 차례까지도 문구를 수정하게 된다. 또한 내부의 이해관계자도 많아서 법무법인, AM팀 내부 등 각기 다른 분야에서 수정 사항이 섞여 올 수 있다. 따라서 누가 무엇을 고쳤는지 적어놓지 않으면 그 내용이 방대해서 모르고 지나갈 가능성이 매우 높다.

따라서 문서의 내용을 수정해 송부할 때는 반드시 그 수정 내용이 보이도록 mark up version으로 보내는 것이 바람직하다.

파일 이름 규칙 정하기

계약서 수정 시 version관리가 가능하도록 'Project Name _ 매매계약서 _ 2012 04 05 _ v2.doc' 같은 파일 이름을 생성하는 규칙을 만들어 사용하는 것이 좋다.

파일 송부 시 내부 메모(comment) 등 숨기기

상대방에게 보낼 때 같은 팀 내부에서만 공유되는 내용이 포함되어 외부에 발송되지 않도록 주의해야 한다. 특히 법무법인에서 보내온 메모(comment)가 포함된 경우 이를 외부에 전달할 때 신경 써야 한다.

따라서 문서가 수정된 이후에 '메모 및 변경 내용 최종본' 문서에서 '변경 내용 모두 적용' 등을 확인하고 다른 이름으로 저장 후 상대방에게 전달해야 하며, 내부 협의를 위해 메모(comment)를 넣을 경우 이것이 포함되지 않도록 해야 한다.

2. 정산(settlement)

매매종결일을 기준으로 매도인 또는 매수인에게 수입·비용 항목을 각각 얼마만큼 귀속시킬지에 대해 합의하는 것을 정산(settlement)이라고 한다. 이 정산금액이 정해지면, 정산합의서를 작성하고 매매 잔금일에 정산금액을 송금한다.

수입 관련해, 임대료 및 관리비는 매월 10일(또는 정해진 일정 일자)에 해당 금액을 임차인으로부터 임대인이 수취한다. 따라서 매매종결일을 기준으로 이를 가감해 나눌 수 있으며 주차비 같은 기타 수입 항목도 월정주차의 경우엔 일할계산할 수 있다. 일주차의 경우, 비용을 마감하는 것과 마찬가지로 매매 대금 직전일까지 금액을 실제 확인해 정하거나 직전 3개월 평균값 등으로 합의할 수 있다.

비용 관련해, 수도광열비 등은 계량기 등을 직접 확인하고 그 사용량에 해당되는 금액만큼 정산할 수 있으며, 기타 부과기간이 정해진 비용 항목들은 그 날짜에 맞추어 거래종결일을 고려해 일할계산할 수 있다.

재산세의 정산

매매계약서에서 가장 이슈가 되는 것은 부과기간이 정해지지 않은 세금인 재산세와 종합부동산세를 어떻게 배분하는지의 결정이다. 재산세와 종합부동산세는 6월 1일 기준 부동산을 소유하고 있는 자에게 부과되며, 재산세는 7, 9월, 종부세[103]는 12월에 납부해야 한다.

---

103) 간접투자기구에는 종합부동산세가 부과되지 않는 것이 일반적이었으나, 공모형이 아닌 사모형 간접투자기구에는 종합부동산세를 부과하는 것으로 논의 중에 있어 확인이 필요하다(2019년 하반기 기준).

그런데 이 금액에 대한 부과기간이 명시되어 있지 않아 이를 누구에게 귀속시켜야 하는지 객관적으로 정할 수 없다는 것이다.

따라서 양측의 합의에 따라 정해서 계약서에 반영할 수밖에는 없는데, 거래종결일이 속한 날짜에 따라 같은 문구라도 실제 적용되는 내용이 어느 한쪽에 유리 또는 불리해질 수 있다.

예를 들어, 거래종결일이 상반기에 있다고 가정하는 경우, 매수자에게 유리한 조건은 아래와 같다.

> 1월 1일부터 거래종결일까지를 일할계산해, 직전년도의 재산세·종부세 금액에 대해 올해 해당되는 금액을 결정함
> '12년도 재산세·종부세: 11억 원(매도자 소유 당시 기 납부 금액)
> 매매종결일 : '13년 3월 31일
> '13년도 재산세·종부세: 12억 원(추정)
> '13년도의 12억 원을 매도자 3억 원, 매수자 9억 원을 각각 부담하는 것으로 보아 정산함

즉 상기와 같은 문구가 없는 경우에는 매매 종결일이 3월이기 때문에 매수자가 '13년도의 재산세 12억 원 전부를 '13년 12월에 납부해야 한다. 따라서 상기 문구는 매수자에게 유리한 조건이 된다.

반대로 별도 정산 내용 없는 것으로 문구를 적으면 매도자에게 유리한 조건이 된다. 예를 들면, 아래와 같다.

> 납부일과 상관 없이, 매도인은 종결일 이전까지 대상 자산의 소유에 대해 부과되는 모든 재산세, 종합 토지세, 기타의 조세를 부담하고, 매수인은 종결일 및 그 이후의 기간 동안 대상 자산의 소유에 대해 부과되는 모든 조세를 부담한다.

상기 두 가지 방법 이외에도, 재산세·종부세의 기준이 되는 날(6월 1일) 부터 직전 1년 또는 직후 1년간으로 보아 정산 대상 기간으로 고려할 수도 있다. 하지만 일반적으로는 위의 예시와 같이 각 해당 연도인 calendar year를 기준으로 정산 대상 기간을 정하게 된다. 참고로 부록에 구체적인 계약서 예를 수록했다.

3. 진술 및 보장

진술 및 보장의 필요성

Representations and Warranties, 일반적으로 Reps & Warranties, 줄여서 R&W라고 부른다. 매도자가 매매목적물을 현행 법령 등에 맞게 운영해왔고, 매도할 수 있는 적법한 권원 등을 갖고 있음을 매수인에게 보장하는 것이 Reps & Warranties의 핵심이다. 물론 이 밖에도, 매도인이 제공하는 각종 정보의 유효함에 대해 알릴 수 있으며, 반대로 매수인이 매도인에게 알리는 정보들 또한 Reps & Warranties를 통해 보장될 수 있다.

만일 이와 다른 위반 사실이 나타나게 되면, 즉 진술 및 보장 위반이 되면, 약정 위반 사항을 구성해 손해배상청구를 할 수 있으며 내용에 따라 계약해지 사유가 될 수도 있다. 이렇게 중요함에도 불구하고, 일반적인 국내 부동산 매매계약에서는 Reps & Warranties에 대해 큰 관심을 두지 않는 편이지만, 해외 투자자 또는 자산운용사 등이 매매계약서 협의 시 중요하게 여기며 가장 많은 논쟁을 하는 부분이다.

매매계약서 협의 시 매도자와 매수자 모두 많은 시간과 노력을 Reps

& Warranties 협의에 쏟게 되는데 이것이 과연 deal closing에 효과적인지 큰 그림에서 읽을 필요도 있다. 즉 매매금액, 대금지급조건, 정산방법 등 실체적인 commercial issue보다도 실현 가능성이 매우 작은 사항에 대해 양측의 변호사들과 함께 문구 결정에 대해 씨름을 하는 경우가 많은데, 과연 이것이 누구에게 이득인지 생각해볼 필요가 있다. 물론 계약 종결 이후에도 본 Reps & Warranties로 인해 손해배상 등이 있을 수 있는 점 등을 고려하면 협의 시 유리하게 끌고 가는 것이 필요하지만 매매계약 종결 이후엔 매수자·매도자 모두 계약 당시만큼 asset을 깊이 있게 보지 않기 때문에 이 내용이 적용되는 경우는 흔하지 않은 것이 사실이다.

만일 Reps & Warranties의 내용에 대해 협의가 지나치게 길어질 경우, 매수자와 매도자가 직접 담판을 짓는 것이 deal closing에 도움이 된다.

특히 매도자는 자신도 모르는 실체적인 위험 – 예를 들어, 지금까지도 청구되지 않았지만 향후 내야 할 세금이 있지는 않은지 – 에 대해서 전문가의 확인을 받는 등 자문을 구해보는 것이 Reps & Warranties문구 협의보다 더 중요하고 필수적이라 생각된다.

주요 이슈 사항
기간

매수자와 매도자 사이에 첨예하게 이해가 엇갈리는 내용이 Reps & Warranties의 효력 기간이다. 매도자는 소유권 이전 후에는 매수자와 더 이상 추가적인 협의를 하기 어려우며 그대로 deal이 종결되길 원한다. 즉 매매종결 이후 매수자로부터 매매대금의 일부를 반환 요청되는 일이 없길 원한다.

반면 매수자는 대상 목적물을 소유권 이전을 받은 후에도 매도인이 진술한 내용과 벗어나는 일이 발생되지 않고 원만하게 운영되길 기대하지만, 만일 이런 문제가 발생한다면 이에 대한 해결 방법으로 매도자로부터 일정 금액을 돌려받기를 원할 것이다.

그래서 일정 기간까지만 Reps & Warranties가 유지되고, 거래의 안정성을 위해 그 이후에는 이의 위반 사실을 설령 알게 되었다 하더라도 서로 이를 청구하지 않는 기간을 정해야 하는 것이다.

일반적으로 3~6개월이 매도자가 허용하는 Reps & Warranties기간이지만, 거래 특성에 따라 2년을 넘기도 한다.

반면에 매도자가 간접 투자 기구를 이용한 경우엔, 본 부동산의 매각으로 인해 그 투자 기구가 청산되고 투자자에게 해당 금액이 모두 배당된 이후이기 때문에 실제로 Reps & Warranties를 청구할 대상이 없어질 수 있다. 이 경우엔 Reps & Warranties기간이 매우 짧거나 없을 수도 있다.

약간 다른 이야기이지만, 간접 투자 기구가 청산되고 난 이후에는 AMC를 비롯한 투자자는 정말 아무런 위험 부담이 없는 것일까? 정답은 그렇지 않다.

매매계약서상 Reps & Warranties기간이 종료되었다면 매수자로부터 claim을 받을 수 있는 가능성은 없지만, 부동산 자체에 세금은 부과될 수 있다. 만일 소유한 기간 동안 부과되었어야 할 세금이 있었는데, 어느 이유에서든 부과되지 않아 납부하지 않았고 그대로 청산한 경우, 과세당국은 그 당시의 소유자 – 간접 투자 기구였고 청산되어 더 이상 남아 있지 않더라도 AMC에게 세금을 부과할 수 있다. 더 나아가, 이 경우엔 AMC가 당시의 투자자에게 이를 구상할 수 있는지, 이 금원을 납부해야 하는지 등에 대한 복잡한 문제가 남을 수 있음을 알고 있어야 한다.

기간과 관련된 계약 내용 예시는 다음과 같다.

> 본 계약에 포함된 당사자들의 진술 및 보장, 확약 및 약정은 거래완결일로부터 1년 동안 유효하다[단, 제○조 ○항 ○호(소유권)은 10년, 제○조 ○항 ○호(조세)는 5년 동안 각각 구속력이 있고 유효하다].

한도

거래의 안정성을 지키기 위해 일정 기간을 정하는 것은 위에서 살펴보았다. 또 다른 방법으로 거래의 안정성을 유지하는 기술이 있는데, 이는 청구 한도를 정하는 것이다. 즉 매수인이 Reps & Warranties 약정 위반으로 매도인에게 청구할 수 있는 최대 금액을 정해놓음으로써 매도자는 최악의 시나리오를 가정할 수 있게 된다.

청구 가능한 내용을 '중대한' 또는 '명백한'이라는 용어를 적어서 이를 실질적으로 제한하는 효과를 노리기도 한다. 예를 들어, 매도인이 rentroll을 제공했고 그 내용에 대해 진실되고 정확한 것임을 진술 및 보장했는데, 오탈자(typo)로 인해 deal 내용에는 큰 영향을 미치지 않는 정도로 틀렸다고 가정해보자. 모든 경우에 있어서 같은 비중으로 claim을 걸 수 있다고 한다면, 이 경우 매도자는 매매 종결 이후에도 매우 불안정한 위치에 놓이게 될 수 있다. 따라서 사소한 위반 내용에 대해서 청구하지 못하게 하는 목적으로 '중대한' 또는 '명백한'과 같은 용어들을 넣게 된다.

이는 이 Reps & Warranties조항뿐 아니라 계약서 어디에서나 사용 가능한 방법이기도 한데, 이를 남발할 경우 계약서가 명확하지 못하게 되는 단점이 있고 지나친 경우 말장난에 불과할 수 있음을 알아야 한다.

따라서 '중대한' 또는 '명백한'과 같이 주관적인 표현보다 아래와 같이 객관적으로 규정하는 것이 보다 바람직해 보인다.

1. 본 계약의 일방 당사자가 본 계약상의 진술 및 보증 사항, 합의 또는 확약사항 기타 계약상 의무를 위반한 경우, 그 당사자는 상대방 당사자가 그로 인해 입게 되는 손해(실손해, 소송비용 기타 일체의 비용을 포함하되 이에 한하지 아니한다)를 모두 배상해야 한다. 다만 이러한 진술 및 보증 위반으로 인한 손해배상책임은 **매매완결일로부터 6개월간 존속하는 것으로** 한다.

2. 제1항의 규정에도 불구하고, 매도인의 진술 및 보장사항 위반으로 인해 매수인에게 손해가 발생한 경우, 매도인은 **그 손해액의 합계가 10억 원을 초과하는 경우에 한해** 매수인에게 그 손해를 배상한다. 이 경우 매도인은 10억 원을 초과하는 부분에 한해 손해를 배상하는 것으로 한다. 다만 매도인의 진술 및 보장사항 위반으로 인해 매수인에게 지급하는 **손해배상금은 어떠한 경우에도 매매대금의 5%를 초과할 수 없다.**

위반 사항의 처리

Reps & Warranties뿐만 아니라 매매계약서 내용 전반에 걸쳐서 해당될 수 있는 것으로 약정 위반 사항에 대해 즉각적인 청구가 있기보다는 이를 상대편에게 통지한 후 일정 기간의 수정 가능한 기간을 두는 것이 바람직하다. 이는 위반한 쪽만이 유리한 것이 아니라 반대편에게도 필요한 내용일 수 있다. 수정 기간 등을 두지 않고 즉각적인 효과를 발휘한다면 실제 의도와는 달리 지나친 결과를 초래할 것이 명백하며 양쪽 모두 약정 내용을 제대로 이행하지 못하게 되는 경우도 발생하기 때문이다. 또한 실제 상황을 고려해 상호 합의하에 약정 내용을 조정되거나 이행하지 않더라도, 후에 감사 등에서 지적 사항으로 나타날 수도 있다.

어떤 위반사항이 사전에 명백한 경우 Reps & Warranties 내용에서 이를 배제해 본 조항이 적용되지 않도록 만드는 방법도 있다. 이렇게 리스트를 두고 예외로 만드는 것을 'carve out 한다'라고 하며, 그 리스트는 매매계약서 별첨 등으로 따로 정리하게 된다.

흔한 예로, 옥외광고물 – 간판 같은 경우, 빌딩이 준공된 지 10여 년이 지나 준공 당시에는 적법하게 설치되었으나, 현행 법규에 따르면 설치된 간판이 위법인 경우가 있다. 현행 법규로는 빌딩당 1개의 간판만을 허용하고 있는 경우가 많아 나머지 간판은 위법 사항이 되기 때문이다. 그렇다고 해서, 매매 시 이를 모두 먼저 철거하는 것은 매수자·매도자 모두 좋은 경우가 될 수 없다. 매도자는 이를 매수자에게 알리고 매수자는 이를 인지하고 있는 상태에서 운영을 시작하고, 나중에 이의 위반에 대해 관할 구청으로부터 행정지도 등을 받게 되면 그때 정리하는 것이 바람직할 수 있다.

부록에서 진술 및 보증 관련한 계약서 예시 전문을 담았다. 상기 협의 내용이 어떻게 반영되어 적용되는지 살펴보면 좋을 것이다.

4. 위약금, 위약벌, 해약금

위약금과 위약벌은 계약서에서 다르게 사용된다.
계약 위반 시 실 손해배상과 별도로 지급하기로 약속한 금전을 위약벌이라고 하며, 벌칙적인 성격이다. 따라서 약정된 손해액과는 별도로 추가로 청구될 수 있음에 유의해야 한다.
유사한 내용으로 해약금이라는 표현이 있는데 이 경우에는 계약위반을 이유로 계약금을 매수인이 몰취할 수 없음에 유의해야 한다.
해약금의 예로 계약서에 반영한 것은 아래와 같다.

제○조[매매대금 및 지급방법]

① 본 계약의 매매대금(이하 "매매대금")은 금 ○○만 원(₩○○○)(본 건 건물에 대한 부가가치세는 별도)으로 하고, 그 세부 내역은 아래 표와 같다.

② 본 계약의 계약금 금 ○○(₩○○)은 본 계약 체결일에 매수인이 매도인에게 지급한다. 단 계약금은 민법 제565조에 따른 해약금의 성질을 갖지 아니한다.

③ 본 계약과 관련된 일체의 대금 지급은 아래의 계좌를 이용한 계좌 간 현금 이체의 방법에 의한다.

5. 구분소유권 매매

 소유권이 나누어진 구분소유권을 매매대상으로 할 때엔, 구분소유권자의 수에 따라 의사 결정이 좌우될 수 있는 점을 유의해야 한다. 즉 과반을 넘어 2/3 이상의 면적을 소유하고 있다 하더라도 나머지 면적의 소유자 숫자가 훨씬 많을 경우, 단독으로 의사 결정을 할 수 없게 될 수 있다.
 따라서 이를 염두에 두고 관리단규약[104]을 작성해야 하며, 매매계약서에서도 이에 대한 고려를 해야 한다.

6. 기업결합신고

 매수인이 대기업이라면 반드시 기업결합신고 여부에 대해 검토해야 한다. 기업결합신고라는 이름만 들어서는 자산양수도(asset sale)에서는 적용되지 않고 사업양수도(share sale)에서만 적용될 것 같은 느낌이지만, 자산양수도 거래에서 해당되는 내용이다.
 매수인이 자산총액 1,000억 원 이상인 경우 공정거래위원회에 기업결합신고서를 계약일로부터 30일 이내에 신고해야 하고, 신고일로부터 30일 이내에 회신 공문을 수령하게 된다.
 매도인의 조건 – 매도인의 대차대조표상 자산총액의 100분의 10 이상 또는 양수도 금액이 50억 원 이상인 경우 – 도 있는데, 일반적인 기업 거래의 규모상 매수인 조건을 만족하는 경우 대부분 기업결합신고 대상이

---

[104] 관리단규약이란 구분소유권으로 구성된 건물 내 구분소유자를 구성원으로 해서 관리단이 설립되는데, 이 관리단의 운영에 대해 약정한 내용을 말한다. 법적 근거는 집합건물의 소유 및 관리에 관한 법률에서 찾을 수 있다.

된다고 생각하는 것이 안전할 것으로 보인다.

매매계약서에서도 이와 관련된 조항을 반영하고, 기업결합신고 불승인 시에는 계약해지 사유를 구성하는 것까지 고려해야 할 것이다. 이는 기업결합신고가 매수인이 해야 할 의무이지만, 그 신고 내용이 매도자의 정보 또한 포함하고 있어 이를 빌미로 불승인될 가능성도 있으며, 이는 매수인의 전적인 책임으로만 돌리기엔 무리가 있기 때문이다.

기업결합신고서 작성에는 매수인은 물론 매도인의 정보도 포함되며, 매우 많은 시간과 노력이 들어가므로 먼저 준비하는 것이 좋다.
매매계약서 내 기업결합신고 내용이 반영된 예는 다음과 같다.

제○조(확약 및 준수사항)
(생략) 매수인은 본 건 계약의 체결 및 이행과 관련해 관계법령에 정해진 기한 내에 독점규제 및 공정거래에 관한 법률상의 기업결합신고(영업용고정자산 양수도) 등 관계법령상 필요한 모든 정부인허가를 획득하고 신고의무를 이행해야 한다.

제○조(계약의 해제)
본 건 계약의 다른 조항에도 불구하고, 본 건 거래에 관해 20XX년 X월 X일까지 공정거래위원회가 양수인의 독점규제 및 공정거래에 관한 법률에 따른 기업결합신고(영업용고정자산 양수도)를 불승인(불수리)하는 경우, 각 당사자는 상대방에 대한 서면통보로 즉시 본 계약을 해제할 수 있으며, 이 경우 매도인의 계약금 반환의무(단 계약금에 대한 법정이자 및 운용이익은 제외) 이외에 각 당사자는 상대방에 대해 어떠한 손해배상책임도 부담하지 아니한다.

7. 부동산 거래신고

계약체결일로부터 30일 이내에 매도자·매수자 및 거래정보를 담아 부동산 거래신고를 해야 한다.

이때 날인하는 도장은 반드시 법인인감일 필요는 없지만, 매매계약 체결 시 같이 준비해 날인받는 것이 별도의 날인절차를 하지 않게 되어 수월하다.

특기할 것은 부동산거래신고용 매매계약서를 별도로 만들어 양사 간 날인한 후 이것만 신고해도 된다는 것이다. 즉 매매계약서가 아주 많고 복잡한 경우 또는 외부에 알리기 어려운 내용이 있는 경우, 매매조건에 대해 매우 간단하게 요약한 부동산 거래신고용 매매계약서를 따로 만들어서 신고하는 것이 가능하다.

또한 매매계약서는 사본으로도 거래신고 할 수 있는데, 이때에는 원본 대조필이 필요하다.

매도자가 부동산 간접 투자 기구인 경우, 매도 후 즉시 청산하게 되어 나중에 부동산 거래신고서에 날인받기가 어려워진다. 따라서 매매계약 체결 전 준비를 먼저 해놓아야 함에 유의해야 한다.

8. 사업양수도

매매계약은 자산양수도(asset sale) 계약과 사업양수도(share sale) 계약으로 나눌 수 있다.

일반적인 매매계약은 대상자산(property)를 거래하는 것으로 대상의

소유권을 이전하는 자산양수도 계약일 것이다. 이때,
1) 건물분에 대해 10%의 부가가치세를 매수인이 매도인에게 매매대금과 별도로 지급하고
2) 매도인은 이를 부동산 관할 세무서에 납부하며
3) 매수인은 3개월 내에 환급신청을 통해 세무서로부터 환급받게 된다.

만일 매수인이 대출하는 경우, 부가가치세 납부를 위한 별도의 대출[105]을 하고 부가가치세를 환급받아 상환하게 된다.

반면 사업양수도로 인정되게 되면,
1) 부가가치세가 발생하지 않고
2) 매수인은 취·등록세를 납부하지 않는다.
3) 후에 매수인이 자산을 매각하는 경우, 양도차익의 기준이 되는 장부가는 최초 매도인의 장부가를 기준으로 하며, 매각 차익이 발생하는 경우에는 대규모 양도세를 부담하게 될 수 있게 된다.

중요한 것은 양 당사자 간의 협의에 의해 사업양수도 여부가 결정되는 것이 아니라 과세당국에서 이를 판단한다는 점이다. 따라서 어느 경우에 사업양수도로 인정되게 되는지 알아둘 필요가 있다.

특히 아래 조건을 만족하는 경우엔 사업양수도로 볼 가능성이 높으니 주의해야 한다.

---

105) 보통은 담보대출금리보다 낮은 고정금리로 정해지며, 대출만기 또한 6개월 이내인 단기대출이 된다.

- ✓ PM의 유지
- ✓ 보험 계약의 유지
- ✓ 임대차계약의 승계[106]

상기 내용의 공통점은 소유권(title)만 바뀌는 것으로, 부동산 임대업 자체는 그대로 유지된다고 보여지기 쉽다는 점이다. 따라서 이에 근거해 관할 세무서의 판단에 따라 사업양수도로 판단될 수 있다.

만일 매매 시 양 당사자가 자산양수도거래를 기초해 계약을 체결했고 대금을 주고받았는데, 관할 세무서로부터 이를 사업양수도로 인정받게 되면 아래와 같은 문제점이 발생한다.

1) 부가가치세 불성실신고에 따른 가산세가 매수자·매도자 양측에게 부과되고,
2) 기 납부한 부가가치세 환급금이 매수인에게 직접 돌아오는 것이 아니라 매도인에게 지급되어 이를 돌려받아야 하는 이슈가 생긴다.

따라서 이의 해결방안으로는 매매계약 체결 전, 관할 세무서 담당자에게 찾아가 거래에 대해 설명하고 사업양수도가 아님을 확인[107]받아 놓는 방법이 있다.

---

106) 특히 책임임차 maser lease 된 경우에 해당된다.
107) 서면 확인이 반드시 필요한 것이 아니며 구두 확인 정도라도 좋다.

9. 공시

기업 부동산을 다루는 담당자는 계약 전후에 발생되는 공시 조건에 대해 숙지해놓을 필요가 있다. 만일 이를 놓칠 경우, 본 건 거래에만 문제가 생기는 것이 아니라 회사 전체의 사업까지 영향을 줄 정도의 큰 파장이 올 수 있다.

또한 공시가 되면 이를 바탕으로 뉴스 기사가 나올 가능성이 매우 높으므로, 회사 공시담당자 및 홍보담당자에게 미리 거래 내용을 알려놓는 것도 필요하다.

각종 법률에서 정의하고 있는 공시 관련 주요 내용을 정리하면 아래와 같지만, 각 회사별 특성이 있기 때문에 일괄 적용될 수는 없다. 따라서 계약체결 전 공시 담당자와 거래 내용에 대해 상의할 필요가 있다.

◆ **다른 회사에 대한 출자 제한**(보험업법 제109조)
 - 의결권 있는 주식 15% 초과 취득 시 금융위에 자회사 승인 또는 신고 대상여부 확인(30일 이내 기업결합신고)

◆ **주식 등의 대량보유 등의 보고**(일명 '5% Rule', 자본시장법 제147조)
 - 상장법인 지분 5% 이상 지분 취득 시 또는 5% 이상 취득 후 1% 이상 지분 변동 시 5일 이내 금융위 및 거래소 보고

◆ **대규모 내부거래의 이사회 의결 및 공시**(공정거래법 제11조의2)
 - 특수관계인을 상대로 하거나, 특수관계인을 위해 자본금 또는 자본총액 중 큰 금액의 5% 이상 또는 50억 원 이상의 거래·부동산, 무체재산권, 담보, 임대차

등 자산의 제공 또는 거래·상품 및 용역 거래

◆ **대주주와 거래사항 공시**(보험업법 제111조, 령 제57조, 감독규정 제5-5조)
- 대주주와의 10억 원 이상 신용공여, 채권 또는 주식(장외)의 취득

◆ **기업집단현황 공시**(공정거래법 제11조의4)
- 계열회사 간 상품·용역거래 현황
- 계열회사 간 주요 상품·용역거래 내역

◆ **기업결합의 신고**(공정거래법 제12조)
- 다른 회사의 영업용고정자산의 전부 또는 주요부분의 양수
- 새로운 회사설립에 참여해 그 회사의 최다출자자가 되는 경우
- 간투법의 투자 회사, 부동산 투자 회사 신고대상 제외

◆ **이사 등과 회사 간의 거래**(상법 제398조)
- 이사 또는 주요주주(제542조의 8 제2항 제6호), 배우자, 직계, 존비속등과 거래 시 미리 이사회에서 해당거래에 관한 중요사실을 밝히고 이사회 승인 필요

◆ **자산양수도 신고**(증권거래법 제190의2, 령 제84조의8, 칙 제36의 13, 유가증권의발행및공시등에관한규정 제87~88의3)
- 사업연도 자산총액의 10% 이상의 자산(주식, 부동산 포함) 양수도 신고 및 외부평가계약체결 신고
- 이사회결의 또는 양수도 계약일자 중 앞서는 날
- 외부평가기관의 평가의견이 포함된 주요사항보고서 제출 의무

◆ **투자활동에 관한 사실 또는 결정이 있을 때**(유가증권시장 공시규정 제7조 ①항2호 나목)

- 신규시설투자, 시설증설 또는 별도공장의 신설(자기자본의 5% 이상)
- 유형자산의 취득 또는 처분(자산총액 5% 이상)
- 타법인 출자 또는 출자지분 처분(자기자본 2.5% 이상)
- 출자 비상장법인의 부도, 법정관리, 해산

◆ **타법인 주식 및 출자증권의 취득·처분 공시**(증권거래법 제186조, 령 83조, 유가증권의 발행및공시등에관한규정 제69①5호사목)

- 간투법에 의한 사모간접투자기구 통해 타법인 주식 및 출자증권 취득 시
- 출자금액이 자기자본의 5%(대규모법인 2.5%) 이상인 경우 별도의 출자 공시 의무

◆ **최대주주등과의 거래 공시**(증권거래법 제186조, 제191의19)

◆ **자산유동화 등록 신청 공시**(자산유동화에관한법률 제6조, 업무처리 규정 제4조)

- 자산양도등록신청서 제출
- 자산유동화증권(ABS, MBS등) 발행 시 유동화 자산을 양도하는 회사에서 양도등록신청서 제출[108]

◆ **해외직접투자 vs. 해외간접투자 vs. 해외기타자본투자**(한국은행 외국환거래규정)

- 역외 금융 회사 투자: 역외 금융회사 총자산의 10% 이상 투자 시
- 지분투자금액 포함 총투자금액이 당해 역외금융회사의 총자산 10% 이상 투자 등 해당 여부 확인 후 금감원장 신고

---

108) 실무적으로는 SPC 설립과 유동화 업무를 담당하는 증권회사에서 수행

◆ **금융산업의 구조개선에 관한 법률**(금산법 제24조)
- 단독 또는 금융계열사와 합산해 ①의결권 있는 주식 20% 이상 소유 시 ②지분 5% 이상 소유하고 전체계열사가 사실상 지배구조(주식소유 1순위 등) 형성하게 된 경우 금융위 승인

◆ **부동산거래 신고**
- 매수인 및 매도인, 중개업자가 거래계약의 체결일로부터 60일 이내 신고(국토부 부동산거래관리시스템)
- 중개인 없이 거래 시 일방이 신고서 작성 후 거래상대방 확인 받아 신고(중개인 거래 시 중개인이 신고)

◆ **증축 등 부동산 변경등기**(부동산 등기법 제41조)
- 증축 1개월 이내 등기 신청

10. 송금

부동산 거래 시, 하루에 매우 큰 금액이 오가게 된다. 이럴 때엔 평소처럼 인터넷뱅킹의 계좌이체가 아닌, '지준이체'라는 방법을 사용한다. 쉽게 설명하면, A은행에서 B은행으로 실제로 돈을 송금하는 것이 아니라 송금했다고 서로 가정한 후에 이를 한날에 모아서 한꺼번에 정산한 후 처리하는 것이다.

지준이체 특성상 받는 은행이 보내는 은행과 다른 경우, 받는 은행에서는 이 금액이 송금되었는지 여부가 최소 30분에서 많게는 1~2시간

후에야 확인 가능하다.

특히 대출이 껴 있는 부동산매매의 경우, 아래와 같은 흐름이 발생하기 때문에 받는 은행의 확인 시간이 매우 중요해진다.

> 매수인 equity 송금(대출금 제외) → 매수인 측 대출자(lender)가 매도인 측 은행의 입금 확인 → 매수인측 대출금 송금 → 매도인의 입금 확인 → 매도인의 대출금 상환 송금 → 매도인의 은행에서 대출금 입금 확인 → 등기필증, 매도용인감증명서, 근저당 등 해지 동의서를 매수인에게 전달(등기소에서 매도인·매수인측 법무사가 서류를 준비해 대기하다가 확인 전화를 받은 후 서류 접수) → 매수인 은행의 근저당 설정서류 및 소유권 이전서류 접수 → 접수확인증 교부

쉽게 말해서, 매수인 측은 오전 11시까지는 지분금액(equity)을 송금해야, 오후 2시경까지 매수인 측 대출자(lender)의 대출금 실행이 되며, 4시 이전까지 매수인의 통장에 입금 확인 후 등기 절차를 진행할 수 있다.

지준일

계약금 및 잔금 등 큰 금액이 지준으로 이체될 때, 그 날짜가 지준일(지급준비일)에 걸리는지 먼저 확인해야 한다. 만일 지준일에 해당하는 경우 한 번에 송금할 수 있는 금액이 무척 작기 때문에 상당한 시간이 소요되게 된다.

현재 지준일은 매월 둘째 주 수요일이며, 지준일과 매매대금의 지급일이 서로 겹치는지 사전에 확인하고 조율이 필요하다.[109]

---

[109] 지준일뿐만 아니라 공휴일 등에 걸치지 않는지 같이 확인해야 한다. 이는 장기간에 걸친 매매계약 등에서 반드시 해야 할 일이다.

세금계산서

매매계약 체결 시점에는 세금계산서를 발행하지 않는 경우가 대부분이다. 그러나 계약금 지급부터 잔금 지급까지의 기간이 60일 이내인 거래에만 해당되고, 60일을 넘는 경우엔 계약금에 대해서도 세금계산서를 발행해야 한다.

2011년부터는 전자세금계산서의 발행이 의무화되어, 송금일 이전에 송금 받는 회계 담당자는 영수 전자세금계산서를 반드시 미리 등록해 놓도록 한다.

세금계산서를 발행할 때는 부가가치세 금액이 얼마인지 반드시 확인해야 하며, 일반적으로 계약금에는 부가가치세가 붙지 않으나 그렇지 않은 경우도 있으니 매매계약서와 이를 맞추어 확인해야 한다.

부가가치세 관련해 다른 중요한 고려 사항이 있다. 매매거래가 사업양수도로 인정받는 경우엔 부가가치세 대상이 아니다. 하지만 자산양수도, 즉 부동산 매매로 건물분에 대해서 부가가치세가 발생되는 거래라고 믿고 처리했는데, 부동산 소재지 관할 세무서에서 이를 부인하고 사업양수도로 보는 경우 문제가 될 수 있다. 이 경우 매도인 및 매수인 모두 부가가치세를 주고받는 처리했으므로, 부가가치세 환입은 물론 불성실신고에 대한 가산세 등을 물게 되어 추가 비용이 발생하는 난처한 상황이 발생하게 된다. 따라서 매매계약서 체결 이전에 관할 세무서에게 자산양수도 거래임을 확인할 필요가 있다.

11. 매매계약의 체결

매매계약서 등 주요 계약서는 법인인감 날인 및 인감증명서를 첨부하는 것이 원칙이다.

날인되는 도장과 인감증명서에 나온 도장과 일치하는 것인지 확인해야 한다. 또한 인감증명서는 발급한 날로부터 3개월 이내의 것이어야 하고, 매도인 측은 '매도용 인감증명서'를 첨부하도록 한다.

인감도장을 사용하지 않는 법인(대부분 외국계)인 경우, 수권(authority)에 대한 확인 – 위임장이 필요하고, 서명이 위임장과 일치하는지 정확히 확인해야 한다.

참고로 기명날인[110]과 서명날인[111]은 다르다. 자신의 이름을 직접 자필로 쓰는 것을 '서명'이라 하고 여기에 날인을 추가하는 것을 '서명날인'이라 한다. 반면에 기명날인은 이미 적힌 이름에 날인을 하는 것을 말한다.

간인[112]할 페이지가 너무 많을 때에는 천공기를 이용해 한꺼번에 처리할 수 있다. 또한 법인인감의 외부반출이 어려운 경우, 각 부서에 배치된 사용인감을 사용하고 사용인감계(사용인감날인+법인인감날인+법인인감증명서 첨부+사용인감을 날인하게 계약서 이름 및 날짜 명시)를 제출하면

---

110) 법인 간의 계약에서는 거의 대부분 기명날인을 사용한다.
111) 개인 연대보증 등의 경우엔 거의 서명날인을 요구하며, 자필서명한 경우엔 날인을 하지 않아도 유효하지만 기명한 경우엔 반드시 날인해야 한다.
112) 계약서 등이 여러 장으로 이뤄진 경우에 그 페이지가 연결되어 있음을 확인하기 위해 앞장과 뒷장을 만나게 해서 날인하는 것을 말한다. 이는 계약서 중간 페이지를 바꾸지 못하도록 하는 효과가 있다. 유사한 것으로 '접인'이라 해서, 다른 계약서끼리 마주 붙인 후에 서로 옆면을 날인하는 방법도 있다.

법인인감이 날인된 것과 동일한 효력을 발생시킬 수 있다. 이때는 사용인감계에 어떤 계약서에 날인한다는 내용이 적혀 있어야 한다.

일반적으로 법인인감은 인감도장 안쪽 테두리 위에 점(•)이 찍혀 있으며, 사용인감인 경우엔 별(★) 또는 세모(▽)등을 사용해서 구분하는 경우가 많다.

인감의 위조를 확인하기 위해서는 인감증명서와 별도의 페이지에 사용인감을 날인해 2장의 종이를 형광등 등에 비추어 일치하는지 확인할 필요가 있다. 특히 거래 상대방이 대기업이 아닌 경우, 법인등기부등본 상 대표이사 변경 횟수 등을 살펴보아 경영권 분쟁이 없는지 확인하는 것도 필요하다. 왜냐하면 극단적인 경우 계약일 바로 전날 대표이사 및 법인인감이 바뀌어 있었을 수 있으며, 사용인감 또는 법인인감이 위조되었을 가능성도 있기 때문이다.

계약체결 전날 계약서 날인 순서, 계약서 전달방법 등에 대해 먼저 협의를 마무리해놓아야 한다.

계약체결본 준비

계약체결일 최소 하루 전에는 누가 계약서 날인본을 프린트할 것인지 정해놓아야 한다. 또한 이를 계약체결본을 PDF로 저장해 서로 보관하는 것이 필요하다. 이는 MS word file이 페이지 양식에 따라 프린트되는 내용이 다를 수 있기 때문에, 계약서 날인 시 PDF를 출력해 실제 날인하는 계약서와 일치하는지 서로 확인할 수 있어야 하기 때문이다. 잘못되는 경우, 계약일자, 통지처 등이 공란으로 되어 있는 경우도 있으므로 꼼꼼히 확인해야 한다.

날인순서

한곳에 모여(대부분 법무법인의 회의실 또는 계약자 한쪽의 회의실) 날인을 하는 경우와 각 계약자가 날인하고 다음 계약당사자에게 전달하는 방법(통상 'circulation한다'라고 함)으로 크게 나눌 수 있다.

Circulation의 경우, 퀵서비스 등을 이용하게 되면 계약서가 분실될 위험이 있고 각종 서류를 챙겨야 하므로, 반드시 책임자가 직접 들고 날인을 진행하는 것이 필요하다.

계약금·잔금이 지급되는 매도자·매수자만 있는 매매계약의 경우, 날인 시간이 그렇게 중요하지는 않지만, 다수의 계약당사자가 있는 대출계약서에 날인할 때는 날인 시각에 대해 계약일 이전에 미리 정해놓는 것이 필요하다. 계약 상대방도 사용인감 등을 먼저 반출해 준비하는 시간도 필요하기 때문에, 이동시간 및 대기시간 등을 고려해 날인 시간표를 작성하고 이를 공유하는 것이 날인 시 큰 도움이 된다.

대주단이 구성되는 대출계약의 경우 모든 대주들 및 차주 등의 계약 날인이 완료되어야만 인출이 가능하고, 인출시각은 11시 또는 늦어도 오후 3시 이전엔 완료하는 것이 필요하기 때문에 circulation의 경우 시간 관리가 중요하다. 경험상 오전 9시부터 날인을 시작해도 점심시간 이전에 3~4개 대출기관을 날인하기가 빠듯하며, 더 늦어지면 지준이체가 불가능할 수도 있기 때문에 정말 다급해질 수 있다.

이사회, 주주총회

매매 당사자는 정관 등에 따라 매매에 대해 이사회의결 또는 주주총회 의결을 거쳐야 매매계약의 효력이 발생되는 경우가 많다. 이 여부는 정관을 확인해야 알 수 있기 때문에 정관[113]은 매매계약 협의 시 먼저 제출받아 검토되어야 한다.

일반적으로 매매계약서상 '진술 및 보증'에 적절한 내부 수권절차에 따른 것임을 명시하고, 이사회 또는 주총결의를 완료했다는 증표로 관련 이사회의사록 또는 주주총회 의사록을 첨부하도록 하고 있다.

이사회[114]는 대리참석이 불가해, 이사로 선임된 자[115]가 직접 이사회에 참석해야 한다. 반면에 주주총회에는 위임장을 지참하고 대리참석하는 것이 가능하며 서면으로도 부의 안건에 찬반 의사 결정을 할 수 있다.

주의할 점은 부동산 매각 시 주총결의가 필요한 경우가 있는데, 이를 위해서 이사회에서 주총개최에 대한 의결을 해야 하고, 주주에게 주총 2주 전 통지해야만 주주총회가 개최될 수 있다. 따라서 결의가 필요한 날로부터 주주총회 관련 일정을 먼저 확인해야 함에 유의해야 한다.

12. 관할 법원

MOU 또는 매매계약서의 가장 마지막에 '관할 법원(jurisdiction)'에 대한 내용을 넣는 경우가 많다. 이를 정하지 않는 경우 특정한 사건에 대해 어떤 법원이 재판권을 행사하는지 정해져 있지만, 당사자의 합의하에 미리 정해놓고자 함이다. 부동산 소재지의 관할 법원을 정하기도 하

---

113) 필요한 경우 이사회규정 내용 포함
114) 이사회 의결 상세 내용은 〈부록〉 참조
115) 대부분 투자자의 부장 또는 팀장이 이사를 맡게 된다.

고 좀 더 협의가 편리한 법원(매도자 또는 매수자가 위치한 곳과 지리적으로 가까운)이 선택되기도 한다.

그런데 만일 매수자 또는 매도자가 외국 회사이면 이를 간단히 정하지 못하는 이슈가 있기도 한다. 특히 관할 법원뿐만 아니라 어느 국가의 법령을 적용해 분쟁을 어떻게 해결할지에 대한 논의도 필요하다. 이는 해외에서 이뤄지는 소송이 익숙하지 않는 국내 회사에 부담이 될 수 있음에 유의해야 한다.

13. 매매종결(closing)

매매계약 체결 이후, 잔금을 지급하고 소유권을 이전하는 날을 closing date라고 부른다.

일반적으로 closing date에 준비해야 하는 서류는 아래와 같으며, 대출을 받는 경우 대출약정서를 포함한 기타 서류 들이 반드시 준비되어야 한다. 이를 CP, 인출선행조건이라 하며, 대주단에서 CP조건이 이행된 것을 확인해야만 인출 실행이 이뤄지게 된다.

세금계산서

자금을 주고받은 증빙은 세금계산서, 계산서, 영수증의 3가지로 나뉘어진다. 면세 또는 부가가치세가 포함되지 않는 거래는 계산서로 발행하고, 그렇지 않은 경우엔 세금계산서를 발행한다. '11년도부터 계산서 및 세금계산서 모두 전자세금계산서 또는 전자계산서로만 발행 가능하다.

영수증은 이와는 달리 날인만 하게 되고, 대금을 지급하는 쪽에서 먼저 준비한다.

closing 준비 서류

구분	주요내용	관련서류
기업 결합신고	· 거래계약 체결 30일 내 공정거래위원회에 신고	· 매매목적물 목록 · 기업결합신고서 · 매매계약서 사본 1부 · 매도/매수인 공인회계사 감사보고서 각 1부 · 법인인감증명서
부동산 거래신고	· 거래계약 체결 60일 이내 관할청에 신고	· 부동산 거래 신고서 · 법인인감증명서 · 위임장
잔금지급	· 잔금 지급 · 정산비용 수령 (수도광열비, 제세공과, 점용료 등)	[매도인] · 위탁관리(PM,FM), 화재보험 등 계약 타절 서류 · 잔금 영수증 · 기타 인계서류 [매수인] · 위탁관리, 화재보험 등 운영 계약 · 정산합의서 · 임대차 승계동의서
취득세 납부	· 취득일로부터 60일 내 신고 납부(해당구청) · 소유권 이전 등기를 위해	· 취득세 납부 고지서 · 취득세 신고 위임장 · 매매계약서 사본 1부

참고로 매도인으로부터 매수인이 받을 영수증은 건물분 세금계산서와 토지분 영수증(또는 계산서)이다. 또한 계약금의 경우, 6개월 이내 거래의 경우만 잔금 납부 시 계산서로 발행 가능하며, 그 후의 경우 계약금에서도 부가가치세가 발생하게 된다.

개략적인 내용은 다음과 같으며, 양사 담당자 사이에 내용에 대해 먼저 상호 확인을 한 이후에 계산서를 발행하는 것이 좋다.

매출(수입)

가. 부가가치세가 발생하는 경우(예: 임대료 등)

일할계산해 세금계산서 발행

부가가치세는 원단위까지 적어서, 총 금액의 10%가 되도록 맞춤[116]

부가가치세는 익월 10일까지 부가가치세 신고 필요

나. 부가가치세가 발생하지 않는 경우[117]

계산서 발행

매입(비용)

매도자의 비용이 발생했을 때의 증빙 방법으로 계산서, 전자 세금계산서, 영수증이 있으며, 매수인은 매도자의 선택을 따라가면 된다.

하자보증보험

매매 시 매도자가 제출하는 많은 문서 중 하자보증보험(증권)을 매수인에게 전달한다는 내용이 있다. 이것은 최근 몇 년 사이에 수선 공사 등을 한 이후, 그 공사를 수행한 업체로부터 받은 하자이행보증서를 매수인에게 유효하게 이전한다는 내용이다.

매수자 측 PM에서는 최근 몇 년간의 공사 내용을 검토해 하자이행보증서가 있어야 할 내용이 있는지 확인하고, 이를 인수받을 수 있도록 할 필요가 있다.

---

116) 절사, 반올림, 올림 어느 방법을 사용해도 관계 없다.
117) 예: 보증금 승계금액과 같이 양사 간 합의로 결정되는 금액

A manual for Real Estate Investment & Management

chapter
05

투자 분석
(Financial Analysis)

chapter 05 투자 분석
(Financial Analysis)

1. 수익률의 표시

투자 성과지표 필요성

투자 성과를 판단하는 지표로 무엇을 사용하면 될까? 이에 대한 기본적인 내용은 대학교 재무관리에 충분히 잘 설명되어 있기 때문에 여기에서 다양한 지표에 대한 내용과 장단점에 대해서는 중복해 다루지는 않으려 한다. 그렇다면 많은 성과지표들 중에서 부동산 투자에서 적절히 사용할 수 있는 것에는 무엇이 있고, 어떻게 사용하는 것인지 알아보자.

먼저, 투자성과 지표는 투자 전은 물론 투자 후까지도 변하지 않는 하나의 지표(숫자의 값이 바뀌지 않는다는 것이 아니라, 기준으로 삼은 종류가 변하지 않는 것)로써 검증될 수 있고 계속 수정될 수 있어야 한다. 즉 일관성을 갖고 있어야 하며, 이는 시장이 바뀜에 따라 내부 목표 수익률이 달라진다 하더라도 – 다시 말해 가정들이 바뀌어 결괏값이 바뀐다 하더라도 - 그 지표 자체가 흔들려서는 안 된다는 것을 의미한다.

부동산 투자 후 운영 단계에서는 임대차관리, 빌딩관리, 배당성향, 차입효과검토 등 수많은 의사 결정이 필요하고, 그 의사 결정의 기준은 최초 투자할 때 설정된 지표에 맞추어 계속 피드백(feedback)되어야 하는 것이다. 만일 이것이 흔들리면 운영 중 의사 결정[118]이 계속 흔들리게 될 것이다.

예를 들어, 투자 전에는 내부수익률(Internal Rate of Return, IRR)을 의사 결정의 지표로 삼았지만, 운영 단계에서 공실률을 관리목표로 설정하는 것은 임대차계약 등 매 순간순간 의사 결정이 최종 목표인 IRR을 맞추는 것에는 잘못될 가능성이 있다.[119]

따라서 부동산 투자에서 투자성과 지표를 정하고 그 계산하는 방법에 대해 회사 내부에서 공유하는 것은 필수적이다.

투자 성과지표의 관리

투자가 실제 이뤄지고 난 이후에, 투자 성과지표는 계속 (매년 혹은 그보다 더 짧은 주기로) update될 수 있어야 한다. 즉 사업계획(business plan)이 시장환경이 변함에 따라 유지될 수 있는 것인지 검토되어야 하고, 그에 맞춰 투자 성과지표값도 변할 수 있다. 그 변하는 값에 따라 지난 기간 동안의 성과(performance)에 대한 측정(review)이 있어야 할

---

118) 여기에는 가장 중요한 매각의사 결정도 포함될 것이다.
119) 아주 쉬운 예로는 free rent 제공 시점의 조정 또는 낮은 임대료의 장기 임대차 계약 등이 있다.

것이다. 즉 투자 시 지표와 다른 것 – 몇 % 이하로 공실률 유지 또는 임대수익 몇억 원 달성 등 – 은 최종 목표값이 될 수 없고, 최초 의사 결정 시 기준이 된 지표값이 다시 산정되어야 한다. 지표값이 떨어지거나 오르는 경우, 이를 바탕으로 운영 전략을 다시 세워 사업계획(business plan)에 반영할 수 있도록 해야 한다.

종류

IRR

내부수익률(Internal Rate of Return, IRR)을 구하기 위해서는 다음 식을 만족시키는 r값을 찾아야 한다.

$$NPV = \sum_{t=0}^{N} \frac{C_t}{(1+r)^t} = 0$$

몇 가지 형식적인 단점들 – 복수의 IRR값이 나타날 수 있고 재투자를 고려하는 등 – 이 알려져 있음에도 불구하고, 가장 중요한 성과 지표로서 활용되고 있다.

부동산 투자의 현금흐름을 보면, 초기에 큰 금액의 지분 투자(equity contribution)로 부동산을 매입한 이후, 수년간의 운영기간 동안 비교적 작고 안정적인 현금흐름을 창출한 후에, 또 한 번의 매각을 통해 원금과 이익(경우에 따라서는 손실)을 얻게 되는 간단한 현금흐름을 보여준다. 따라서 IRR이 여러 개 나타날 가능성은 거의 없는 편[120]이다.

---

[120] 반대로 최초 매입 이후에 비교적 큰 규모의 지분 투자(equity contribution)가 있는 개발사업에선 IRR을 계산할 때 유의해야 한다.

오히려 투자금 회수 기간에 따른 민감도가 큰 편으로, 매각 시점이 변동됨에 따라 IRR이 비교적 크게 변할 수 있다.

IRR을 계산하는 대상 숫자는, 모든 비용 – OPEX, entity tax, CAPEX, LC, TI, AMC fee 등 – 을 차감한 이후 주주에게 최종으로 귀속되는 현금흐름(After Tax Cash Flow, ATCF)을 기준으로 계산되어야 한다.

부동산 투자 시 현금흐름을 추정할 때는 월별 현금흐름을 기본으로 하되, IRR계산은 분기별 현금흐름을 기준으로 작성하는 것이 바람직하다. 이는 주주 배당의 기준이 월이 아닌 분기(또는 6개월, 12개월) 이상의 기간으로 이루어지기 때문이다. 즉 3개월간의 현금 유출입을 모아서 이를 결산한 후, 주주 배당금을 결정하는 것이 보다 합리적이고 이것이 실제 통용되고 있다.

참고로 이는 hard asset office, 즉 일반적으로 임차인이 있어서 운영되고 있는 오피스로써 재개발 또는 리모델링이 필요 없는 경우에 해당되는 것이고, 10년 이상의 장기 임대차를 가정하거나 개발사업같이 월별 현금흐름이 크게 의미 없는 경우에는 월별 현금흐름을 작성하지 않을 수 있다.

엑셀로 월별 현금흐름에서 분기 또는 연간 현금흐름을 만들 때는, 각 셀을 일일이 끌고 오지 말고, 각 행별 최고 위 칸에 매월에 해당되는 column에 개별 숫자를 부여하고 이를 함수를 걸어서 자동으로 읽어올 수 있도록 만들어야 틀리지 않을 수 있다.

사소한 것이지만 원단위가 아닌 천 원 또는 백만 단위의 숫자값에서 IRR을 계산하도록 해야 한다. 이는 엑셀에서 원단위의 값을 가지면 수천억 원이 넘기 때문에 IRR 값이 제대로 계산되지 않는 경우가 있기 때문이다.

그리고 투자 시점은 최초 기간보다 한 시점 앞서는 시점이 되어야 하며 이를 'T0 시점'이라 한다.

NPV

NPV는 Net Present Value의 약자로 순현재가치라고 한다. 아래 공식에서 따라, 각 현금 흐름을 현재가치로 할인해 합하면 순현재가치를 구할 수 있다.

$$NPV = \sum_{t=1}^{N} \frac{C_t}{(1+r)^t} - C_0 \quad \text{또는} \quad NPV = \sum_{t=0}^{N} \frac{C_t}{(1+r)^t}$$

t : 현금 흐름의 기간
N : 사업의 전체 기간
r : 할인율
C_t : 시간 t에서의 순현금흐름
C_0 : 투하자본(투자액)

참고로 부동산 투자 의사 결정에서는 NPV보다 대부분 IRR을 판단기준으로 사용한다. 그 이유로 생각되는 것은 1) 자산운용 특성상 이자율(또는 요구수익률)이 중심이 되는 의사 결정을 하기 때문이며, 2) NPV는 프로젝트의 크고 작음에 따라 NPV가 달라질 수 있는데 비해, IRR은 일관된 기준을 갖고 판단할 수 있기 때문이다.

NPV를 계산하는 데 가장 고민이 되는 점은 할인율을 어떻게 산정해야 하는지, 할인율을 얼마로 하는 것이 적절한지에 대한 내용이다. 이는 어느 기초 현금흐름을 할인할 것인지에 대한 고민에서부터 시작되는데, IRR과 같은 line인 최종 주주배당현금흐름(ATCF)을 기준으로 한다면, 주주의 내부 목표 수익률(equity yield)이 그 대상이 될 것이다.

그런데 서로 다른 주주가 한 프로젝트에 같이 지분 투자자(equity investor)로 참여되어 있다면 각기 다른 할인율을 적용해야 하는지 고민이 될 수 있다. 이 경우에는 각 주주별 배당 후 현금흐름을 따로 나눈 후에 NPV값을 정할 수 있는 내부할인율이 있는 주주에 대해서만 그 주주에게 해당되는 가치만큼의 NPV를 계산하는 것이 바람직해 보인다. 따라서 프로젝트 전체의 NPV는 여러 투자자가 있을 경우엔 나타나기 어려운 측면도 있다.

개별투자자의 할인율을 사용하지 않고 회사에 적용 가능한 단일 할인율을 적용한다고 가정할 때 그 할인율을 어떻게 구하는지에 대해서도 충분한 검토가 필요하다. 좀 더 깊이 이야기하면, 가중평균자본비용(Weighted Average Cost of Capital, WACC)을 할인율로 사용하기 위해 그 프로젝트에 적용된 유동화전문회사(Special Purpose Company, SPC)의 대출비율을 구한다 하더라도, 지분 투자자의 요구수익률에 대해서는 여전히 가정하기 어려운 면이 있다. 한 회계법인이 리츠회사의 평가에서 WACC에 적용되는 자기자본수익률을 구하기 위해 상장 리츠

회사의 평균 수익률을 적용하려는 시도를 한 적이 있었다. 분명히 이 접근 방법은 기업가치평가에서 사용되는 방법이지만, 부동산 투자 회사의 평가에 있어서는 그대로 적용하기 어려운 점이 있다. 부동산 투자 회사에 투자한 주주의 요구수익률이 시장과 다른 경우, 이미 지분투자 손실을 인식하고 있어서 매우 낮거나 반대로 요구 수익률이 매우 높을 때 모두 WACC 자체가 크게 변동 가능해 부동산 투자 회사의 가치 자체를 의미 없게 만들 가능성이 있다는 것이다. 즉 상장 리츠회사의 시장성 혹은 대표성이 주식 시장만큼 좋지 못하기 때문에 발생하는 오류라고 볼 수 있다.

NPV는 할인율 가정에 따른 불확실성의 증대 또는 할인율에 대한 가정이 하나 더 필요하다는 이유 때문에 IRR보다는 범용적으로 사용되긴 어렵지만, 투자 규모에 따른 숫자 또는 현재 가치에 대한 고려[121]가 가능한 점 때문에 여전히 각광받는 성과지표가 된다.

즉 단일 프로젝트가 아닌 여러 개의 자산에 투자한 포트폴리오를 운영하는 입장에서는 IRR과 지분 투자 금액(equity contribution amount)의 표시만으로는 현재의 투자 결과를 한눈에 알기 어렵다. 따라서 이럴 경우엔 각 자산(asset)특성별, 지역(location)별 특성을 고려한 할인율을 정하고 이것이 적용된 NPV를 개별 프로젝트마다 구한 후 이를 합산해 포트폴리오 전체의 현재 상태(규모)를 정확히 파악할 수 있는 장점이 있다.

---

[121] 당연히 현재 총자산 가치(asset under management)를 결정하는 데 가장 좋은 값이 된다.

좀 더 생각해볼 점은, 'NPV=0'인 사업에 투자 의사 결정이 이뤄질 수 있을까 하는 질문[122]이다. 이론적으로는 NPV=0인 프로젝트는 투자하는 것이 바람직하다. 왜냐하면 자신의 요구수익률과 동일하게 현금흐름을 가져올 수 있기 때문이다. 그렇다면 좀 더 나아가 IRR의 경우엔 어떠할까? IRR로 의사 결정을 하게 된다면, IRR 용어 정의에 따른 NPV=0이 되는 할인율이 IRR이기 때문에 IRR의 의사 결정은 항상 NPV에서 사용하는 요구수익률보다 같거나 크게 마련이다. 오히려, IRR은 운영기간 동안 IRR과 동일한 – 즉 요구수익률보다 높은 IRR로써 매년 재투자가 이뤄진다는 가정이 되기 때문에, IRR이 결국 최소 요구수익률 보다 높게 시현된다면 운영기간 동안 줄곧 상당히 높은 수익을 시현한 것으로 평가되는 것[123]이 타당할 것이다.

Multiple

여러 기관별로 주요 성과지표를 가지고 있겠지만, 투자 의사 결정 시 고려될 수 있는 가장 중요한 지표 2가지를 꼽는다면 IRR과 equity multiple일 것이다. IRR이 다른 성과지표보다 우수한 이유는 잘 알려져 있지만, equity multiple은 상대적으로 그렇지 않지만 매우 단순하면서도 명쾌한 투자의사 결정을 내릴 수 있는 tool이 될 수 있다.

Equity multiple은 내가 얼마를 넣어서 몇 배를 벌 수 있는지 시간가치에 관계없이 직관적으로 말해주는 값이다. 사실 부동산 투자라는 것

---

122) 물론 NPV를 계산할 때 필요한 자신의 할인율(요구수익률)을 시장위험 등을 완벽하게 고려해 사전적으로 알 수 있다는 가정이다.
123) 왜냐하면 여러 프로젝트 중 IRR이 가장 높거나 최소한 우수한 프로젝트를 선택하게 될 것인데, 그 프로젝트에서 선택된 IRR로써 매년 그만큼의 재투자를 이뤄냈다는 뜻이기 때문이다.

이 투자 회수 기간에 따른 수익률 변동이 있을 수 있겠지만 이것은 어디까지나 이상적인 시나리오에 의한 것이고, 시장 변동 상황에 따라 매각 시점 등이 계속 변할 수밖에 없는 것이 당연하다. 따라서 투자 의사 결정에 있어서 일관된 정책 중 하나가 '나는 투자금의 몇 배를 벌면 만족하겠다'라는 이야기가 될 수 있고, 이는 투자 전략(game plan)을 수립하는 데 상당히 의미 있는 기준이 될 수 있다.

예를 들어, IRR 15%에 multiple 2.5x를 5년간 보유기간(holding period)을 가정해 예상(projection)하고 투자를 실행했으며, 3년 후 매각해 IRR 17%, multiple 2.0x을 달성하게 되는 경우(a)와 6.5년 후 매각해 IRR 7%, multiple 2.5x를 달성하게 되는 경우(b)의 2가지 결과를 생각해보자.

만일 IRR만 기준으로 삼은 경우는 (a)만 성공적인 결과를 가져온 것이라고 볼 수 있겠지만, multiple 개념을 갖고 전략을 수행하는 경우 (b)도 꽤 의미 있는 결과를 보여준다.

즉 IRR만 기준으로 성과를 평가하고 전략을 실행하는 경우, 매각 시점을 놓치거나 시장상황이 변하고 있을 때 game plan – 즉 exit strategy를 세우기 어렵다. 거의 모든 상황이 IRR의 크기가 얼마나 작게 낮아지는지에 대해 의사 결정을 할 수밖엔 없기 때문이다.

그렇지만 부동산의 경우 cycle business인 경우가 많아서 반드시 시간적인 의사 결정보다는 원본 회수 가능성 또는 몇 배를 단순히 벌어들일 수 있는지에 대한 의사기준이 – 특히 매각 시점의 결정에 있어서 상당히 의미가 있으며, 다양한 자산으로 구성된 portfolio investment를 하는 경우에서 IRR과 더불어 개별 자산별 전략을 세울 수 있는 기준도 될 수 있다.

ROE

국내 기관에서 투자 의사 결정 전 주로 물어보는 것 중 하나가, 매각익[124]을 제외한 배당금만 얼마로 들어오는지에 대한 것이다. 즉 매각 금액을 고려하지 않은 배당수익률만을 요청하는 것인데, 이를 자기자본이익률(Return on Equity, ROE)로 표시하길 원한다. NPV, IRR 모두 매각(exit)이 없으면 결괏값을 추출하기 어렵고, 값을 얻는다 하더라도 매각에 대한 가정에 대해 충분한 공론을 이루기 어려우며 그 금액의 편차가 결괏값에 미치는 영향이 크기 때문에 이를 배제시킨 배당수익률만으로 프로젝트의 안정성을 검토하고자 하는 것이다.

개인적인 생각으로는, 일견 타당한 측면이 있지만 이것이 주요 의사 결정 지표가 될 수 없다고 생각한다.

예를 들어, 시장가격(market price)이 100원이라고 할 때 90원에 매입하는 프로젝트가 있고 110원에 매입하는 프로젝트가 있어 이 2가지 프로젝트가 동일한 현금흐름을 갖고 있다고 생각해보자. 이때에 배당수익률만 따져서는 90원에 매입할 수 있는 기회가 110원에 매입할 수 있는 기회(정확히는 위험)에 비교해 절대 우위 또는 그 우월성을 제대로 평가받을 수 있을 것인가? 물론 100원에 샀을 때의 배당수익률이 5.0%라면, 각각 4.5% 및 5.5%를 보여주기 때문에 90원 매입기회가 좋아 보인다. 하지만 수년 뒤 매각 금액을 가정할 때도 그때의 시장가격은 과거 매입가격과 상관없이 정해져 있는 – 또는 시장에서 주어진 값일 것이고, 이는 90원에 매입할 수 있는 기회가 훨씬 우월할 것이라는 결과를 언제나 지지하기 마련이다.

---

[124] '매각이익' 또는 '매각차익'의 줄임말로 흔히 사용된다.

따라서 운영기간 중의 배당금이 얼마로 정해져 있는지보다, 향후 매각 시 시장에서 지지될 수 있는 주요 가정들에 대해 검증하고 이에 따른 추정 매각값을 정하는 것이 더욱 중요하고 의사 결정 또는 성과평가 지표에 반드시 포함되어야 하는 것이지, 매각(가정이 복잡하고 argument가 될 수 있다는 점에서) 논의를 배제한 채 결정되는 ROE 또는 배당수익률이 성과측량 지표가 되어서는 안 될 것이다.

Going-on yield

통상적으로 투자 후 첫해의 투자 수익률을 말한다. 유사한 개념으로 cash on cash return(yield)을 요청하는 경우도 있는데, 두 값 모두 정확한 정의와 계산식이 있는 내용은 아니다. 오히려 물어보는 쪽에게 어떤 목적의 숫자를 계산해야 하는지 확인하는 것이 더 좋다. 대부분의 경우, 투자한 이후 첫 해의 주주에게 돌아오는 현금흐름(ATCF)의 수익률(ATCF/equity contribution amount)을 요청하는 경우가 많은 편이다.

투자한 당해년도, 즉 차기 연도의 CF에서 매매가를 나누는 성격상 cap rate와 유사한 점이 있어서인지, cap rate 대신 이를 질문하는 경우가 많은데 각기 다른 산식이니 주의를 요한다.

회계적 투자 이익률

ARR(Accounting Rate of Return)이라고 하며, 감가상각비를 차감한 수익률을 말한다.

ARR = Average profit/Average investment [125]

여기에서 연평균 투자액은 잔존가치가 없고, 투자 수명기간 동안 정액법으로 상각함을 가정하고 있는 점 때문에 감가상각이 반영된 수익률을 구할 수 있어서, 부동산 투자에서 이를 고려할 수 있는 성과지표로 여긴다.

간접 투자 기구를 이용해 부동산 투자를 하는 경우에는(감가상각비만큼 초과 배당 가능한 것을 전제하고 있기 때문에) 감가상각을 고려할 필요가 전혀 없지만, 직접 투자를 하는 경우 회사 장부에 부동산이 자산으로 올라가기 때문에 이에 대한 감가상각이 고려된 후의 수익률에 대해 산정 요청을 받을 수도 있다.

따라서 ARR은 이때 고려될 수 있는 성과지표 중 하나이나, 감가상각비만큼 법인세 절감효과가 발생하고, 또 그 절감액의 누적액만큼 매각 시 매각 차익으로 계산되기 때문에 결국 법인세를 그만큼 다시 올리게 되어 결론적으로 법인세 절감효과는 거의 없게 된다. 결국 매각 전까지의 운영기간만 본다면 당기순이익에 영향을 줄 수 있다는 점을 이해하고 있어야 할 것이다.

감가상각비 관련해 토지 – 건물 비율이 감가상각 후 이익률에 큰 영향을 미칠 수 있다. 국내 오피스의 대부분은 토지비율이 높고 건물비율은 상당히 낮은 편이다. 대략 6:4~7:3의 비율이고, 감가상각은 건물에 대해서 40년 또는 50년 정액법으로 적용한다. 따라서 운영기간 중 연간 수익률에 미치는 영향은 30%×1/40=0.75%나 된다.

하지만 해외 부동산에 직접 투자할 경우, 토지 – 건물 비율이 상당히 다른 값으로 움직일 수 있고, 심지어는 토지를 장기 임차해 소유권이 없

---

125) 출처: http://en.wikipedia.org/wiki/Accounting_rate_of_return

는 경우가 상당히 있다. 이 경우 매매금액의 전부가 건물비율로 배분되고, 이 경우의 연간 수익률에 미치는 영향은 1/40=2.5%나 감소시키게 된다. 이는 감가상각 전 투자 수익률이 7%라고 가정한다면, 이를 4.5%로 크게 낮추는 결과를 가져올 수도 있음을 의미한다.

따라서 직접 투자 시 장부에 미치는 영향까지도 고려해 투자 전 검토가 이뤄져야 할 것이다.

수익률 계산 시 고려사항

수익률(return)을 계산하기 위해 몇 가지 유의할 점에 대해 알아보면 다음과 같다.

단위의 통일

Rentroll은 '원' 단위로 표시되지만, 현금흐름표에서는 '천 원' 단위로 변경하는 등 필요에 따라 단위를 바꾸는 경우가 있다. 반드시 표 우측 상단에 단위 unit을 명기해 혼동되지 않도록 해야 한다.

한 가지 특기할 것은 엑셀에서 IRR을 계산할 때 '원' 단위로 하는 경우 계산이 되지 않거나 잘못된 값을 나타내는 경우가 종종 있다. 이 경우를 방지하기 위해서, IRR을 계산할 때엔 천 원 단위 또는 백만 원 단위로 변환해 계산하도록 한다.

부호의 통일

현금이 유입되면 +, 유출되면 -로 표시될 수 있게 통일해야 한다. 당연하게 보이지만, 그렇지 않을 수 있는 것이, 비용항목만 열거한 table에서는 이를 양(+)의 숫자로 표시하고 있는 경우가 대부분이기 때문이다. 하나의 엑셀 파일에서는 각 item별 부호가 바뀌지 않도록 일치시키도록 한다. 따라서 합산하는 표에서는 각 행마다 +로만 연결되는 것이고, 어느 항목이 비용이라고 해서 −로 연결하는 경우가 발생되어선 안 된다.

이를 지키지 않는 경우, 많은 숫자들 사이에서 덧셈 뺄셈이 반대로 되어 숫자가 아주 다르게 나올 수 있다.

소수점 통일

IRR, multiple은 소수점 첫 번째 자리까지 사용하고, cap rate는 둘째 자리까지 25bps 단위로 사용하는 것이 일반적이다.

수정내용의 기록

모델링(modeling)을 할 때 엑셀 파일은 계속 수정(update)되어 수십 번을 넘는 경우가 보통이다. 각 엑셀파일이 수정될 때마다 파일 이름 뒤에 v12처럼 version관리를 해야 한다.

또한 엑셀파일 안에서도 각 version마다 수정된 사항을 기록하는 log event를 만들어서 언제 어떻게 내용이 변경되었음은 물론 이것이 최종 수익률에 어떻게 영향을 미쳤는지 기록해야 한다.

특히 보고서에 인용된 숫자에 대한 version관리는 보다 철저하게 할 필요가 있다.

Deemed 부가가치세

간주부가세란 부동산 임대용역을 제공하는 자가 보증금을 받은 경우, 이에 대해 납부하는 부가세를 의미한다. 이와 유사한 것이 간주임대료인데 이는 보증금에 대해 부과하는 세금, 소득세가 간주임대료다.

> 간주임대료 및 간주부가세 과세표준
>
> = 보증금 × 과세대상기간일수/365 × 국세청장 고시 이자율[126]

임대인 입장에서는 이 간주부가세를 비용으로 납부해야 하기 때문에, 이를 계산해 분기별 비용 항목으로 넣어주는 것이 필요할 수도 있다.

보증금

기존 임차인의 보증금은 매수인이 임대차계약과 함께 승계받기 때문에, 매매대금에서 차감하고 그 잔액을 매도인에게 지급하게 된다. 그러나 운영기간 중에 임차인의 계약해지 또는 신규임차로 인해 보증금의 유출입이 발생되는 경우, 수익률 계산 시 이를 배당재원-분자에서 고려할 것인지, 아니면 투자금의 증감-분모에서 고려할 것인지 이슈가 될 수 있다.

극단적인 예로 공실률이 100%인 오피스를 매입해 1년 동안 공실률을 0%로 하겠다고 가정일 경우엔, 첫 1년간 보증금 유입 금액을 수익률 ROE 또는 IRR의 증가로 볼 수 있을 것인지에 대한 질문과 같다.

결론적으로는, 보증금의 증감은 지분 투자 금액(equity)의 증감으로 고려[127]하는 것이 맞다. 왜냐하면 수익률(return) 계산은 현금흐름[128]을 기준으로 하기 때문에, 최종 잉여현금흐름(free cash flow)에서 이를 고려될 수 있도록 만드는 것이 좋을 것이다.

---

126) 3.4%. '13. 2. 7일 기획재정부 입법예고 내용 기준
127) 수익률에 직접적으로 영향을 미치는 현금의 유출입이 됨.
128) 재무제표 내 대차대조표 balance sheet에서 보증금은 부채로써 표시되어, 부채의 증가(또는 감소)가 현금흐름에 미치는 영향에 대한 검토가 된다.

예를 들어, 임대차가 종료되어 보증금 상환금액(repayment)이 여유 현금보다 많이 발생한다면, 추가 지분 투자(equity contribution)가 이뤄질 수밖엔 없고 이는 수익률에 직접적 영향을 미치는 것이 당연하다.

반대로 신규 임대로 인한 보증금이 유입되는 경우, 비록 부채가 증가하긴 하지만 지분투자금액의 감소 - 즉 배당을 받는 것(equity distribution)과 동일한 현금흐름을 발생시키게 된다. 즉, 만일 (추가) 차입을 하는 경우에 지분 투자 수익률은 일반적으로 증가하게 되는데 보증금의 유입 또한 같은 효과를 가져온다.

배당기간

기 운영 중인 오피스의 경우엔 5년 운영기간을 가정하면 분기당 배당을 가정하는 것[129]이 일반적이다. 이를 기준해서 분기별 현금흐름을 만들고 이에 대해 IRR 등을 계산하는 것이 필요하다. 월별 현금흐름에서 IRR을 계산하게 된다면, 실제 운영 기간 중 actual data와 projection 사이의 차이를 분석하기에 어려움이 따를 수 있다.

%, %p

'%p'를 한 번이라도 본 적이 있다면 다행이지만, 만일 처음 본다면 분명 예전에 실수를 한 적이 있을 가능성이 매우 높다. %p는 백분율 간의 차이를 나타내는 것이며, 이때 %만 표시하면 틀린 것이다. 예를 들어, '90%와 99%의 차이는 얼마인가?'라는 질문에 대해 '9%'라고 한다면 틀린 것이고 '9%p'라고 답하면 맞는 것[130]이다.

---

[129] 물론 재무 model에서만 분기 현금흐름을 가정하고, 실제는 반년마다 배당을 하는 것으로 쉽게 만들 수도 있다.

[130] 또는 '10% 차이'라고 해도 맞는 결과이지만, 대부분 이렇게 사용하는 경우는 많지 않다. 참고로 10% 차이는 '10%=99%/90%-1'로 계산된다.

전년대비 비교

전년 값이 100이고 올해 90이라면, 올해는 전년대비 몇% 변동한 것인가? 이것에 대한 답을 올바르게 할 수 있어야 한다. 계산하는 방법은 아래와 같다.

$$(a-b)/b = \%$$

상기 산식을 적용할 때 틀리지 않으려면, 기준이 되는 값을 먼저 정해야 하는데, 주체가 되는 값(a)과 비교대상인 값(b) 두 가지를 정확히 알아야 한다. 주체가 되는 쪽이 분모와 빼는 쪽이다. 이 내용은 반드시 외우도록 하자.

처음 질문에 대한 답은 (90-100)/100 = -10%이다.

좀 더 나아가, 아래 표를 살펴보자.

전년대비 비교 A

'13년도	'14년도	변동율
950	(100)	-111%
(100)	200	-300%
800	1,000	25%

전년대비 비교 B

'13년도	'14년도	변동율
950	(100)	적자전환
(100)	200	흑자전환
800	1,000	25%

상기 표 모두 틀린 것은 아니다. 하지만, A의 변동율은 의미있는 숫자가 아니므로, B와 같이 적는 것이 바람직하다.

2. 환원이율(Capital Rate)

Cap rate는 부동산에서만 사용되는 고유의 개념이다. 처음 부동산을 접할 때 가장 어려운 것 중 하나가 이 cap rate이라는 용어다. 환원이율(capitalization rate, cap rate)은 NOI(Net Operating Income)/P.P(Purchase Price)로 계산된다. 즉 연간 NOI를 매매가로 나눈 비율인 것이지 어떤 수익률(yield) 개념이 아니다. 필자 생각에는 수익률 개념으로 자주 오해를 하는 이유가 '환원이율'이라는 국문 번역에 있다고 생각된다. '이율'이 이자율로 생각되어 투자자 입장에서는 수익률을 말하는 것으로 오해되기 쉽기 때문이다. 그런데 왜 모두들 익숙한 개념이 아닌 cap rate를 중요한 매매 지표로 사용하는 것일까? 그 이유는 '자산'에서 발생되는 현금을 '매매가'로 나눈 비율이기 때문에 기타 외부 영향 요인들을 배제한 채 자산의 매매가와 수익력을 직접적이면서도 객관적으로 비교할 수 있기 때문이다.

Capitalization rate에 대한 정의는 아래와 같다.

> Capitalization rate (or "cap rate") is the ratio between the net operating income produced by an asset and its capital cost (the original price paid to buy the asset) or alternatively its current market value.[131]
>
> The overall capitalization rate is defined as "a[n] income rate for a total property interest that reflects the relationship between a single

---

[131] 출처: http://en.wikipedia.org/wiki/Capitalization_rate

year's net operating income and the total property price or value.[132]

Cap rate를 구하기 위해선 NOI를 잘 계산해야 한다. 먼저 큰 그림에서 부동산의 현금흐름은 아래와 같이 차례로 계산된다.

> PGI – Loss & Vacancy = EGI
> EGI – OPEX = NOI
> NOI – DS – Capex – TI – LC – AMC fee = BTCF
> BTCF – Tax = ATCF

약어 해설

PGI : Potential Gross Income(가능조소득)의 약어로 공실률이 0%인 경우, 즉 부동산이 100% 임대되었을 경우 얻을 수 있는 소득을 말한다.

EGI : Effective Gross Income(유효조소득)으로 PGI에서 비어 있는 공간을 제외하고 실제로 임대된 공간으로부터 얻어지는 소득을 말한다.

OPEX : Operating Expenses(영업경비)로 부동산을 유지하는 데 정기적으로 지출되는 비용이다.

DS : Debt Service(이자비용)

Capex : Capital Expenditure(자본적지출)은 비용이 아닌 자산으로 인식될 수 있는 자본의 집행-투자를 의미한다. 따라서 자산의 일부 취득으로 보아 취득세 부담 여부를 고려해야 하고 투자 금액에 대해 내용연수에 따라 감가상각 대상이 되므로 회계적으로도 같이 검토되어야 하는 항목이다. 그렇지

---

[132] 출처: Appraisal Institute, The Appraisal of Real Estate, 12th ed.(Chicago: Appraisal Institute, 2001), 489

만 이는 회계적인 구분일 뿐이고, 실제로는 단일 수선 항목이 1억 원이 넘는 경우로써 비정기적인 비용지출인 때는 CAPEX로 간주해 review를 좀 더 철저히 하는 경우가 대부분이다.

TI : Tenant Improvement(시설물 설치)로 임차인이 자신만의 공간을 꾸밀 수 있도록 임대인이 임차인에게 지원하는 금액을 말한다.

LC : Leasing Commission(임대대행수수료)

AMC fee : Asset Management Company fee(자산관리수수료)는 리츠 또는 부동산 펀드 등의 간접 투자 기구를 사용할 때 발생되는 모든 수수료-사무수탁, 자산보관, 판매회사 등의 수수료-를 포함하며, 단순하게 자산관리회사(asset management company)만의 수수료를 의미하지 않는다.

BTCF : Before Tax Cash Flow(세전현금흐름) 이후 차감하는 세금(Tax)는 대상 자산에 부과되는 세금이 아닌, 주주에게 배당 등으로 현금이 지급되기 이전에 AMC에게 발생되는 세금을 의미한다.

ATCF : After Tax Cash Flow(세후현금흐름)

Cap rate를 계산하기 위한 NOI를 산정할 때 틀리기 쉬운 내용을 정리하면 다음과 같다. 참고로 아래 내용은 DSCR을 계산할 때 필요한 NOI 산정 방법에도 동일하게 적용된다.

1) NOI 계산 시 CAPEX, LC, AMC fee를 차감 항목으로 포함시켜선 안 된다. 즉 Capex, LC, AMC fee를 영업경비(OPEX)라 생각해 차감한 상태의 현금을 NOI로 계산하면 틀린 것이다. 왜냐하면 NOI는 대상 자산의 대출구조 및 이자율(DS결정), 매입형태(AMC fee), 임대여부(LC) 및 자본적지출(Capex)를 고려하지 않고, 자산(property) 자체가 생성하는 현금흐름만을 계산해야 하기 때문이다.

2) NOI는 과거값(historical data)이 아닌, 계산 시점부터 1년 후의 값을 예측(projection)한 것이 되어야 한다. 이 점을 주의해 NOI를 산정한 후, 세금 등 취득부대비용이 고려되지 않은[133] 매매가격으로 나눠주면 제대로 cap rate를 구할 수 있다.

3) 지금 현재의 대상 자산의 NOI가 아닌, 시장에서 구해지는 market NOI를 본 건의 NOI로 계산해야 한다. 왜냐하면 projection 자체에 대해서도 대상 자산의 rentroll(또는 OPEX 등)이 알려진 경우와 그렇지 않은 경우에 따라, 차기 연도의 NOI projection이 크게 바뀔 수 있기 때문이다. 그 상세한 이유는 다음과 같다.

- ✓ 그 정보가 시장 참여자 모두가 알 수 있는 내용이 아니기 때문에[134] 계산된 cap rate는 비교가능성이 낮으며[135]
- ✓ 시장 임대료와 차이 나는 임대료 또는 비용은 결국 시장 가격에 수렴하게 될 것이기 때문이다.

이와 비슷한 논리로 매각 시 적용되는 terminal cap rate를 구하는 데 적용되는 NOI 또한 '시장임대료 및 비용으로 가정된 매각 차기 연도 NOI'를 사용하게 되며, 그때 적용 가능한 cap rate[136]로 나누어 매각가격을 가정하게 된다.

---

133) 이는 NOI를 자산 자체에서 나온 현금흐름만 고려한 이유와 같다.
134) 모든 시장참여자가 알고 있다면 임대조건, 비용 등이 시장 가격과 같을 것이다.
135) 물론 비교되는 모든 자산의 정보에 접근 가능해 모든 cap rate를 같은 방법으로 계산할 수 있다면 이야기는 달라질 수 있다. 하지만 우리가 알고 있는 것은 단일 자산의 rentroll 또는 그 실제 집행 내역(actual data)에 기초한 NOI와 다른 시장에 있는 자산들의 이미 알려진 cap rate들 뿐이다.
136) 매입할 때 적용되는 cap rate과 구별하기 위해 이를 T-cap 또는 Terminal cap rate 이라 부른다.

Cap rate산정과 관련해 정확한 국내의 기준은 정해져 있지 않다. 국토해양부에서 매년 산출하는 투자 수익률[137] 중 임대수익률이 있긴 하지만 이를 엄밀한 의미의 cap rate라고 보기 어렵다. 이런 연유 때문인지, 부동산 시장 조사 기관마다 발표하는 cap rate는 각각 다른 방법으로 계산되어 있고, 따라서 개별 자산의 cap rate는 기관마다 약간씩 다른 값으로 계산된다. 보고서에서는 기관의 고유한 방법으로 계산된 개별 자산의 cap rate를 시장별 평균값으로 뭉뚱그려 발표하고 있는 것이 현실이다. 해외의 경우, 시장에 주어진 정보가 Argus 등의 프로그램을 통해 제공되어 상당히 디테일하고 정확하며, 이는 시장 참여자들이 일정 비용을 지불하고 접근 가능한 데이터베이스 형태로 운영되고 있어서, cap rate 산정 방법 또는 그 값에 대해 의문을 갖기 어려울 정도의 정확한 숫자가 된다.

따라서 매매시장 조사를 할 때는 할 수 없이 자신만의 일관된 방법으로 비교 가능성이 높은 자산의 cap rate를 다시 산정할 필요가 있다.

Cap rate를 구하기 위해 시장에서 접근 가능한 정보는 기준층 임대료와 매매가 정도이고, 그 이상의 정보가 있다면 보다 정확한 cap rate를 산정하는 데 도움이 될 수는 있겠지만 비교가능성 측면에서 그리 큰 도움은 되지 못한다.

경우에 따라 비교가능성을 높이기 위해 약간의 개별적인 수정이 있을 수 있지만, 필자가 사용하는 방법은 다음과 같다.

---

[137] 투자 수익률 = 임대수익률+자본수익률 = [1년 NOI/전년도 감정평가액]+[금년도 감정평가액/전년도 감정평가액 − 1]

> Cap rate = {deposit x 1.5% + (monthly rent + CAM x CAM margin) x 12} / P.P.

약어 해설

- ✓ **Cap rate** : Capitalization rate(환원이율)
- ✓ **Deposit** : 보증금. 여기에 곱해지는 연 3.5%는 '연간 보증금 운영이율'이다. 이는 risk free rate로 5년 만기 국고채(risk free rate) 또는 이의 일정 기간의 평균값 등을 사용할 수도 있다. 저금리 기조를 반영해 이를 낮추는 것도 필요할 수도 있으며, 이것이 단일 비교표 내에서 같은 값으로만 사용된다면 비교 가능성은 유지될 것이다. 하지만 매우 다른 시점의 서로 다른 asset별 cap rate를 비교할 때는 금리 차를 검토할 수도 있을 것이다. 또한 3.5% 대신 투자자 요구수익률을 넣어야 하는 것 아니냐는 질문 혹은 아예 고려하지 않아야 하는 것이 아니냐는 질문이 있을 수 있다. 즉 다른 프로젝트에 투자하는 수준 정도의 수익률은 올려야 한다는 논리에서 투자자 요구수익률을 적용해야 한다거나 매매 시 보증금만큼은 차감해 실제 투자금액을 지급하게 되므로 그 보증금만큼의 연간 운영이익으로 가져갈 수 없다는 논리도 가능할 것이다. 하지만 비교 가능성 측면에서 이를 적용하는 것은 역시나 적절하지 않은 것으로 보인다. 시장 임대료에서 결정되는 것이 아닌 투자자마다 다른 보증금 운용이익을 계산한다는 것은 거의 불가능한 일이기 때문이다.
- ✓ **Monthly rent** : 보증금을 포함해 모든 숫자는 단위면적당 시장가격(임대료,보증금, 관리비)을 넣는다. 임대료는 effective rent[138])가 아닌 face rent를 기준으로 한

---

138) Effective rent는 '실질임대료'라는 표현을 쓰기도 하는데, face rent에서 연간 적용되는 free rent를 차감 계산한 값을 의미한다. 예를 들어, face rent가 12만 원이고 free rent가 5개월/연 제공되며 10년의 임대차계약기간이라면 effective rent는 11.5만 원(=12만 원×(12×10-5)/(12×10))이 된다.

다. 그 이유 역시 비교 가능성인데, 본 건 이외의 다른 오피스 매매사례에서 매번 effective rent를 구해낼 방법도 없을 뿐만 아니라 매 임차사마다 다른 수준의 혜택(favor)이 제공될 수 있기 때문에 어느 하나의 값으로 통일시킬 수도 없고 그 제공되는 내용 또한 지속적일 수 없기 때문이다.

- ✓ **CAM** : common area maintenance fee(관리비)인데, CAM margin(관리비 이익)은 일반적인 A class office의 경우 약 25% 내외가 된다. 관리비 OPEX는 여름·겨울이 높고 봄이 제일 작은데, 여름과 겨울에는 에어컨 및 냉난방기 사용으로 인해 전기 및 가스 수요가 증가하며, 가을에 해당하는 3/4분기에는 토지 및 건물분 재산세 영향으로 비용이 증가한다. 따라서 연 평균값으로 관리비 운용이익을 고려해야 하고, 관리 주체가 어디인지 관리 수준이 어떠한지에 따라 상당한 변동폭이 있을 수 있다. 그리고 유의해야 할 점은 외부인이 이 관리비 이익률(CAM margin)이 얼마가 되는지 알기 무척 어렵다는 것이다. 따라서 월 관리비가 평당 3만 원 내외의 오피스라면 약 25% 정도가 관리비 지출 후 남는 이익으로 계산될 수 있다고 보면 무방할 것이다.

  해외 프로젝트인 경우, 우리나라의 관리비 징수 및 지출 내용과 상당히 다른데, 임차인에게서 관리비 비용을 받아서 지출하게 되면 임대인에게 남는 이익이 거의 없거나 오히려 얼마 정도는 임대인이 더 지급해야 하는 경우가 더 많은 편이다. 즉 각종 전기, 수도요금과 같은 utility는 물론 tax까지 향후 1년간의 OPEX projection을 통해 임차인의 임차 면적에 따라 배분해서 금액을 청구하고, 연말에 actual data와 비교해 가감하는 개념이 들어간다. 따라서 같은 단가의 월 임대료를 받고 있다고 가정하면, 우리나라는 관리비 이익이 더 포함될 수 있기 때문에 빌딩 자체의 수익력은 조금 더 높은 편으로 생각될 수 있다.

- ✓ **P.P.** : 매매가 Purchase Price이며, 단위면적당 매매단가를 사용해야 cap rate를 일관되게 구할 수 있다.

3. 차입의 효과

차입, 대출을 받는 것은 gearing 또는 leverage effect를 향유하기 위함인데, positive leverage라고 하면 지분 투자 수익률(ROE)보다 낮은 금리로 차입을 함으로써 투자자(equity investor)에게 보다 높은 효과를 가져오는 것을 의미한다.

대출금리가 일정할 경우, 주택담보대출(Loan to Value, LTV)이 높아지면 높아질수록 지분 투자자에게 돌아오는 수익률은 급격히 상승하게 된다.

LTV에 따른 투자수익률 그래프

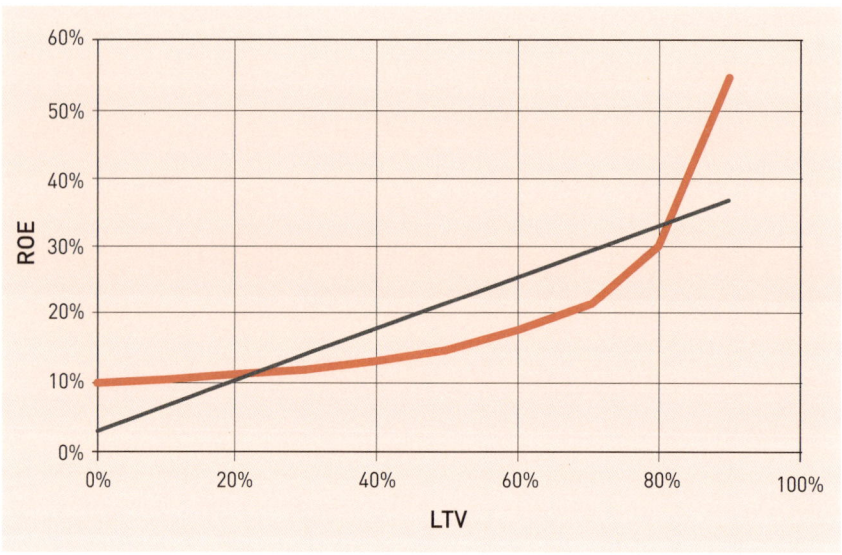

현금흐름(cash flow)을 가정할 때, 차입 여부에 따른 unlevered CF와 levered CF를 동시에 작성해 지분 투자 수익률(equity return)의 변화에 대해 검토할 수 있어야 한다.

대출금액의 결정

일반적으로 오피스 매입 시 선순위 담보대출 비율은 담보가치의 2/3(66%)를 넘지 못한다. 대출금액과 관련된 주요 내용을 정리하면 아래와 같다.

- 매매가의 66%가 아닌 담보가격의 66%임 [139]
- 대출금액을 산정할 때엔 선순위 채무 [140]을 포함해 총 가능 대출금액을 산정함
- 66% LTV 이하의 대출을 선순위담보대출로 해결하고 이를 넘는 대출을 일으키곤 하는데, 이를 '후순위대출' [141]이라 한다. 이 경우 선순위 대주와의 이해상충 방지를 위해 subordinated loan document 이외에도 ICA(Inter Creditor Agreement)를 작성함 [142]
- 추가 담보대출을 일으킬 경우엔 기존 대출을 일으킬 때 설정한 설정금액 이후에 근저당을 설정하게 되어 LTV기준을 넘어서는 경우가 발생할 수 있음

만일 후순위 대주가 기존 선순위 대주와 다른 경우 선순위 대주가 설정한 근저당 이후에 후순위 대출이 일어나게 된다.

다음 예시는, 시세가 1,500억 원[143]인 부동산에서 기존 임대차보증금 60억 원 및 선순위 담보대출금액 600억 원이 있을 경우에 후순위 차입[144]이 얼마가 될 수 있는지 간략히 계산한 것이다.

---

139) 담보가격은 대주가 선정한 감정평가업자가 평가한 담보평가금액으로 결정된다.
140) 임대차보증금에 따른 근저당 또는 전세권 등을 의미한다.
141) mezzanine loan 혹은 mezz loan이라고도 한다.
142) 높은 LTV로 대출이 일어나 mezz lender입장에서는 선순위 대주의 환가방법 결정 등에서 선순위 대주와 이해관계가 일치하지 않을 수 있다.
143) 실제로 시세가 담보평가금액과 일치하는 경우는 많지 않다. 금융권에서는 시세의 일정 %에 대해 대출비율을 정하는 것이 아니라 자체의 담보평가금액 기준에서 LTV를 정해서 대출규모를 정하게 된다.
144) 후순위 차입금 LTV는 일반적인 선순위 대출금의 한도인 약 66%를 가정했다.

a) 선순위 설정금액 = 600억 원×130% = 780억 원
b) 임대차보증금 60억 원
c) 선순위 설정금액 = 780+60 = 840억 원
d) 후순위 최대 담보대출금액 = 990억 원(=1,500억원×66%)-840억 원
   = 150억 원

따라서 이 경우 후순위 최대 담보대출금액은 150억 원이 된다.

만일 후순위 대출금액이 선순위 설정금액으로 인해 부족한 경우, 1)선순위를 모두 상환하고 신규 대출[145]을 일으키든지, 아니면 2)선순위와 같은 은행에서 근저당설정금액을 늘여서 대출을 더 받거나,[146] 3)대출채권 양수도를 통해 선순위 채권을 후순위 대주가 양수받고, 선순위 이후에 담보권을 추가로 설정하는 방법이 있다.

후순위 대출을 실행할 때 유의할 점은 기존 임대차보증금의 설정(전세권 또는 근저당권)과 선·후순위가 바뀔 수 있으므로 임차인의 동의도 필요한 점을 알고 있어야 한다.

4. 매각가격의 결정

일반적으로 부동산 투자에서는 5년[147]의 운영기간이 끝난 후 5년 차 말에 매각한다는 가정을 한다. 이때 5년 차 말에 가정되는 매각가격[148]

---

145) 이 경우엔 조기상환수수료가 없는지 확인해야 한다. 일반적으로 3년 내 refinancing을 하는 경우 1.5%의 조기상황수수료가 패널티로써 발생한다.
146) 이 경우엔 근저당 설정 비용이 다시 발생한다.
147) 초기 공실로 인해 임대안정화 기간이 초반에 많이 필요한 경우, 충분한 안정화 기간 이후 매각하는 가정을 갖게 되어 7년짜리 model도 만들어지기도 한다.
148) 매각가격은 exit price, disposition value, terminal value와 같이 다양한 표현이 사용될 수 있다.

은 어떻게 결정하는 것이 좋을까.

자산 가치를 산정하는 여러 방법이 있겠지만, 가장 많이 사용하는 방법은 6년 차[149] NOI를 cap rate[150]으로 나누어 산정하는 직접환원법(direct capitalization method)을 사용한다.

6년 차 NOI를 사용하는 이유는 매각 시 매수자의 입장에서는 인수 후 갖게 되는 최초 1년간의 예상 NOI에 cap rate를 적용해 매입가를 결정할 수 있기 때문이다.

매각 시 적용되는 NOI는 6년 차의 임대차 현황에서 나오는 현금흐름이 아니라, 시장에서 구해지는 현금흐름을 기준으로 한다. 예를 들어, 현재 임대차현황에 따라 6년 차의 CF가 단위면적당 10만 원으로 projection된다 하더라도, 시장 임대료가 단위면적당 8만 원 또는 이와 반대로 12만 원이라면, 이 시장임대료를 기준으로 한 NOI를 기준해야 한다.

그 이유는 현 임대상황 in-place rent는 시장상황과 차이(variance)를 보일 수 있기 때문인데, 1) 매매하면서 또는 매각 이후에 일정 시간이 흐르면 결국 시장값과 같아지게 될 것이며, 2) 매수하는 사람은 최고의 가격으로 제안하는 것이기 때문에 최고최선의 이용상황인 시장 임대료로 운영할 수 있을 것이라고 가정하기 때문이다. 따라서 이를 고려할 때 시장임대료와 가정대로 적용된 NOI를 새로 산정하는 것이 바람직하다.[151]

---

[149] 이처럼 차기 연도의 NOI를 사용하는 것을 forwarding NOI를 적용했다고 하며, 만일 당해년도, 여기에선 5년 차 NOI를 사용하는 경우엔 trailing NOI를 적용했다고 한다.
[150] 이때 적용되는 cap rate는 매입할 때 고려되는 cap rate와 차이를 두기 위해, Terminal cap(줄여서 T-cap)이라 한다.
[151] 한 임차인이 장기 임대차 계약을 체결한 master lease되어 있고 이 계약기간이 많이 남아 있는 경우에는 예외이며, 이 경우엔 in-place rent기준으로 projection한 6년 차 NOI로 계산할 수 있을 것이다.

5. 오피스 개발사업의 개략적 수익성 분석

이미 지어져 있는 오피스[152]에 대한 투자 검토 외에도, 신축부터 오피스 개발사업을 검토할 경우가 많다.

토지작업이 덜 된 상태에서 개략적으로 사업성 검토를 하는 경우도 상당히 많은데, 여기에서 이 방법에 대해 살펴보기로 한다.

기초 용어 정리

건부감가

개발사업이라 함은 현재 있는 건물을 철거하고 맨땅에 신축을 하는 것을 의미하기 때문에, 현재 토지 위에 있는 현재 있는 건물의 가치가 오히려 (-)가치를 갖게 된다. 왜냐하면 나지[153]상태를 만들고 난 후에야 공사를 시작하는데, 이를 위해서는 현재 건축물을 멸실·철거해야 하기 때문에 철거비 및 철거 기간이 소요된다. 따라서 건물이 있는 것이 나지상태의 토지가치보다 더 작게 되고 이 차이를 '건부감가'라 한다.

> 나지가치 = 현재 토지가격 − 건물 철거비(=건부감가)

이자비용

토지를 매입하고 건물을 짓는 데 최소 2년 정도가 걸린다. 이때 간과하기 쉬운 것이 토지 취득금액+공사비에 대한 차입이 있을 수 있으며, 이에 대한 이자비용을 취득원가에 고려해야 한다.

---

152) 이를 hard asset이라 부르기도 한다.
153) 맨땅, vacant land, 지상 건축물이 없는 완전한 빈 땅을 의미한다.

외부 차입 없이 자기자금만으로 토지 취득 및 공사비 등을 조달한다 해도 가상의 이자비용을 포함해야 하는데, 이는 자기 자금에 대한 기회비용을 고려하는 것일 수도 있지만 시장 가격과 맞추기 위함이 더 큰 이유가 된다.

왜냐하면 '준공 시점의 가격'은 시장에서 통용되는 가격과 바로 비교되어야 하기 때문에, 일반적으로 사용되는 수준의 이자비용은 고려하는 것이 맞다. 예를 들어, 외부 차입 여부에 따라 프로젝트의 원가가 달라지고 이에 따라 준공 시 가격이 달라진다면 이는 가치 산정 기준이라 말하기 어려울 것이다.

가치 산정에서 3방식 중 원가방식의 접근에 해당하는 방법을 사용함에 있어, 자신의 자본구조에 따른 개별적 원가를 고려할 수도 있겠지만, 시장에서 통용되는 일반적인 대출 구조를 사용하는 것이 보다 정확한 시장가격에 맞는 접근이 될 것이다.

오피스 신축원가 계산

본격적으로 오피스 신축원가를 계략적으로 계산해보자. 물론 모델 등을 이용해 거창하게 계산할 수 있겠지만, 어림 계산(rule of thumb)한 경우가 더 정확할 때도 있고, 간단히 계산하는 것만으로도 충분한 경우도 상당히 많다.

평당 오피스 원가 = 평당 토지비 + 평당 공사비 + 평당 부대비용

✓ **평당 토지비** = 평당 토지비(철거비 포함)/(허용용적률/80%)

Chapter 05 투자 분석(Financial Analysis)

✓ 평당 공사비 = 450~500만 원/평

✓ 평당 부대비용 = 이자비용 + 공사부대비용

= (토지비×7%×2년+공사비×7%×1년)+공사비×20%

= (토지비+공사비)×10~15% (*개인적으로는 12%를 사용함)

[예시]
철거비 포함한 토지비로 평당 1.2억 원에 매입하려는 토지가 있고, 여기의 허용용적률[154]은 800%일 때 오피스 연면적당 원가는?

$$\{120,000/(800\%/80\%) + 5,000\} \times 1.12 = 1,900만 원/평$$

평당 오피스 원가가 나오면, 인근 유사 사례[155]에 비교해본 건 가격의 높고 낮음을 알 수 있다.

도심재개발사업

오피스 신축에는 많은 인·허가가 수반되어 절차가 매우 복잡하다. 특히 개발 중인 오피스에 대한 투자 분석을 할 때, 인·허가 단계 중 어디까지 진행되었으며 무엇이 남았는지 아는 것이 중요하다. 이에 도심재개발사업의 절차에 대해 아주 간략히 살펴보기로 한다.

단독 필지를 매입해 신축하는 경우도 있지만, 도심 내 대부분은 도시 및 주거환경 정비법에 따라 시행사가 별도로 지정되어 토지가 공급된

---

154) 기준용적률이 아닌 허용용적률이며, 이는 토지이용계획확인원에 나와 있음.
155) 기존 매매 사례는 RCA, 신영에셋, 젠스타, Savills 등에서 각자 raw data를 관리하고 있으며, 임대대행사 등을 통해 이 자료에 접근 가능한 경우가 많다.

후에 공사가 진행되는 경우가 대부분이다. 이때 필요한 인허가 절차는 크게 구역지정 – 관리처분계획인가 – 사업시행인가의 3단계로 구분할 수 있다. 각 단계마다 짧게는 6개월에서 1년 정도 소요되며, 이를 모두 마쳐야 건축허가를 받아 착공할 수 있게 된다.

유의할 점은 아래와 같다.

- 사업시행인가 후 1년 이내 착공을 하지 못하면 사업시행인가가 취소될 수 있음
- 사업시행권을 양수받아 사업을 진행하게 되는 경우, asset sale이 아닌 share sale 성격을 갖게 됨. 즉 기존 시행사의 채권/채무를 모두 안고 사업을 양수받게 되는 것이므로, 우발채무에 대한 고려를 충분히 해야 함. 특히 구 도시개발법 9조에 따르면, 기존 사업시행자의 채무까지도 양수 받게끔 되어 있어서, 기존 시행사의 우발채무가 남아있을 수 있으니 매우 주의해야 함.
- 관리처분계획에서 작은 면적의 토지소유자는 수용절차에 따라 현금으로 청산되거나 빌딩 내 구분소유권을 확보하는 분양을 받게 됨. 분양 후에는 지분소유권자로 단독적인 소유권을 인정받게 되는 되는 것이며, 이에 따라 전체적인 임대구성에 차질[156]이 생길 가능성이 있지 않은지 검토되어야 함.

개략 사업성 분석

오피스의 사업성이란, 쉽게 말해서 매매가와 임대가의 비율에서 결정될 수 있다.[157]

---

156) 상업시설 내 MD구성을 했는데 관리처분상 분양된 면적의 소유자가 이에 동의하지 않고 별도로 임대구성을 하는 등의 사례가 있다.
157) 물론 입지·운영방법·매입구조 등에 따라 천차만별이 될 수 있겠지만, 이는 개별적 요인에 해당되어 일반적인 사항은 아니다.

즉 임대료는 비싸고 매매가는 싸게 되면 사업성, 즉 수익성(return)은 올라간다.[158]

예상 매매단가를 알게 된 이후엔, 주어진 정보에 따라 시장임대료를 찾아 사업성을 개략적으로 알 수 있다.

예를 들어, 시장 임대료가 7만 5,000만 원/평이고 본 건이 신축빌딩인 데다가 입지가 더 양호해 약간의 시장 선도를 할 수 있어서 8만 원/평까지 기준임대료를 책정할 수 있다[159]고 가정해보자.

가장 쉬운 분석 방법은 '임대료×2,000 = 매매가'로 결정하는 것이다. 즉 8만 원/평×2,000 → 1,600만 원/평으로 계산된다.

이를 해석하면, 평당 1,600만 원에 매입하는 경우 LTV 60%, 약 5% 후반의 대출을 받아 투자하는 투자자에게는 약 7% 중반의 수익률이 나온다고 예상할 수 있다.

이는 쉽게 암산만으로도 매매가의 적정성을 비교할 수 있다는 장점이 있다. 또한 이보다 매매가가 높아지면 그 비율만큼 적정하게 가감해 수익률을 쉽게 계산할 수 있다. 즉 매입가능단가가 1,800만 원인 경우엔, 약 12.5%[=(18/16-1)%] 높으므로 차입 전 수익률(unlevered return)

---

[158] 물론 수익성만 보게 되면 도심 핵심 지역 내 core office보다 외곽지역의 오피스가 좋아 보이지만 이는 risk-return의 차이지, 당연히 절대적인 우위에 있는 것은 아니다.
[159] 시장임대료 및 본 건의 기준임대료에 대해서는 시장 전문가의 여러 의견을 들어서 결정하는 것이 좋다. 전문가 집단으로는 그 지역에서 오랜 기간 동안 임대차활동을 해왔던 임대 담당자 또는 회사에게 확인하는 것이 가장 좋으며, 필요한 경우 시장 comps를 받을 수도 있으며, 새로운 기회-신규 임차인 모집 등에 대해 서로 원원할 수 있는 사업 기회도 찾을 수 있을 것이다.

기준으로도 12%가량 수익성이 떨어진다. 따라서 상기 asset level cash flow 기준의 수익률인 약 6% 중반에서 12%만큼 떨어뜨리면, 5% 후반이 나오고(6.7%×(1-12.5%)=5.95%) 이는 담보대출 금리(5.8%)보다 고작 15bps 높은 수익률이다.

LTV 60%로 계산하면, 투자자(equity investor)에게 돌아가는 수익률(return)은 약 20bps 남짓에 불과해, 6% 초반 수익률밖에는 가져가지 못한다는 결과가 나오는 것이다.

암산할 때 LTV계산하는 중간 과정은 생략해도 좋고, 간단하게 7% 중반에서 (LTV효과가 있으므로) 12%의 차이보다 조금 더 큰 약 15% 차이 정도를 내리게 되면 실제 계산한 값과 유사하게 된다.

6. 간접 투자 세금정리

다음 표는 각 간접 투자 종류에 따른 세금을 간략하게 비교한 것이다. 정확한 숫자의 비교는 될 수 없지만 머릿속에서 이해하기 쉽도록 개략적으로 정리한 것이다.

매도자가 제공한 자료[160]중 부동산 관련 세금 항목이 어떻게 변동할 수 있는지에 대해 살펴보자. 예를 들어, 매도자가 REF 형태로 갖고 있었던 물건에 대해 직접 투자 형태(PFV)로 매입하게 되는 경우 재산세 토지분이 2배가 증가하고 종합부동산세가 과세됨을 알 수 있다.

---

[160] 직전 1년간 OPEX data

간접 투자/직접 투자 형태별 세금 비교표

단계	내용		직접투자	간접투자			
				ABS	REF	REITs	PFV
취득	취득세		100	50	70	70	50
운영	재산세	건물	100	100	100	100	100
		토지	100	100	50	50	100
	종합부동산세		100	100	0	0	100
처분	양도세		법인세	투자자로서는 배당소득에 대한 법인세 부과로 직접투자와 동일한 효과			

✓ **취득세** : '14년도 말 취득세 감면혜택이 종료되어, 상기 감면비율은 최신 법령 등 확인 필요함. 단, 고급주택은 감면 배제되며 3배 중과규정 적용됨.

✓ **재산세** : 토지의 경우, 저율 분리과세 0.2% 및 별도 합산과세 0.4%이기 때문에, 2배 차이로 계산했음. REF와 REITs 토지에 감면이 있는 것처럼 보이는 것은 분리과세되기 때문임. 재산세가 분리과세되면 종부세가 없으며, 재산세가 별도 합산되면 종부세도 별도 합산됨.

✓ **종합부동산세** : 종합부동산세는 있거나 없거나(all or nothing)임. REF의 경우 종합부동산세 부과가 가능함. 별도합산토지에 해당하는 토지만 분리과세 적용하고 초과분은 종합합산함.

✓ **양도세** : 양도세는 직접투자와 간접투자를 나누지 않고 모두 최종 투자자의 법인세(24.2%)로 과세됨. 우리나라에선 양도세라는 세금이 따로 없고 모두 법인세 과표에 포함되는데, 소득공제[161]라는 제도를 이용해 간접투자기구의 세금이 공제됨. 하

---

161) 배당가능이익의 90% 이상을 배당 처분하면 과표전액에 대해 세금공제를 받는다.

지만 최종적으로는 주주는 배당을 받은 금액에 대해 배당소득세(법인세)가 과세됨. 또한 REF는 회사가 아니라 법인세가 없지만, PFV의 경우 과표의 10%에 대해서는 법인세가 부과됨. REF를 제외한 vehicle들은 회사 형태라 상법의 지배를 받음. 상법에 따르면 배당액의 10%를 이익준비금이라는 항목으로 유보하도록 되어 있음. 즉 배당할 수 있는 이익의 10%만큼은 배당으로 처분하지 못함에 따라 이익의 90%만 소득공제를 받게 됨. 그러나 ABS/REITs는 특별법으로 그 근거가 마련되어 있고 상법에 의해 이익준비금 유보의무가 면제됨. 그러나 PFV는 법인세법에 규정되어 그러한 면제규정이 없어 이익의 10%에 대해서는 세금을 내게 됨.

A manual for Real Estate Investment & Management

chapter
06

운영

(Operation)

chapter 06 운영
(Operation)

 상업용 부동산의 운영[162]은 매입절차 종결 직후부터 진행된다. 즉 소유권 이전 직후부터 즉각적인 운영이 개시되어야 하고, 매매로 인해서 빌딩 유지 및 관리에 있어 끊김이 있지 않아야 하는 것이다.
 따라서 매입 전부터 소유권 이전 직후 운영할 수 있는 운영인력을 미리 준비하는 것은 물론 차기 연도의 사업계획(business plan)을 구체적으로 작성[163]해놓는 것이 필요하다.

 부동산 운영은 넓은 범위를 갖고 있으며, 크게 임대차(leasing)관리, 빌딩관리(property management), 회계(accounting)로 나누어볼 수 있다. Asset management team내에서도 각 업무 영역(scope)에 따라 구분되어 별도의 인력이 구성되는 경우도 있다.

---

162) 일반적으로 '자산운용' 또는 'asset management'라고 하며, 줄여서 'AM업무'라고 하는 경우가 많다.
163) 포함되어야 할 주요 내용으로는 매입할 때 가정한 임대료 등 임대차조건 또는 schedule, OPEX 및 CAPEX 가정, 차입금리 등이 있다.

1. 관련 용어 정리

운영(operating management)에서 주로 사용되는 용어를 설명해보면 아래와 같다. 크게 임대차(leasing)부분과 빌딩관리(property management)에서 사용되는 용어를 정리했다.

임대차(Leasing)

Step up

'중도인상'이라는 표현을 사용한다. 예를 들어 총 2년간의 임대차 계약기간인 경우, 1년이 지나서 임대료가 조정될 때 'step up', 즉 '중도인상'이라고 한다.

Step up에 사용되는 인상률은 보통 3%(3.5%) 또는 CPI(소비자물가상승률) 중 높은 값을 적용하는 경우가 많다.

그런데 소비자물가지수인 CPI를 적용하는 것이 정말 맞는 관행인지 생각해볼 필요가 있다. 왜냐하면 OPEX를 차지하는 비중은 전기, 가스료 등 생산자 물가와 연관이 깊기 때문이다.

그리고 CPI를 언제 시점부터 언제 시점까지의 상승률로 계산할 것인지 명확히 해두는 것이 좋다. 이는 월별 지수만 발표될 뿐 어느 시점을 기준으로 할 것인지에 대해 불명확한 경우가 많기 때문이다. 즉 직전년도 평균을 사용할지 아니면 12월 기준으로 할지에 대해 규정을 명확히 하는 것이 분쟁을 줄일 수 있는 방법이다.

보증금의 경우엔 step up을 적용하지 않는 경우가 있다. 즉 임대료·관리비만 step up으로 정해진 요율 – 예를 들어, 3% 증액하고 보증금은 올려 받지 않는 것이다. 이는 어차피 보증금이 임대차 종료 시 반환되는 데다가 증액되는 금액이 크지 않기 때문이다. 게다가 보증금을 더 받는 경우, 보증금에 대한 근저당 또는 전세권 금액을 올려줘야 한다. 작은 금액의 증액을 위해 근저당 변경을 하기에는 비용이 만만치 않으며, 후순위 권리자[164]의 이해관계 또한 고려해야 하기 때문에 보증금은 step up하지 않는다.

Turn over

임대차종료 후 기존임차인이 나가는 것을 의미한다. Turn over ratio는 연면적 대비 임대차가 종료되는 임차면적의 비율을 말한다.

Downtime

임대차종료 후 다음 임차인이 들어올 때까지의 기간을 말한다. 예를 들어 '4개월 downtime'을 가정하고 여기에 70%라면, 4개월 동안 임대료는 70%만 들어오는 것으로 가정하겠다는 뜻이다. 즉 1.2개월(=임대료 손실분 30%×4개월)만큼의 임대료 및 관리비를 임차인이 바뀜(turn over)으로 생기는 손실로 가정하게 된다.

이는 대부분 다수의 임차사가 미래에 임대차계약을 유지할 것인지에 대해 알 수 없는 경우, 이를 미래 현금흐름(cash flow)에 반영하기 위한 방법이다. 예를 들어 30개의 서로 다른 임차인이 있다고 하자. 이에 대해 임대차 갱신 여부를 전수조사하는 것도 불가능할 뿐 아니라, 한다 하더라도 정확성이 매우 떨어질 수밖에 없다. 회사가 5년 후에 이전할 것인지에 대해 먼저 계획을 세워놓는 회사는 그리 많지 않기 때문이다. 따라서 공통적인 가정을 통해 평균적으로 임대차계약이 연장될 수 있는 확

---

164) 타 임차인도 있을 수 있지만, 대출이 있는 경우엔 대주단 합의 등이 필요하다.

률과 기간을 설정해, 임차인의 일부가 재계약을 하지 않고 이전을 하는 경우의 수입 감소분을 미리 예상 현금흐름에 반영하는 방법이다.

Effective rent

'실질임대료'라고 부르며, 임대기준가 face rent에서 free rent를 공제한 것으로 임차인 또는 임대인이 실제 현금으로 지불되는 임대료를 말한다.

경우에 따라서는 free rent만 공제하는 것이 아니라, tenant fit-out period,[165] 즉 인테리어 공사 기간도 free rent로 보아 이를 감안한 effective rent를 구하기도 하는데, 이는 임차인 측면의 effective rent로 여겨질 수 있다. 왜냐하면 인테리어 공사에 실제 소요되는 기간보다도 많은 기간의 인테리어 공사 기간(TI period)를 받았다면 이 기간 동안은 관리비만 부담하고 임대료는 내지 않은 채로 공간을 임차할 수 있는 효과를 누리기 때문이다.

[예시]

보증금 : 100만 원/평

월 임대료 : 10만 원/평

월관리비 : 3만 원/평

계약기간 : 2년

Free rent : 1개월

TI : 0.5개월

face rent : 10만 원

---

165) Tenant Improvement fit out period, 이를 줄여서 'TI period'라고 부른다.

> effective rent : 9.17만 원(10만 원x11/12) – free rent가 1개월이므로 임차인은 실제 11개월에 해당하는 임대료만 지불하게 된다. 따라서 매월 9.17만 원씩 임대료를 지불하는 것으로 볼 수 있다.

임대대행수수료

임대대행수수료(Leasing Commission, LC)는 임대차계약이 체결되면 임대대행사(leasing agent)에게 임대인이 지급하는 비용이다. 신규임대, 즉 건물에 외부 임차인이 처음 임대차계약을 체결해 입주하는 경우, 임대대행수수료는 2년 계약기간 기준 월 임대료의 100%가 일반적이다.

Hardware

오피스의 운영 관련 hardware는 크게 건축·설비·전기 분야로 나눌 수 있으며, 각 분야별로 PM이 별도의 계약[166]을 통해 FM회사에게 용역을 체결한다.[167] 따라서 건물의 최종 운영은 FM회사에 소속된 직원이 실제 관리를 맡게 된다.

오피스 매입 시 due diligence뿐 아니라, 매입 후 운영 단계에서도 다양한 내용의 보수비용 등의 요청이 오는데, 대략의 내용은 이해하고 있어야 발생하는 문제에 대해 협의할 수 있을 것이다.

하지만 AM담당자로는 각 hardware 운영의 상세한 부분까지 처음부터 알기란 무척 어려운 일인 데다가, 복수의 asset을 관리하는 입장에

---

166) FM 회사가 커짐에 따라, 수개의 분야를 합쳐서 계약을 하나의 FM 회사와 체결하는 경우도 많아지고 있다.
167) 물론 작은 규모의 오피스인 경우엔 각 분야별 전문가를 두지 않고 통합운영을 하거나 PM에서 직접 운영을 하기도 한다.

서 개별 건물의 모든 항목의 이슈를 다 알기도 어렵다. 따라서 현실적인 방법은 각 asset별 관리소장(대부분 PM업체가 고용한 현장 상주 직원)과 긴밀한 유대관계를 형성해 현장의 목소리를 보고받고 적절한 피드백을 하는 것이다.

또한 연간 사업계획(Business Plan, BP)을 세우다 보면 차기 연도에 집행해야 할 다양한 요구 사항이 PM을 거쳐서 요청되는데, 제한된 예산 내에서 모든 항목을 실행하기는 어려울 수 있다. 따라서 어느 것을 올해 또는 지금 당장 수행하고 어느 것을 장기로 미룰 수 있는지에 대해 결정해야 하며, 이 경우 전문가로부터 조언을 얻는 것이 좋다.

만일 외부 전문가로부터 조언을 얻는 것이 용이치 않은 경우, 긴급성과 중요성 항목을 구분해 우선 순위를 정하면 좀더 수월하다. 즉 각 항목에 대해 '긴급+중요' → '긴급' → '중요'한 순서로 우선순위를 고려해 보는 것도 좋다. 예를 들면, 인명·안전과 관련된 것은 중요하고도 긴급한 항목이니 반드시 먼저 고려할 수 있도록 해야 한다. 항상 돈보다 사람이 우선이다.

설비

설비 시설은 건축물의 기능을 향상시키고, 위생 및 건강을 유지하기 위해 건축물에 설치하는 공작물의 총칭이다. 쉽게 말해 건물의 열원(냉/난방)과 물(상하수도)의 공급을 주로 담당한다.

참고로 단일 부지(site) 내에 복수의 오피스가 시공되는 경우가 있는데 이때엔 설비, 전기시설의 분할 운영 가능성에 대해서도 고려해야 한다. 즉 빌딩이 하나의 주인이 아닌 개별 매각된 이후에도 독자적인 운영이 가능한지 여부를 확인해야 하고, 이 여부에 따라 상당히 다른 오피스 시장가격이 매겨질 수 있기 때문이다. 당연히 독자적 운영 시스템을 갖춘 빌딩으로 처음부터 계획되는 것이 다양한 매각 전략을 세울 수 있기 때문에 일반적으로 높은 시장가격을 받는 데 유리하다. 왜냐하면 나중에 이를 분할하기 위해서는 기계·전기실 추가 면적 때문에 지하주차장 내 법정주차대수를 지키지 못하거나 각종 시설을 재시공할 때 매우 큰 비용이 발생하는 등 제약 요인이 따를 수 있기 때문이다. 또한 지하주차장 등 시설을 공동 운영하게 되므로 이에 따른 협약서 등도 필수적으로 검토되어야 한다.

냉난방

사무실에서 환기가 필요한 경우 가장 손쉬운 방법이 외기를 공급하는 것이지만, 여름 또는 겨울에는 외기를 직접 사용하면 실내온도를 안정적으로 유지하기가 어려우므로 냉난방 설비가 필요하다. 또한 공기가 먼지 등으로 오염되어 있는 경우, 이를 정화하고 실내의 습도 등도 일정하게 유지시켜 주는 것 또한 쾌적한 오피스 환경을 위해 요구되는 조건이다.

냉동기·냉온수기

일명 chiller라고도 불리며, 공조기 및 FCU에 필요한 온도의 열원을 만들고 제공하는 역할을 하며 메인 기계실[168]에서 크고 핵심적인 부품 중 하나이다. 공급하는 열원에 따라 냉동기와 냉온수기로 나뉘어진다. 내구연한은 12~13년 정도이며, 교체가 늦어질수록 효율도 낮아진다. 교체에 따라 대당 1억 원 내외의 큰 금액의 capex가 필요하기 때문에 교체를 미루고 장비 속의 찌꺼기 등을 제거해 약간이라도 효율을 높여서

---

168) 대부분 지하 가장 마지막 층에 위치한다.

사용하는 방법을 쓰기도 한다. 이를 '세관'이라고 부르며 교체 비용에 비해 훨씬 적어서 교체 대신 매년 실시하기도 한다.

보일러

뜨거운 물을 공급하는 가장 기본적인 시설이다. 화장실에서 사용하는 온수뿐 아니라 난방을 위한 열원으로도 사용되기도 한다. 오피스에서는 대부분 가스를 연료로 사용하는 방식을 쓰고 있는데, 이는 기름보다 경제적이고 온실가스규제에서도 훨씬 유리하기 때문이다.

FCU(Fan Coil Unit)

오피스 실내에서 보이는 순서대로 설명해보면 창가 하단에 설치된 약 40~50cm 높이의 박스 형태의 장비[169]가 있다. 이를 FCU(Fan Coil Unit)라 부르는데, 박스 내부에는 냉수 또는 온수가 흐르는 파이프와 공기를 순환시키기 위한 fan이 설치되어 있다. FCU 내부의 파이프에 맞추고자 하는 온도에 따라 냉·온수를 공급해 주변 공기를 적절한 온도로 맞추게 된다. FCU 내부에 흐르는 물은 기계실에 설치된 냉동기 또는 보일러 등의 열원으로부터 부하를 얻어 공급되어 순환된다. 예를 들어, 지하실에 설치된 냉온수기(냉·온수의 경우) 또는 열교환기(온수의 경우)로부터 공급받게 된다.

공조기

FCU에 흐르는 물의 온도로는 실내의 온·습도를 제어하기 무척 어렵기 때문에, 실내에 공급하는 공기 온도를 높이거나 낮추고 이를 불어서

---

[169] 천정에 매립되는 형태도 있다.

실내에 넣어주는 별도의 시설이 있다. 이를 '공조기'라고 부르며, 각 층에 있는 경우도 있고 몇 개 층을 묶어서 시설을 두는 경우도 있다. 공조기는 실외 공기를 들여오거나 실내 공기를 순환시켜서 적절히 원하는 온도를 맞춘 후에, 이를 실내에 공급해주는 역할을 하게 된다. 따라서 온도를 높이거나 낮추는 시설을 포함하게 되는데, 그 열원(차가운 공기를 만들기 위한 냉수 – 또는 냉매도 열원 중 하나로 부를 수 있다)은 지하층에 있는 냉온수기로부터 제공받게 된다.

디퓨져(Diffuser)

고급 대형 오피스의 경우엔 시야 및 거실 공간을 좀 더 활용하고, 보다 효율적인 공조를 위해 FCU를 설치하지 않고 천정 등 내부에 시설을 넣기도 한다.[170] 사무실 천정을 보면 흰색 석고보드가 보이고, 약 10m 간격으로 손가락 2개 정도 들어갈 폭의 검은색 바처럼 보이는 긴 구멍이 있다. 이것을 디퓨져[대부분 선과 같이 보이기 때문에 라인디퓨져(line diffuser)라고 부르는데, 형태에 따라 원형 디퓨져도 있다]라고 하며 공조기로부터 만들어진 공기가 공급되는 부분이다. 즉 각 층 또는 몇 개 층을 묶어서 설치된 공조기로부터 온·습도를 갖고 있는 공기를 받아서 덕트(duct)를 통해 각 층 및 천정 속을 지나서 이 디퓨져를 통해서 공기가 공급된다.

디퓨져는 어떤 기계 장비라기보다는 공기가 공급되는 통로 역할을 하는 것이지만, 사무실에 거주하는 사람의 눈에서 볼 때 직접 접하는 부분으로 별도의 설명을 한 것이다.

---

170) 물론 두 시설을 병행하는 경우가 더 많다.

시스템에어컨

천정에 보면 약 2m 크기의 정방형 에어컨이 설치된 경우가 있다. 모든 에어컨과 마찬가지로 '실외기'라 불리는 흡수된 열을 방출하는 장비가 필요하고 이곳에 fan이 설치되며, 외기와 접해 있어야 하기 때문에 건물 옥상 등에 별도로 설치된다.

경우에 따라 에어컨을 실내에 설치하고 실외기를 외부에 설치하는 경우가 있는데, 에어컨 배관 및 실외기 위치 등이 빌딩 관리에 영향을 주는지 먼저 확인되어야 한다. 이렇게 설치되는 에어컨을 '패키지에어컨'이라 부르며, 실외기 한 대에 실내기 여러 대를 연결해 운영하는 것을 '시스템에어컨'이라고 한다.

에어컨을 사용하게 되면 전기 사용량이 매우 증가하게 되어 작게는 해당 임차인의 추가 관리비가 징수될 것이며, 경우에 따라서 전기실에 추가적인 수전 용량 증설이 필요할 수도 있다.

임차인이 일반 사무용 오피스로 사용하는 것이 아니라, 통신시설 등을 운영하는 전산센터(data center)인 경우에는 전기용량, 냉방 장치, 열부하량[171] 등에 대해 임차 전 반드시 협의해야 한다.

급수

저수조를 지하실에 두고 모터를 사용해 위로 급수하는 방법과 옥상 물탱크를 두고 이를 내려서 쓰는 2가지 방법이 있다. 물탱크는 식음에 이용되는 것도 있지만, 화재 시 소방용수로도 활용할 수 있도록 일정량 이상 용량 확보를 규제하고 있다.

---

171) 빈 사무실 또는 사람이 근무하는 사무실에 비해서 대용량 서버가 차지하게 되면 내부의 열이 엄청나게 발산되어 일반 사무용 오피스 기준의 냉방 용량으로 부족해지기 때문에 별도로 열부하량을 계산해야 한다.

소화설비

사무실 천장에 부착되어 있는 스프링쿨러를 포함해, 지하 기계실 옆에 있는 소화전, 비상용발전기, 배연시설 등이 있다. 자동 또는 수동으로 대상물에 설치해 화재 확산을 막거나 억제시키는 기구 또는 설비를 말한다. 화재 관련 시설은 소방법의 규제를 받는데, 그 내용이 무척 까다롭고 규제 내용도 강력해 이의 수리 요청이 있는 경우 보다 신경 써서 대응해야 한다.

BAS(Building Automatic System)

빌딩자동제어시스템이라고 하며, PM사무실 내 중앙관제실에 각 빌딩의 운영 상태를 한눈에 알아볼 수 있도록 컨트롤 하는 장비다. 구체적으로 어느 층에 불이 켜져 있으며, 엘리베이터는 몇 층에서 움직이고 있고, 각종 센서가 잘 작동하는지, 공조는 어떻게 되고 있는지에 대해 정보를 받고 이를 통제할 수 있다. 오래된 빌딩의 경우 이 시스템이 오작동을 일으키는 경우가 있음에도 불구하고, 교체하는 데는 큰 비용이 지출되기에 처음 고려된 내구 연한보다 오래 사용되고 있는 실정이다.

전기

오피스의 전기실은 기계실 근처에 마련되어 있는 것이 대부분이며, 거대한 기계장비 및 배관이 그대로 보여지는 기계실과는 달리 베이지색의 커다란 캐비닛이 줄을 지어 있는 모습으로 단정해 보인다.

수변전설비

오피스 실내에서 사용하는 일반전기의 전압은 220v이며, 펌프, 공조기 등의 설비에 사용되는 전압은 380v이다. 빌딩이 외부로부터 받는 전기는 저압이 아니라 고압(주로 22.9kv)를 받는데, 이를 오피스에서 사용 가능한 저압으로 낮추는 역할을 하는 것이 수변전설비다. AM에서 중요한 것은 최초 건물 설계 시(또는 이후 리모델링)에 책정된 전기 용량이 사용하는 데 있어 부족하지 않은지, 만일 부족하다면 증설이 가능한 면적이 있는지 확인해야 한다. 대형 서버를 사용하는 임차인이 있는 경우, 이는 임대차 여부를 결정지을 만큼 중요한 요소가 된다.

비상용 발전기

외부 전력이 끊긴 경우에 빌딩 자체에서 일정 시간 동안 전기를 생산할 수 있는 발전기를 보유하고 있다. 대부분 전기실 근처에 별도의 방으로 비상용 발전기실이 마련되어 있고, 이 발전기를 가동하기 위한 유류저장소도 필요하다. 그렇지만 비상용 발전기가 있다고 해서 무정전설비[172]가 필요 없는 것은 절대 아니다. 비상용 발전기는 위급한 경우에 비상용 전기가 필요한 장비 – 예를 들어 피난용 비상조명, 소방펌프, 승강기 등 – 를 유지하기 위한 정도로 이해하면 되고, 빌딩의 일반적 운영을 위한 대비책으로는 용량이 턱없이 부족한 경우가 많다. 정전 시 즉각적으로 반응해 무정전을 유지해주는 무정전 전원장치(Uninterruptible Power Supply, UPS)와는 차이가 있어 정전 시 장비는 off되고 발전기 가동 시 다시 on되기 때문에, 무정전 설비가 필요한 경우 별도의 UPS설치가 필요하다. 실제로 빌딩 내 방재실 화재수신반 전원용으로는 UPS가 모두 설치되어 있다.

---

172) 외부 전기공급이 끊겨도 사무실 내부에는 전기가 끊김 없이 유지될 수 있도록 하는 장치

엘리베이터

엘리베이터의 유지·보수는 별도의 허가된 업체가 담당하고, 최소 1년 1회 이상 정기 검사를 받도록 하고 있으며, 일반적으로 월 2회 방문 점검이 실시된다. 엘리베이터는 크게 권상기,[173] 케이지,[174] 그리고 권상기와 케이지를 이어주는 로프 등으로 구성된다. 권상기에는 모터 말고도 이를 움직이는 전자장치 등이 있고 이는 빌딩자동제어시스템(Building Automatic System, BAS)과 연결된다.

AM관점에서 엘리베이터는 안전과 직결되는 것이므로, 이의 유지·보수 요청이 오면 즉시 대응할 수 있도록 해야 한다. 또한 미연의 사고 시에도 해결을 위해서 유지·보수업체의 보험 가입 내역 및 금액 또한 검토되어야 한다. 엘리베이터 시공회사와는 달리 유지·보수업체는 영세한 경우가 많아서, 인명 사고 발생 시 보험에서 커버할 수 있는 금액을 초과해 회사에서 해결할 수 없는 경우도 발생할 수 있다.

신축 또는 리모델링 공사에서 엘리베이터 업체 선정에 유난히 잡음이 많은 편이다. 엘리베이터를 국내에서 설치 가능한 업체는 그리 많지 않음에도 불구하고 시공사에서 어느 업체를 선호하는 경우가 많은데 이는 단일 공정 중에서도 꽤 큰 항목 중 하나이기 때문일 것이다. 그렇지만 입주자 편의 및 안정성 등을 고려할 때 객관적 판단 기준을 먼저 세워서 이를 만족시킬 수 있도록 결정하는 흔들리지 않는 AM의 기준이 필요할 것으로 생각된다. 또한 설치뿐 아니라 유지·보수 계획까지도 더

---

173) 옥상에 설치된 엘리베이터를 끌어올리기 위한 모터 등
174) 엘리베이터를 타면 보이는 바닥, 천장, 벽의 box

중요한 고려 항목이 되어야 할 것이다. 예를 들어, 오래전 설치된 엘리베이터 기종이 단종되어 부품 수급이 원활치 않아 수리가 어렵다고 하는 경우도 많다.

엘리베이터를 판단하는 많은 전문적 기준이 있지만, 대략적으로 보면 속도·크기·소음·목적지제어 여부 등의 항목이 있고 이에 따라 선택할 수 있는 사양 및 금액이 나오게 된다.

건축
전기·설비를 제외하고 나면 나머지가 건축일 정도로 상당히 업무 영역이 넓다. 오피스 신축공사에서도 토목·건축·기계(설비라고도 부르고 기계라고도 부른다)·전기의 큰 항목으로 구분할 때, 가장 많은 금액이 투자되는 순서가 건축＞토목＞기계＞전기 순서일 정도로 그 금액도 크다. 하지만 리모델링의 경우에는 상황이 바뀌게 된다. 물론 리모델링의 범위에 따라 내용이 달라질 수 있겠지만 골조만 남기고 전부를 바꾸는 정도의 리모델링을 가정할 때, 가장 큰 비중을 차지하는 것은 기계(설비) 항목이며 그다음이 건축 및 전기가 될 것이다.

건축 항목은 마감재를 포함하기 때문에 눈에 보이는 거의 모든 부분에 해당되며, AM 관점에서 비교적 자주 언급되는 항목을 설명하면 다음과 같다.

Access floor
오피스 실내 바닥을 발로 두드렸을 때 통통 소리가 들리면서 일정 간격(약 4m)마다 바닥에 콘센트 등이 나온 상자가 매설되어 있는 경우에는 바닥에 access floor가 설치되어 있는 것으로 보면 거의 틀림 없다.

Access floor는 개인용 컴퓨터 등 사무기기에 연결되어야 하는 전기·통신 시설을 바닥에서부터 끌고 올 수 있도록 공간을 확보한 것이다.

Access floor는 철판, 플라스틱 등을 재질로 약 100~150mm의 높이를 갖는 것이 많은데, 최근에는 걸을 때 소음을 줄이면서도 경량화를 꾀한 제품이 나오고 있고 높이도 100mm 이하로 제작되는 것도 있다. 이 access floor 위에 바닥 카펫('카펫타일'이라 부름)을 깔아 바닥 마감이 완성된다.

이 access floor가 일반 오피스의 표준이 되기 이전에는 바닥마감재는 카펫이 아닌 비닐타일(아마도 베이지색의 얇은 모노륨 같은 느낌의 마감재)을 깔고 그 아래에 시멘트모르타르(또는 오래된 근린상가 같은 경우엔 인조석물갈기)가 있는 형태이고, 이 시멘트 모르타르 속에 철제 상자를 선 매립해 전기 콘센트를 바닥에서부터 사용할 수 있도록 했다. 하지만 위치가 고정되어 있어 책상 배치 등 자유로운 이동이 어려워 바닥에 전선줄이 오가게 되는 불편함이 있을 수 있으며, 주로 중소형 오피스에서 사용된다.

바닥(카펫타일)

바닥에 깔려 있는 약 60cm 폭의 카펫을 말한다. 본드로 접착하는 것이 아니라 크기가 잘 맞게 덮혀 있는 경우가 대부분이고, 이를 들어내고 다른 제품으로 신속히 갈아 끼울 수도 있다. AM에서는 일정량의 카펫타일 재고를 갖고 있는 것이 훼손 시 대응하기에 유리하다. 처음 시공할 때는 먼지, 보행감, 디자인 등을 살펴서 좋은 제품이 시공될 수 있도록 종합적으로 고려해야 한다.

바닥공조

최근에는 전기·통신만 access floor에 포함시키는 것이 아니라 공조시설까지 넣는 '바닥공조시스템(floor ducting)'이 사무실 환경에 도입되고 있다. 최초 설계할 때는 예상치 못한 개별 실(room)이 생겨서 공조가 필요한 경우 혹은 개별 책상 또는 영역별 온도·바람 등 환경을 다양하게 맞추고자 하는 요구가 있을 때 바닥공조는 해결방안이 될 수 있다. 바닥공조의 경우에는 공조시설이 개별적으로 바닥에 들어가기 때문에 보다 자유로운 평면구성이 가능하고 개별 사무환경 조성에 유리하다. 반면 높은 시설비용, 비 오는 날 흙이 묻은 신발로 인한 바닥 오염에 대한 대처, access floor보다 깊은 약 30cm의 두께를 필요로[175]하는 등 선택 전에 고려해야 할 사항이 많다.

반자높이

실내천장높이를 뜻하는 용어다. 실내의 바닥마감 상부로부터 천장에 있는 마감 하단까지의 높이를 말하며, 실내에서 느껴지는 높이라고 생각하면 된다. 이는 바닥에 설치된 access floor 높이를 제외한 것이고 천장의 텍스타일 하단부까지의 높이가 된다.

반자높이가 높은 것이 개방감이 좋고 실내 환경도 더 좋아지게 된다. 일반적인 A class office인 경우에는 2.6m가 기본이며 ±5cm까지는 빌딩 사용에 큰 영향을 주지 않는 편이다. 실제 높이보다도 각 층의 바닥면적이 무척 넓은 경우 실제 반자높이보다 더 낮아 보이며, 반대로 바닥

---

[175] 하지만 이는 천정 공조에 필요한 공간을 줄일 수 있기 때문에 전체적으로는 실내 반자높이를 오히려 높일 수 있는 방안이 될 수도 있다.

면적이 작은 경우 반자높이가 높지 않더라도 답답함이 덜 느껴지는 시각적 효과가 발생한다.

최근 지어지는 오피스의 경우엔 2.8m 이상까지 반자높이를 확보하는 경우가 많아지고 있다. 하지만 높다고 무조건 좋은 것만은 아닌 것이, 지나치게 높은 반자높이를 갖게 되면 냉·난방에 있어서 불리하고 책상 위의 적절한 조도 확보도 같이 고려되어야 한다(실내천장고가 높아지면 천장에 설치된 형광등부터 책상 위에서부터 거리가 멀어지기 때문에 그만큼 사람이 느끼는 밝기도 떨어지게 된다).

커튼월

최근 오피스 외관을 보면 유리로 덮혀 있는 것이 대부분이며, 이를 통상적으로 '커튼월'로 마감되어 있다라고 부른다. 우리나라에선 삼일빌딩이 최초의 커튼월 공법으로 시공된 오피스였으며, 지금까지도 주도적인 오피스 외관을 형성하고 있다. 커튼월의 개념은 유리를 포함한 외벽을 마치 커튼처럼 매 층의 바닥 슬라브 끝 단에서 잡아매어 고정하는 것을 말한다. 커튼월이 아니면, 대부분 박스 형태로 된 유리를 각 층에 끼워서 마감하는 형태를 띠게 되어 창호 주변이 막혀 있게 되므로 외관상 큰 차이를 보이게 된다[물론 커튼월도 외부를 볼 수 있는 유리로 된 부분(vision 부분)과 천장부터 슬라브 및 바닥마감까지 가려져 막혀 있는 non-vision 또는 스펜드럴(spandrel) 부분으로 나뉜다].

최근 고급 오피스의 경우 커튼월을 두 겹으로 설치해 에너지 절약 등을 꾀한 더블스킨 공법도 적용되고 있으며, 커튼월 마감도 단순한 평면 유리에서 다양한 곡면 및 모양을 갖고 있는 것까지 다양한 기술이 적용되고 있다. AM관점에서는 운영 시 보수공사의 용이성, 에너지 절감 효과 등은 물론 오피스 실내에 있어서 롤스크린(roll screen)설치 공간도 동시에 고려해야 한다.

방수공사

운영 시 자주 발생되는 보수공사 항목이 방수공사다. 방수공사를 요청하는 부분은 주로 외곽부분에 해당되는 지하층 외벽(지하주차장 램프 또는 벽면), 화단 또는 현관 진입로 하단 등이다.

방수공사 요청이 오게 되면 그 원인에 대해 먼저 살펴보아야 한다. 방수공사 자체는 금액도 그리 크지 않고 내용도 어렵지 않지만, 계속 반복되며 더 문제가 커질 수 있기 때문이다. 특히 오피스 구조물 자체의 문제 또는 인근 빌딩의 공사 등으로 인한 지반 침하, 현 시공되어 있는 방수공사 공법 등을 전반적으로 검토할 수 있어야 한다. PM소장과 문제 협의를 통해서도 정확한 원인 파악이 어려운 경우에는 전문가(시공회사 또는 CM 등)에게 요청을 하는 것도 필요할 수 있다.

천장(텍스타일)

오피스 실내에서 천장을 보면 흰색 석고보드처럼 보이는 마감재를 말한다. AM에서는 충분한 재고 확보 또는 제품이 나중에 원활하게 수급 가능한 것인지 검토해야 하고, 임대차 종료 시에 원상복구 항목 중 하나이므로 이것이 훼손되지 않았는지 또는 임대차 개시 시점에 처음부터 정상인지에 대해서도 확인해야 한다.

벡페인트글라스(back-paint glass)

유리 뒷면을 다양한 색상의 도료를 입혀서 마감재로 사용하는 경우가 많이 있다. 비교적 저렴한 가격과 우수한 시공성, 마감 품질을 보이기 때문에 공용부위에 많이 사용되며, 오피스 내부에서는 회의실 전면을 이것으로 시공해 회의 시 화이트보드(white board) 대신 사용하는 경우도 많다.

기계식 주차시설

도심 내 오피스의 경우 협소한 지하주차장 활용도를 높이기 위해 기계식 주차시설을 설치한 곳이 많다. 타워형 또는 샌드위치형으로 설치해 외부에서 보이지 않게 차량만 들어가는 형태와 직접 차량을 빠레트(pallet) 위에 주차시키고 기계를 작동해 2개 층으로 만드는 형태가 있다.

기계식 주차시설 자체의 내구연한이 건물 내 다른 시설물보다 짧은 편인 데다가, 설치·관리 회사 또한 영세한 편이어서 운영·관리하기 쉽지 않다. 또한 차량이 점점 대형화되고 있어 2,000cc 이상 대형 차종은 아예 주차를 하지 못하는 경우도 많아지고 있어서 생각보다 활용도는 떨어지는 편이다. 또한 빠레트의 부식 등으로 인한 보수공사가 지속적으로 필요한데 그 금액 또한 작지 않고, 이를 수리함으로 인한 주차수익의 증대 효과도 좋다고 판단되기 대부분 어려운 편이다.

OPEX item

PM에서 관리해야 하는 주요 item은 아래와 같다. 아래 표는 월별보고서(monthly report)로 제공되어야 하는 실적자료(actual data)가 될 수도 있고, 차기 연도 사업계획(business plan)을 작성하는 계획(budget)이 될 수도 있다.

OPEX item예시

영업수익 (Operating Income)

	임대료 (Rental Income)	임대료 (오피스) 임대료 (리테일)
	관리비 (Common Area Maintenance Fee)	관리비 (오피스) 관리비 (리테일)
	주차요금 (Parking Income)	월정주차 (Montly Parking) 후불주차 (Validation Parking, Coupon) 일일주차 (Daily Parking)
	기타수입 (Other Income)	연체료 (Late Charge) 수도광열비 회입분 (Tenant Recovery) 기타 (Other Income, 사용료 등)

영업비용 (Operating Expense)

	PM 비용 (Management Fee_General)	PM 수수료 부가세 신고 수수료 전자세금계산서 수수료
	수도광열비 (Utilities)	전기료 (Electricity) 수도료 (Water/Sewage) 가스료 (Gas) 통신비 (Communications)
	FM 비용 (Facility Management Fee)	
	유지 및 관리비 (Maintenance & Repair)	
	제세공과금 (Property Tax & Public Charges)	건물분 재산세 (Property Tax-Building) 토지분 재산세 (Property Tax-Land) 종합부동산세 (Comprehensive Real Estate Tax) 지역개발세 (Regional Development Levy) 기타 및 면허세 (License Tax) 교통유발부담금 (Traffic Congestion Levy) 환경개선부담금 (Environmental Improvement Levy) 도로점용료 (Road Occupancy Charge)
	보험료 (Insurance)	
	기타비용 (Other Expense)	

영업이익 (Net Operating Income)

	자본적지출 (CAPEX)	
	임차인 내장공사 (Tenant Improvements)	임차인 특별수선 (Tenant Special R&M) 컨설팅/설계 (Consultant/Designers) 건축/구조 (Architectural/Structural) 전기 (Electrical) 기계 (Mechanical)

유틸리티(Utility) 요금의 정산

수도광열비 등은 실제 사용분을 거래 종결일에 확인, 해당 금액을 종결일 이후 수일 내에 정산하는 것이 가장 정확하다.

하지만 이렇게 되면 매매 종결일까지도 정산 금액을 결정하지 못하는 경우가 발생하는 단점이 있기 때문에, 직전 사용금액을 기준해서 이를 안분하는 방법도 많이 사용된다. 이 방법을 사용할 때 유의할 점은 직전 3개월 평균 사용량이냐, 아니면 직전월의 사용량이냐에 따라 매도자가 부담해야 할 금액이 차이 날 수 있다. 즉 냉·난방 수요로 인한 유틸리티 요금이 높게 나타나는 여름·겨울이 포함되는 시기라면 평균값이 다르게 나타날 수 있기 때문이다. 이를 위해선 전년도 동월을 기준으로 일할계산한다면 거의 차이 없게 정산을 할 수 있다.

관련한 계약서 예시는 아래와 같다.

> 본 건 재산 관련해서 본 건 재산의 소유자가 부담해야 하는 유틸리티 요금(전기요금, 가스요금, 수도요금, 전화요금, 인터넷사용료 등 본 건 재산의 소유자가 부담해야 하는 서비스 사용대금 일체)은 그 부담금의 납부의무자가 어느 당사자로 지정되어 부과되는지 여부에 불문하고, 그 부과기간 중 거래완결일 직전일까지의 기간에 상응한 금액은 매도인의 부담으로 하고, 거래완결일 및 그 이후의 기간에 상응한 금액은 매수인의 부담으로 해서 일할정산 배분한다. 위 정산은 거래완결일 직전일 또는 당사자들이 합의한 날의 해당 계량기 확인 등을 통해 진행하고(계량기 확인이 곤란할 경우 전년도 동월의 사용에 대해 부과된 고지서를 기준으로 비례 배분함), 향후 실제 요금의 부과에 따른 차액 정산은 하지 않기로 한다.

정산시점

예를 들어, 2월 1일이 잔금지급일이고 이날 소유권 이전을 하기로 매매계약한 경우, 언제까지의 수입과 비용을 매수자와 매도자 간에 나눌 수 있을 것인지에 대한 합의가 필요하다. 양측의 합의에 따라 정할 수 있겠지만, 소유권 이전 일 00시를 기준으로 그 전까지의 수입, 비용은 매도자측에, 소유권 이전 일을 포함한 날부터의 수입, 비용은 매수자 측에 귀속하는 것이 일반적이다. 따라서 계량기 등 실측이 필요한 비용을 정산하게 될 때 소유권 이전 일 전날 밤에 현장에 상주해 밤 12시, 즉 소유권 이전일 0시가 될 때의 계량기를 측정하게 된다.

주의할 것은 이 기준이 임대차승계동의서에서도 같은 기준으로 나와야 하는 것이다. '소유권 이전일 이후부터'라는 표현으로 인해 마치 소유권 이전일 다음 날인 2월 2일부터의 임대료가 매수자에게 귀속되는 듯한 해석이 되어서는 안 되기 때문이다.

2. 임대차계약

임차인과 임대인은 임대차계약(leasing agreement)을 통해 권리관계가 형성된다. 이 내용 중에는 임대료, 관리비 등 임대조건(commercial term)도 있지만, 그 밖에 상호 간의 권한과 의무를 규정한 내용이 나타난 경우가 많다. 따라서 임대차계약에서 이슈가 될 수 있는 특징적인 내용에 대해 살펴보기로 한다.

보증금 비율

오피스 임대조건은 크게 전세와 월세, 그리고 이 둘이 섞인 반전세[176]

가 있다. 예전에는 전세 조건의 임대차계약이 상당히 많았지만, 점차 월세의 비중이 높아져서 임대형 오피스는 거의 대부분 월세 조건[177]으로 바뀌고 있는 추세다.

보증금은 월 임대료의 10배[178]에 해당하는 금액이 일반적이나, 임대료가 높은 저층 또는 상가의 경우엔 보다 높은 보증금을 요청하는 경우도 많다.
참고로 뛰어난 입지를 가진 오피스의 경우엔 1층의 임대가를 기준[179]으로 2층은 40~50% 정도이며 3층 이상은 기준층 임대 조건으로써 1층의 30~40% 정도로 책정되는 것이 일반적이다.

상가(retail)의 보증금 비율 또는 임대조건은 면적, 임차인의 성격[180] 등에 따라 변동될 수 있으며, 특히 개인사업자가 임차인인 경우엔 보증금을 월 임대료의 10배보다 높은 15~20배를 받는 경우도 많다.
그 이유는 개인사업자의 경우 임대료 및 관리비를 연체하는 경우가 상당히 많기 때문에, 만일의 경우[181]를 대비해 보증금 비율을 상향시키는 것이 일반적이다.

오피스의 경우, 월 임대료의 10배의 보증금은 명도에 소요되는 기간

---

176) 임차인이 은행인 경우에 자주 보이는 임대조건이다. 이 경우 매입 이후 임대차 조건을 월세로 변경할 때 큰 보증금 금액을 내주게 될 수가 있으니 modeling 할 때 유의해야 한다.
177) 월세조건이 아닌 경우에는 기관투자자의 요구수익률을 맞추기가 거의 불가능하다.
178) 해외의 경우 보증금이 거의 없는 임대조건도 많이 있다.
179) 이 경우엔 환산임대료로 각 층별 임대조건을 동일하게 맞추어 비교한다.
180) 법인인지 개인인지에 따라 신용도가 다를 수밖에 없다.
181) 임차인에게 문제가 생겼을 때 임대인은 연체된 임대료 및 관리비는 물론 추가관리비와 원상복구비, 명도소송비용까지 모두 포함한 금액을 고려해야 한다.

인 6개월 치의 임대료 및 관리비에 해당하는 정도에 불과하다. 따라서 임대료 연체 등이 발생될 경우, 이를 해결하기 위해 보증금이 넉넉한 것이 아님을 인지하고 있어야 한다.

명도

임차인이 임대료 납부를 못 한다는 사유로 인해 임대차 계약이 해지된 이후에도 임차인이 자진해서 건물을 비워주지 않을 때, 임대인이 관할 법원에 제기하는 소송을 명도소송이라고 한다. 명도소송을 통해 임대인이 승소판결을 받으면 강제로 점유자를 내보낼 수 있게 된다.[182]

명도 소송을 시작해 명도가 완료되기까지 최소 4~6개월[183] 정도 걸리기 때문에, 임대차계약이 해지되는 즉시 점유이전금지가처분을 신청[184]하고 명도소송 절차에 착수하는 것이 필요하다.

제소전 화해조서

화해란 당사자가 서로 분쟁을 해결하는 것을 약정해 성립하는 계약을 말하고, 화해조서란 소송상의 화해, 제소전의 화해의 내용이 기재된 조서를 말한다. 따라서 제소전 화해조서란 소송을 제기하기 전에 쌍방이 합의해서 만든 조서라고 생각할 수 있다. 이것을 통해 소송을 제기하지 않고도 판결이 끝난 것과 같은 확정판결의 효력을 만들게 된다.

---

[182] 이 경우 임차인의 사무공간에 있던 책상 등 집기류를 마음대로 처분할 수 있는 것은 아니다.
[183] 명도소송의 절차는 소장접수 → 담당판사 배정 및 심리 → 선고 → 판결 → 집행신청(강제집행)이다.
[184] 만일 점유이전금지가처분을 하지 않은 경우, 추후 소송에서 승소해 집행을 하는 단계에서 임차인이 새로운 점유자에게 점유를 이전했다면 임대인은 비록 판결문을 가지고 있어도 집행을 할 수 없게 된다. 이는 제소전 화해조서가 작성되어 있다 하더라도 마찬가지다.

임대인과 임차인 사이에 명도집행을 할 수 있다는 내용의 '제소전 화해조서'를 임대차계약 체결 시점에 미리 작성해두는 경우가 많은데, 그 이유는 명도소송 없이도 즉시 집행신청을 할 수 있어 명도소송에 걸리는 기간을 단축시키고자 하는 목적이 가장 크다.

여기에 고려해야 할 사항은 부동산 매매 시 기존의 건물주-매도자와 체결한 제소전화해조서는 새로운 매수자에게 효력을 미치지 아니하고, 또한 임차인이 변경[185]된 경우에는 명도집행을 보장할 수 없게 된다는 점[186]이다.

임대차계약 해지 사유

여느 계약서와 마찬가지로, 임대차계약서에도 계약해지 사유를 구성하는 내용을 적게 되는데, 시장에서 일반적으로 통용되는 임대차계약서 중에는 이에 대해 지나친 해석이 가능할 수 있는 조항이 있어 이를 살펴보고자 한다.

먼저, 어느 임대차계약서를 예로 살펴보자.

> **제 OO조 임대인의 계약해지·해제권**
> 임차인에게 다음과 같은 사항이 발생할 경우 임대인은 임차인에게 최고 등 사전절차 없이 본 계약을 즉시 해지 또는 해제할 수 있다.

---

185) 전차인은 물론 무단으로 점유를 이전한 경우도 해당된다.
186) 무단전대를 한 경우를 포함해, 임대차계약이 종료되어 명도해야 할 의무가 있음에도 임차인이 이를 지체할 때, 지체일수당 얼마의 위약금을 기재하는 것도 효과적일 수 있다.

1. 임차인의 입주가 계약기간 개시일로부터 2개월 이상 지연된 경우
2. 임차인이 계약기간 개시일까지 임대보증금 전액을 임대인에게 지급하지 않은 경우
3. 임차인이 본 계약에 따른 임대료, 관리비 및 기타 비용의 지급을 계속적으로 2개월 이상 연체하거나 1년 내 2번 이상 연체한 경우
4. 임차인이 부도 또는 재산의 압류, 가압류, 가처분, 경매 등을 당하거나 파산, 화의절차개시, 회사정리절차개시 등의 신청이 있을 경우
5. 기타 본 계약서에 정한 임차인의 의무를 불이행 또는 위반한 경우

얼핏 보면 큰 문제가 없어 보일 수 있지만, 임차인 입장에서는 매우 불안정한 지위에 놓일 수 있는 내용이 4항 및 5항에 있다.

4항의 경우, 사건의 크고 작음을 떠나서 제3자의 일방적인 가압류 신청[187]만으로도 임대차계약이 해지되는 결과를 초래할 수 있게 된다.

또한 5항의 경우, 계약서 다른 조항 모두를 계약 즉시 해지사유로 포함하고 있기 때문에 임차인 입장에서는 매우 불안정한 계약이 될 수 있다. 예를 들어, 임차인은 건물에 통상적으로 음식물의 반입이 금지되고 있는데, 이를 어겼다고 해서 즉시 계약해지 사유를 구성한다는 것은 지나치기 때문이다.

따라서 '임대차보증금 반환채권에 대해 추심명령 등이 확정된 경우', '파산, 지급불능 등의 경우', '강제집행 개시 결정 등 이후'와 같이 특정 조건으로 계약 즉시 해지 사유를 한정하는 것이 필요할 것이다. 구체적인 예는 다음과 같다.

---

[187] 가압류 신청은 신청서를 접수한 법원이 이를 심사해 이유 있다고 인정할 경우, 재판없이 서류 심사만으로도 이뤄지게 된다.

가) 보증금에 대해 한정해 적용

임차인의 임대차보증금 반환 채권에 관해 법원의 판결에 의해 추심 명령 또는 전부 명령이 확정된 경우

나) 파산, 지급불능 등의 경우에만 한정

제OO조(본 계약의 해지)

(1) 임차인이 2개월분 이상의 임대료를 연속해서 연체했을 경우 임대인은 서면통지로 본 계약을 즉시 해지할 수 있다.

(2) 임대인, 임차인에게 다음 각 호에 해당하는 사실이 발생한 경우 상대방에 대한 서면통지로 본 계약을 해지할 수 있다.

1. 파산, 해산, 회생절차의 개시신청이 있는 경우
2. 지급불능의 상태에 빠진 경우
3. 본 계약을 위반하는 행위를 하고, 그 시정을 통보받은 날로부터 14일 이내에 그 위반행위를 시정하지 않은 경우

임대차계약에서 별다른 언급[188]이 없거나 일방 당사자가 계약을 위반하지 않는다면, 임대인 및 임차인 모두 일방적으로 계약을 해지할 수 없다. 따라서 임차인이 자의로 계약을 해지하고자 하는 경우, 잔여 임대차기간 동안의 임대료 및 관리비를 납부해야만 계약을 해지할 수 있을 것이다.

전대차

먼저 다음 조항을 살펴보자.

---

[188] 임차인의 사유로 계약해지가 되는 경우에, 임대료의 2~3배에 해당하는 위약벌을 포함하는 경우도 많다.

> 제O조 (권리양도 등의 금지)
> 임차인은 임대인의 사전 서면동의 없이 제3자에게 본 계약상의 임차인의 권리 또는 의무를 양도 또는 담보로 제공할 수 없다. 다만 임차인은 임대인의 사전 동의를 얻어 임차인의 계열회사 또는 제3자가 임대차 부분의 전부 또는 일부를 전차하거나 공동 사용하도록 할 수 있다. 이 경우 임대인은 합리적인 사유 없이 동의를 거절하거나 지체할 수 없다.

상기 계약 내용이 나오게 된 배경을 살펴보면, 임대인 입장에서는 임대인도 알지 못하는 사이에 임차사가 바뀌게 되는 경우를 방지하고자 함이다.

즉 1) 어느 사유에 의해 전차인이 명도에 불응하는 경우가 발생할 수 있으며 2) 임대인의 경쟁업체 등, 임대인이 최초에 임차사라고 알았더라면 임차하지 않을 업체가 들어오게 되는 경우가 발생할 수 있기 때문이다.

임차인 입장에서도 임대인이 전대차를 사전 승인만 하게 한다면, 임차면적의 일부에 계열사가 이전하는 등의 실무적인 업무조차도 불가[189]하거나, 이를 위해 임대인의 허락을 받아야 하는 일이 발생하기 때문이다.

따라서 임차인에게는 최소한 계열사에게 자유롭게 전대하고 이를 통지하도록 하며, 임대인에게 일정 통지기한과 더불어 계열사 외의 전대차에게는 사전 서면동의를 득한 경우에만 허용하는 것이 합리적이라 보여진다.

임대차계약서 수정 knowhow

표준임대차약서가 있을 경우 금액, 면적 등 계약조건만을 본문에서 수정한 후, 기타 내용은 특약으로 추가하는 것이 좋다.

---

[189] 만일 임차인이 새로운 사업을 위해 사업자를 새로 등록한다고 할 때, 사업자등록을 위해 임대차계약서가 필요하고 이때 전대차 계약을 체결해 해결할 수 있다. 그런데 이를 위해 임대인의 사전 동의가 있어야 한다면 이는 지나친 간섭이라고도 볼 수 있다.

그 이유는 다수의 임대차계약을 관리할 때, 개별 임차계약의 특징을 짧은 특약 몇 페이지만으로 쉽게 이해할 수 있으며, 본문을 직접 수정할 경우 발생하는 부수적인 문제점 – 각 조항별 참조하는 번호를 잘못 적거나, 최초의 계약 내용을 이해하지 못하고 적용하거나, 몇 년이 경과한 후에는 무엇이 표준적인 내용인지도 모른 채로 수정된 것을 또 수정하는 오류를 범할 수 있다.

특약을 포함시키기 위한 임대차계약서에 추가하는 예는 다음과 같다.

특약사항

제1조(정의)

이 특약에서 사용하는 용어의 정의는 다음과 같다.

① "본 계약"이라 함은 임대차계약 중 특약사항 부분을 제외한 계약의 내용을 말한다.

② "특약사항"이라 함은 임대차계약 중 본 계약을 제외한 특약사항에서 정한 것으로 임대차계약의 일부를 구성하는 내용을 말한다.

제2조(계약의 우선적 효력)

특약사항은 본 계약에 우선해 적용한다.

임대대행수수료의 지급 방법

임대대행수수료는 임대차계약이 체결되면 임대대행사(leasing agent)에게 임대인이 지급하는 비용이다. 신규임대 – 즉 본 건물에 외부 임차인이 처음 임대차계약을 체결해 입주하는 경우에 대해 월 임대료의

100%가 일반적[190]이며, 계약의 난이도에 따라 80~150%의 편차를 보이기도 한다. 이는 임대차계약기간이 통상적인 2년을 기준으로 할 때 적용되는 것이며, 이보다 긴 임대차계약기간을 갖는 경우 적정하게 가감되어지기도 한다.

투자용 부동산의 경우엔 대형 임대대행사(leasing agency)를 직접 고용하기 마련인데, 실제 임차인을 데려오는 곳은 이곳이 아닌 다른 곳일 수도 있다. 이 경우는 크게 2가지로 나뉘는데 임대인이 고용한 임대대행사와 같이 일하는 또 다른 대행사(sub agency)가 있을 수 있고, 다른 한 가지는 임대인에게 직접 온 고용되지 않은 임대대행사가 있을 수 있다. 전자의 경우 임대인은 원 계약 내용과 같이 임대대행수수료를 계약된 임대대행사에게만 지급하면 큰 문제가 없다. 그 이후의 수익 배분은 둘 사이에서 이뤄질 것이고, 단지 sub agency가 임대인에게 별도의 수수료를 청구하지 않는다는 정도의 확인만 먼저 해두면 될 것이다. 이 경우에는 일반적으로 일한 내용에 따라 계약된 agency와 sub agency사이에 7:3~6:4 정도로 받은 임대대행수수료를 나눠 갖는 것이 관행이나, 개별 업무 내용에 따라 달라지는 경우도 많다.

임대인으로 고민되는 것은 후자의 경우로, 별도의 외부 업체가 임대인과 직접 접촉해서 임대를 성사시킨 경우다. 이 경우 기 계약이 체결된 임대대행사가 완전히 놓친 임차인이라면 그 새로운 임대대행사에게 수수료를 지급하는 것에 문제없겠지만, 기 계약된 대행사 입장에선 이를 묵과하고 지나가기엔 배가 아플 일이고 자신의 능력 부족을 인정하는 셈

---

[190] 해외의 임대차계약기간은 국내의 2년과 같이 단기가 아니라 10년을 넘나드는 경우가 많다. 따라서 임대대행수수료도 월 임대료의 10개월분에 해당되고, 이를 2년 기준으로 환산해보면 국내의 약 2배 정도의 금액에 이른다.

이 되니 이를 그냥 지나가기도 쉽지 않다. 물론 임차인이 독적점인 대행사를 고용한 경우-tenant representative agency[191]가 있는 경우엔 좀 다른 문제이지만, 그렇지 않고 임차인이 복수의 임대대행사에게 임차를 부탁한 경우 또는 시장에 널리 알려진 임차인인 경우엔 계약된 임대대행사 입장에서는 고민될 수 있는 문제다.

따라서, 문제 발생 이전에 이를 방지하는 것이 가장 좋으며 이를 위해서 확인해야 할 사항은 다음과 같다.

- ✓ 임대대행계약 체결 전 임대대행사가 독점권한을 갖는 것에 대해 확인이 필요하다.[192]

- ✓ 대부분의 경우 임대대행사 입장에서는 독점권을 요청하는데 그렇지 않으면 신규 임차인 발굴에 어려움을 겪기 때문이다. 그 빌딩 주인이 누구인지 뻔히 아는데, 굳이 건물주(landlord)가 고용한 agency가 독점자가 아니라면 그 업체와 이야기할 필요성이 높지 않을 수 있기 때문이다. 그리고 대부분 중소형 기업의 경우, 임대차계약에 대한 권한과 책임이 총무팀 담당자에게 있는 경우가 많아 일종의 뒷거래-금

---

191) 줄여서 tenant rep 또는 TR이라 부르며, 국내임차사의 경우보다는 외국기업의 임대차계약 체결 시 주로 나타난다. 즉 외국기업의 경우 여러 나라의 임대차계약에 대해 개별적으로 대응하기 어렵기 때문에, 이에 대해 하나의 대형 agency를 고용하고 그 agency가 독점적으로 임대차계약의 협상·진행에 대해 본사와 커뮤니케이션을 포함해 일을 하게 된다. TR의 수수료는 임차인의 필요에 의해 임차공간을 찾는 것이기 때문에, 일반적으로 임대인이 지불하지 않는다. 우리나라에는 JLL, CBRE 등이 TR로 활동을 많이 하고 있으며 국내임대차대행과는 별도의 팀에서 진행되는 경우가 많다.
192) 확인의 방법은 문서, 구두 모두 가능하다. 문서의 경우엔 공문형태가 아닌 이메일을 활용할 수 있겠으나, 내용이 명확하게 떨어지는 것이 아니므로, 임대대행계약서 협의 시 구두로 질의응답 형태로 물어보는 것이 가장 원활하게 소통하는 방법이다. 즉 본 임대대행계약에 전속권이 있는 것으로 이해하고 있는지, 또한 제3자가 임대차를 소개할 때 처리 방법에 대해 먼저 질문해서 이를 정리, 그리고 그 내용을 필요에 따라 이메일로 미팅 이후 메모로 남기는 정도가 좋을 것 같다.

전적인 것뿐만 아니라 평소에 친한 소형 임대대행사에게 일감을 몰아주기 위한 방법을 찾기 마련이다. 이럴 때 독점권한을 갖지 않았다고 하면 leasing agency입장에선 그 임차인을 설득하기가 쉽지 않기 때문이다.

✓ 독점권한을 주지 않은 임대대행계약일 경우, 계약되지 않은 임대대행사에게서 임대차 문의가 오는 경우가 있다. 임차사 이름을 계약된 임대대행사에게 알릴 경우, 계약되지 않은 대행사가 그 임차인을 빼앗길 수 있기 때문에 상당히 곤란한 입장에 처할 수 있다. 따라서 이를 방지하기 위해서 임대대행계약 체결 직후 가망 임차인리스트를 제공받고 그 이후 정기적인-대부분 주가 리포트 형태의 가망 임차인 리스트를 업데이트받는다. 제3의 계약되지 않은 임대대행사로부터 임차사를 소개받았을 때, 그 리스트 안에 있는 임차인의 경우엔 이미 협의하고 있다고 처음부터 제3업체에게 알려주어 conflict가 발생되지 않도록 사전 조치[193]하며, 그렇지 않은 경우에는 계약된 업체는 물론 외부에 알리지 않고 진행해도 큰 무리가 없다. 이 방법에 대해서는 계약된 임대대행사와 사전 눈높이를 맞춰놓을 필요가 있다.

✓ 따라서 전속계약이 체결된 경우 그렇지 않은 제3의 임대대행사와 접촉할 때엔 전속된 임대대행사를 처음부터 직접 알려주는 것이 향후 분쟁소지를 없애는 데 도움이 될 수 있다.

---

193) 예외적으로 아주 초기 단계의 진행내용이 리스트에 포함되어 있고, 제3업체는 거의 진행이 완료된 내용을 갖고 오는 경우가 있는데, 이 경우엔 물론 내용을 파악해서 가능성이 높은 업체로 진행함이 맞으며, 그 내용에 대해 결국 양쪽 임대대행사 모두에게 이해될 수 있도록 조율이 필요하다. 이런 경우에, 제3업체는 전체 수수료의 약 20~30%를 계약된 업체에게 배분하는 경우도 있지만, 이는 정해진 사항은 아닐 뿐더러 일반적으로 임대인이 중재에 나설 이유도 없는 사항이다. 중요한 것은 임대인은 객관성 및 의사결정의 신속성, 투명성을 유지하는 것이 반드시 필요하다.

임대대행수수료(LC) 관련해서 추가적으로 고려해야 할 사항은,

첫 번째는 지급시기다.

임대차 계약이 성사된 경우에 임대대행수수료를 지급하는 시점에 대해 사전에 명확히 할 필요가 있다. 임대대행사의 입장에서는 계약을 완성했기 때문에 업무가 종결된 것으로 이해할 수 있어 수수료를 즉시 받고자 할 수 있다. 하지만 임대인 입장에서는 임차인으로부터 아직 어떠한 금원도 받지 못한 상태이기 때문에 이 수수료를 내어주게 된다면 오히려 해당 기간의 수익의 감소가 발생하게 된다. 또한 계약은 체결되었지만 입주까지는 예상치 못한 일이 발생할 수도 있다.

따라서 임대대행수수료는 임차인이 일정 금원을 임대인에게 제공한 시점[194]의 그 한도 내에서 지급되는 것이 바람직하다.

두 번째는 임대행수수료가 이자납입보상배율(Debt Service Coverage Ratio, DSCR) 산정 시 고려되어야 하는지 여부다.

이는 NOI를 계산할 때 포함되어야 하는지 여부와도 같은 질문이 될 수 있다. 즉 NOI는 Revenue-OPEX로 계산되는데, 결국 이는 OPEX에 임대대행수수료가 포함되는지에 대한 질문이 된다.

DSCR은 NOI/DS[195]으로 계산되기 때문에 NOI를 산정하는 문제와도 바로 연결된다. 이는 대출계약서에서 DSCR covenant[196]가 대부분

---

194) 임차인이 입주를 위해 인테리어 공사를 시작할 때 보증금을 납부하는데, 이때를 최초의 시점으로 볼 수 있을 것이다.
195) Debt Service, 이자비용
196) '이자보상배율'을 지킬 것을 약정한 내용이다. 쉽게 설명하면 일정 기간 동안의 가용현금이 이자지급비용보다 몇 배만큼 클 것에 대해 의무를 지우는 것인데, 일반적으로 NOI의 1.3x 이상이 되도록 규정한 경우가 많다.

포함되어 있기 때문에 매우 민감한 내용이 될 수 있다.

결론적으로 임대대행수수료는 OPEX 계산 시 포함되면 안 된다. 이를 OPEX에 포함하게 되면 NOI는 대상 자산의 수익력만을 고려해야 함에도, 신규 임대차계약이 체결되었다고 해서 오히려 NOI가 감소되는 결과를 가져오기 때문이다.

3. 관리비(CAM, OPEX)

일반적으로 관리비 수입과 관리비 지출 모두를 '관리비'라고 부르고 있다. 영어로는 관리비 수입은 CAM(Common Area Maintenance charge), 관리비 지출은 OPEX(Operating Expenses)로 표기하고 있다.

관리비 수입(CAM)

시장에서는 서울 도심 내 A class office를 기준할 때 약 3만 원/평/월 정도를 임차인에게서 월 임대료와 별도로 받고 있으며, Prime급 오피스의 경우 4~4.5만 원까지 올라가는 경우도 있다. 그러나 절대 다수를 차지하는 도심 외의 오피스 또는 지방 오피스의 경우에는 약 2만 원의 CAM만을 부과하고 있다.

이렇게 임차인에게 부과되는 관리비가 차이를 보이는 것은 빌딩 관리, 운영 기준이 다르기 때문이다. 즉 A급 이상인 경우에는 미화·보안 등에 더 많은 인력을 필요로 하고 운영주체인 AM, PM 등의 간접비용도 상대적으로 높은 편이어서 부과 기준도 더 높게 책정된다.

참고로 관리비 수입에는 임차인이 임대인에게 지급할 수도 있는 기타 수입(other income), 임차사 추가 관리비(tenant's additional utility)가 포함되어 있지 않다.

기타수입은 월 정기주차, 창고사용료 등과 같은 임대료, 관리비 이외의 금액을 말하고, 임차사 추가 관리비는 빌딩 관리 규정에서 정한 업무시간 외에 사용한 전기, 가스 등의 사용분에 따른 실 부과금액을 말한다.

임차사 추가 관리비의 경우 오피스 임차인과 리테일 임차인이 약간 다르다. 오피스 임차인의 경우 관리비를 평당 약 2~4만 원 정도 내는데 여기에는 기본적인 업무시간[197]의 냉·난방 비용이 포함되어 있으며, 임차사 추가 관리비는 그 외의 추가 근무 시간에 대한 초과 금액을 지급하는 것이다.

그렇지만 리테일 임차인의 경우 오피스 임차인과 다르게 관리비가 책정되는데 일반적으로 1만 원 이상 낮을 때가 많다. 이는 기본적으로 제공되는 전기, 가스 사용량이 없고, 임차사별로 별도의 계량기를 통해 실제 사용량에 따른 비용을 임차인이 지급하기 때문이다. 즉, 실 비용을 임차인이 직접 납부하기 때문에, 오피스 임차인에게 제공되는 기본 비용이 차감되므로 관리비가 더 작게 책정되는 것이다. 또한 전용 또는 층 공용부분에 대한 청소와 보안직원 등 공통적으로 소요되는 FM인력비용이 절감되면서 수도광열비 실비 차액보다도 더 낮게 관리비가 책정된다. 반면, 해외 사례의 경우엔 CAM 마진이 별로 없거나, 오히려 임대인이 OPEX를 넘어서서 비용 지출을 하는 경우도 있다.

---

[197] 보통 평일 8시~6시, 토요일 9시~12시와 같이 규정되며, 빌딩관리규정 등에 일상 업무시간이 규정되어 있다.

관리비 비용(OPEX)

관리비(OPEX) 역시 빌딩 등급에 따라 차이를 보이지만, 관리비 수입(CAM)만큼 큰 편차를 보이지는 않는다. 즉 A class office에서 실제 관리비는 약 2.5만/평/월 내외[198]이지만, A class 이하의 오피스의 경우에도 2만 원 내외다.

관리비 수입에서 관리비 비용을 차감한 것을 관리비 마진(CAM margin = CAM-OPEX)이라고 부른다.

이 CAM margin이 도심 A class office에서는 수취 관리비의 약 25% 내외로 추정 가능하고, 이보다 낮은 등급의 오피스는 margin이 없거나 오히려 각종 비용을 차감하고 나면 임대인은 받은 관리비 수입보다 더 지출해야 하는 경우도 매우 많다.

따라서 DD(Due Diligence)기간 중 지난 3년간 실제 OPEX내역(actual OPEX 또는 historical data)을 확인하는 것은 필수다.

OPEX의 구성 항목은 크게 Utility, FM인건비 그리고 기타 제세공과, 수익적지출, 수수료의 세 항목으로 나뉠 수 있으며, 대략 1/3씩 비중을 차지하고 있다고 이해할 수 있다.

주의할 것은 AMC fee(PM fee가 아닌, Asset Management Company에게 지급되는 fee) 및 LC(leasing commission), CAPEX(자본적지출), TI(tenant improvement), RA(Rent Abatement[199]), 토지·건물에 부과되는 항목 이외의 세금(소득세 등)는 OPEX 항목이 아니므로 별도로 구분

---

[198] prime급은 3만 원을 넘기고 있으며, 제공하는 서비스의 내용에 따라 편차가 심한 편이다.

[199] Free rent와 같은 개념인데, 해외에선 free rent라는 표현보다 rent abatement라는 표현을 더 자주 사용하는 편이다.

해 놓아야 한다는 점이다. 상기 항목들은 OPEX가 아닌 별도의 차감 항목들로 NOI(net operating income=total revenue-OPEX)를 계산하고 난 후[200])에 차감될 항목들이다.

해외 부동산 투자의 경우, OPEX 내용은 국내의 그것과 상당히 다르며 지역별 편차가 있을 수 있으니 지역 전문가 - PM, consulting 또는 research firm - 에게 상세 내용을 먼저 확인받을 필요가 있다. 국내와 같이 일정 금액으로 정해서 임차인에게 평당 얼마씩을 일괄적으로 부담시키고 남는 금액을 임대인의 수익(margin)으로 가져가는 것이 아니라, 대부분 실제 발생될 금액을 산정하고 그 금액을 임차인별로 안분해 이를 청구하는 개념이다. 예를 들어, 건물분 재산세(property tax)가 100만큼으로 예상되어 당해 년도의 tax를 안분해 임차인에게 매월 청구하는 금액에 포함시켰는데, 실제 tax 금액이 이와 차이를 보일 경우 그 차이 금액만큼을 가감해서 정산 후 연말에 청구하게 된다. 그리고 임차인에게 부과시킬 수 없는 항목의 비용도 있으며, 이에 따라 총관리비 수입보다 지출이 약간씩 큰 경우가 많은 편이다. 따라서 해외 투자의 경우 관리비 수입이 있다고 해서, 국내 투자와 같이 이를 몇 십%의 관리비 수익(CAM margin)으로 가정한다면 큰 문제가 생길 수 있다.

4. 자본적지출(CAPEX)

CAPEX는 capital expenditure의 약자로 '자본적지출'을 의미한다.

[200) RA는 total revenue에서 먼저 차감된다.

이는 회계에서 사용되는 용어인데 이를 부동산 투자 관점에서 간단히 요약하면, 자본적지출 금액은 자산화되는 것으로 비용으로 차감되는 것이 아니라 자산의 증가로 계산되며, 동시에 감가상각의 대상이 되는 항목으로 이해할 수 있다.

즉 최초 부동산을 매입한 이후 CAPEX가 발생하면 그 금액만큼 취득금액이 증가한다고 생각하면 된다. 따라서 취득금액의 증가분만큼 취득세도 발생된다고 고려하는 것[201]이 modeling에서 필요할 수 있다.

그리고 CAPEX가 아닌 항목은 R&M(repair & maintenance) 항목으로 '수익적지출' 항목이며 이는 OPEX에 포함되어야 하므로 CAPEX와 구별되어야 한다.

예를 들어 아래 항목에 대해 CAPEX와 R&M을 구별해보도록 하자.

외부 페인트 공사 500만 원, 외벽방수공사 1,000만 원, 엘리베이터 로프교체 300만 원, 냉온수기 1호기 교체 8,000만 원, 엘리베이터 3호기 전체 교체 1.5억 원

원칙대로 자산의 내구연한을 증가시키는 항목은 CAPEX로써 그렇지 않은 것은 R&M으로 처리하는 것으로 하되, 이것이 명확하지 않을 때는 금액 기준으로 단일 항목이 1억 원 이상은 CAPEX가 아닌지 의심(?)을 해봐야 한다. 단일 항목임에도 명확히 CAPEX가 아닌 경우엔 R&M으로 처리해도 되겠지만, 판단이 잘 안 되는 경우에는 회계 담당자에게 문의해 이를 기록으로 남겨놓는 것이 필요하다. 상기 예시 항목 중에는 냉온수기 1호기와 엘리베이터 3호기만 CAPEX로 처리하는 것이 맞는 것으로 보인다.

---

201) 예를 들어, 엘리베이터를 교체하게 되면 이 내용이 관할 구청 신고사항이고, 이에 따라 엘리베이터 교체 비용에 대해 취득세 납부 의무가 있다고 보는 것이 안전하다.

참고로 CAPEX에 대한 일반적인 정의는 다음과 같다.

✓ CAPEX(Capital expenditures)는 미래의 이윤을 창출하기 위해 지출된 비용을 말한다. 이는 기업이 고정자산을 구매하거나, 유효수명이 당회계년도를 초과하는 기존의 고정자산에 대한 투자에 돈이 사용될 때 발생한다. CAPEX는 회사가 장비, 토지, 건물 등의 물질자산을 획득하거나 이를 개량할 때 사용된다. 회계에서 Capex는 자산계정에 추가되므로(자본화), 자산내용(세금부과에 적용되는 자산 가치)의 증가를 가져온다. CAPEX는 일반적으로 현금흐름표에서 장비와 토지자산에 대한 투자 등에서 볼 수 있다.[202]

✓ 기업이 고정자산을 취득한 후 그 자산과 관련해 비용을 지출한 경우 그 지출의 효과가 당기에 그치지 않고 차기 이후까지 계속적으로 발생하는 경우, 그 지출액은 자본화되었다가 그 효익의 발생기간에 안분해 비용으로 배분해야 하는바, 이 같은 지출을 '자본적지출'이라고 한다. 이는 수익적지출에 대응되는 용어이다. 세법은 고정자산의 내용연수를 연장시키거나 당해 고정자산의 가치를 현실적으로 증가시키는 것을 자본적지출로 다음을 예시하고 있다. ①본래의 용도를 변경시키기 위한 개조 ②엘리베이터 또는 냉·난방장치의 설치 ③빌딩 등에 있어서 피난시설 등의 설치 ④재해 등으로 인해 멸실 또는 훼손되어 본래 용도에 이용가치가 없는 건축물·기계·설비 등의 복구 ⑤기타 개량·확장·증설 등 전 각 호와 유사한 성질의 것[203]

✓ 자본적 경비·투자적 경비라고도 한다. 고정자산의 가치를 보전하는 데 그치는 지

---

202) 출처: 위키백과
203) 출처: 영화조세통람(네이버)

출은 수익적 지출(소비적 경비)이라고 한다. 자본적 지출은 자산에 계상하고, 수익적 지출은 수선비 등의 과목으로 비용에 포함해야 한다. 특정 지출을 자본적 지출로 처리할 것인가 또는 수익적 지출로 처리할 것인가는 기업의 손익에 직접적인 영향을 미치기 때문에 그 구별은 기업회계뿐만 아니라 세법의 소득계산에 있어서도 매우 중요하다. 정부가 도로·주택 등을 건설하고 각종 사업을 경영하는 것처럼, 비용지출 효과가 장기간에 걸치는 것도 자본적지출이다.[204]

5. 보험

부동산 매입 시 보험 관련으로는 건물 화재 가입 여부 정도만 확인하는 수준에 그치는 경우가 많다. 하지만 이는 너무 기초적인 것으로 이보다 많은 보험의 이해와 준비가 필요하다.

보험 하면 일반적으로 건물의 화재보험 정도만 떠올리기 쉬운데, 이를 포함해 다양한 영역을 부보(附保)할 수 있도록 해야 한다.

보험용어

보험이 까다롭고 어렵게 느껴지는 것은 일상에서 사용하지 않는 용어들이 나와서 그렇다. 보험을 이용하는 데 필요한 몇 가지 용어에 대해 알아보면 다음과 같다.

- ✓ **계약자**: 보험사와 보험계약을 체결한(즉 보험료를 납부한) 당사자
- ✓ **피보험자**: 보험의 대상이 되는 부동산을 소유한 자

---

204) 출처: 두산백과사전

- ✓ **보험료**: 보장을 위해 보험사에게 지급하는 금액. premium이라고 부른다.[205]
- ✓ **보험금**: 사고 발생 시 받게 되는 금액
- ✓ **보험증권**: 보험 가입 내용을 표시한 증서
- ✓ **보험가입금액**: 보험회사와 협의해서 정해진 보험금액. 계약상 보상의 최고 한도액으로, 사고 내용에 따라 이보다 작은 금액을 받게 된다.
- ✓ **보험가액**: 상기 '보험가입금액'과는 다른, 본 부동산의 실질가치[206]에 해당되는 금액. 재조달가액(replacement cost)기준으로 책정되기 때문에 건물 등에서 경과년수에 따른 감가(depreciation)가 반영된 금액이다.

부동산 관련 보험은 생명보험사가 아닌 손해보험사에서 담당을 한다.[207] 이 보험사를 원수보험사라 하고 직접 피보험자와 보험계약을 체결하는 회사가 된다. 그리고 '코리안리'와 같은 전업 재보험사가 있는데, 이는 원수보험회사가 자신의 위험을 보전하기 위해 다시 보험을 가입하는 회사다.

참고로 보험의 일반상식이지만, 피보험자는 보험을 통해서 경제적 이익을 가져서도 안 되고 가질 수 없어야 한다. 또한 생명보험의 경우엔 동일한 사건이라 하더라도 여러 보험사와 계약을 통해 금액을 각각 받을 수 있지만, 손해보험의 경우엔 여러 보험 계약이 있다 하더라도 단일 사고에 대해서는 최대 보상금액을 초과해 받을 수 없다. 건물과 관련

---

205) 연 1회의 보험료를 내는 경우가 가장 많으며, 갱신 시 직전 년도의 사고 내용 등을 고려해 요율이 다시 책정된다. 만일 건물이 매매되는 경우에 기존 가입된 보험을 유지한 채로 매도자가 그대로 인수받을 수도 있는데, 이 경우엔 미경과 보험료를 매도자에게 일할계산해 정산해주어야 하며, 보험사에게도 건물 매매에 따라 보험계약자가 바뀌는 것을 먼저 협의해놓아야 한다.
206) 재조달원가에 해당
207) 4대 손해보험회사로는 삼성화재, LIG손해보험, 현대해상, 동부화재가 있다.

된 보험은 손해보험의 성격을 갖고 있기 때문에 이 차이점을 알고 있어야 할 것이다.

비례보상

비례보상을 설명하기 위해 예를 들어보면, 시가 1,000억 원의 건물이 있고 이 건물에 대해 보험가입을 하려 한다. 그런데 보험사와 체결하는 보험계약상의 보험가입금액(또는 보험금액)은 시가인 1,000억 원보다 높을 수도 낮을 수도 있다. 당연히 보험가입금액에서 보험요율을 곱해 보험료를 책정하고 이를 납부하게 되므로, 보험가입금액을 낮추면 보험료가 낮아지는 효과를 가져온다. 그렇다면 무작정 보험가입금액을 낮추면 좋은 것일까?

보험가입금액이 보험가액(실질가치)보다 큰 2,000억 원이 되었다면 이 보험은 '초과보험'이라 하고, 보험가액과 같은 1,000억 원이 되었다면 '전부보험', 만일 이보다 작은 500억 원이 되었다면 '일부보험'이라고 칭한다.

만일 손해가 발생했을 때 전부보험 또는 초과보험의 경우엔 약정한 보험금의 전부를 받을 수 있지만, 일부보험의 경우엔 '보험가입금액'과 부동산의 시가인 '보험가액'과의 비율만큼만 보험금으로 받을 수 있다. 이렇게 보험금 전부를 받지 못하는 경우에 해당하는 것을 비례보상이라 한다.

따라서 보험가입을 위한 보험가액산출에 필요한 기초자료를 제공하고 또한 보험가입금액을 책정할 때 가능하면 큰 금액으로 책정하는 것이 실제 보험사고 발생 시 안전하게 된다. 보험사고가 발생하는 경우가 되어서야 보험사에서도 보험 내용에 대해 가액 산정을 정확하게 다시 하게 되고, 이때 비례보상 위험에 노출될 수도 있기 때문이다.

공동인수

피보험자에게 제시하는 보험료의 산정은 원수보험회사가 자신이 제공할 수 있는 보험요율을 재보험사에게서 얻은 후, 여기에 일정 부분의 이익과 운영비용 등을 합쳐서 산정한다. 따라서 피보험자는 한 가지 보험 가입 내용임에도 불구하고 여러 보험사에서 다른 금액의 보험요율을 받을 수 있으며, 이 중 가장 유리한 한 개의 보험사를 선택해서 가입하면 된다.

그렇지만 실제 보험가입 내용을 살펴보면 1개의 보험 안에는 1개의 원수보험사가 만든 보험을 다른 보험사와 다른 비율로 서로 나누어 갖게 될 수 있는데 이를 '공동인수'라 한다. 피보험자에게는 큰 상관이 없어 보일 수 있는데, 이는 보험금 지급의 책임은 계약을 체결한 1개의 원수보험사에게 있기 때문이다. 그렇지만 만일의 경우 공동 인수한 보험사가 없어지거나 분쟁에 휘말리게 되면 그 해당 비율만큼의 보험금을 받는 데 문제가 발생할 수도 있으므로 우량한 보험사를 선택하는 것이 구체적인 보험료율 등을 결정짓는 것보다 중요한 결정 내용일 수 있다.

보험중개회사

보험계약 체결할 때는 원수보험사를 직접 접촉하지 않고 전문 서비스를 제공하는 국제적인 보험중개회사(brokerage firm)와 상의하는 것도 좋은 방법이 될 수 있다.[208] 국내 시장에서는 이 brokerage firm을 활용한다고 해서 계약자에겐 별도의 비용이 추가되는 것은 없고, 오히려 동일한 보험료에서 더 좋은 보장(coverage)을 얻을 수 있을 가능성이 높

---

[208] 이 경우에는 일정 규모 이상의 보험금액이 되는 것만 포함된다. 금액이 작은 경우에는 보험중개회사가 처리할 수 없고, 각 원수보험사가 가진 table에서 확률적으로 산정된 요율 등을 사용하게 된다.

다. 이는 전문적이고도 경쟁력 있는 개별 보험사의 보험료율을 브로커는 (비전문가인 개별 피보험자보다) 보다 유리한 조건으로 다양하게 구득할 수 있기 때문에 일어나는 효과다. 물론 이는 일정 규모 이상 되는 보험대상에 국한되며 또한 국내시장에서만 통용되는 행위이다. 즉 별도의 비용이 발생해야 정상적인 것이다. Brokerage firm이 일하게 되면 비용이 발생하고 이에 따른 수입원이 반드시 있어야 회사가 움직이게 될 것이다. Brokerage firm은 절감된 보험료에서 자신의 fee만큼을 일부 제하고 보험료를 책정하게 만들고 있기 때문에 계약자에게는 비용을 지급하지 않는 것처럼 보여질 뿐이다. 해외 시장에서는 계약자가 brokerage firm에게 어느 정도의 수수료(fee)를 지급하고 컨설팅을 받아 보험계약을 체결하는 경우가 일반적이고 정상적이다.

반대로 보험사고 발생 시 보험금을 청구할 경우에도, 원수보험사와 직접 처리하는 것보다 믿을 수 있는 보험중개회사를 중간 역할로 맡기는 것이 보다 수월할 수 있다. 보험가입보다도 보험금을 타내는 상황이 훨씬 더 복잡한 절차와 내용이 요구되며, 아무래도 보험사는 보험금 지급을 여러 규정 및 제반 사정을 고려해 엄격히(또는 보다 제한적으로) 진행하려는 경향이 있을 수 있다. 물론 자신의 돈이 직접 지급되는 것이니 이해는 할 수 있지만 피보험자 입장에서는 답답한 경우가 있을 수 있으며, 심한 경우엔 보험금 지급을 미루고 보험사가 보험금 지급을 막으려 소송을 벌이는 경우도 있다. 따라서 전문적 지식이 없는 상태에서 보험사를 직접 다투는 것이 쉽지 않은 데다가, 전문가가 중간에서 중재를 하는 경우에 원수보험사와 직접 협상을 진행하는 것보다 큰 협상력을 발휘할 수 있는 이점도 있기 때문에 보험중개회사의 지속적인 도움이 필요하다.

이 brokerage service 시장 또한 매우 넓어서 국제적인 회사가 많으며 우리나라엔 그중 큰 회사 몇 개(Aon, Marsh 등)가 활동 중에 있다. 사실 국제적인 대형 부동산 투자 회사는 이 회사를 이용해 자신만의 보험 프로그램을 만들어서 이 프로그램 내에 신규 자산을 포함시켜서 손쉬우면서도 정확한 보험가입을 하고 있으며, 매년 이를 갱신해 보다 저렴하면서도 폭넓은 전문 서비스를 받는 것이 일반적이다.

보험의 종류

부동산은 토지와 건물 그리고 그 밖의 정착물로 구성된다. 토지와 관련된 보험은 별도로 존재하지 않는데, 이는 화재가 발생하더라도 토지는 그대로 남기 때문이다. 단지 site를 확정 짓는 역할 또는 지하 매설물 등에 따른 보험 범위가 속할 수 있는지 정도로 생각하면 될 것이다. 따라서 건물 및 정착물(기계 설비 등)에 대한 내용으로 보험이 대부분 구성되는데, 부동산 투자 관련 보험은 일명 'package insurance'라고 해서 보험사에서 '재산종합보험'의 형태로 만들어져서 가입되는 상품이다. 이 재산종합보험은 Section I~IV의 4부분으로 구성되며 내용은 아래와 같다.

참고로 보험상품 자체는 (대부분) 국내 보험사를 계약 대상으로 해서 가입하지만 계약체결 주체인 보험사 – 원수보험사 또한 재보험을 가입하는데 그 재보험사 업무 내용의 근간이 되는 것은 해외 재보험사로부터 온 것이다. 따라서 보험 보장 내용을 영어표현 그대로 쓰는 경우가 대부분이고, 보험계약 또는 보험증권 등이 영문으로만 표기된 것도 많다.

Section I : Property All Risks Cover

PAR, '재산종합위험담보'라고 불리며, 건물에 발생한 직접적인 손해를 보상하는 것이다.

건물의 재조달원가 기준으로 보험가입금액이 결정되기 때문에, 부동산 매매계약 시 토지·건물에 안분되는 금액 중 건물부분의 금액보다도 일반적으로 상당히 낮은 금액으로 책정된다.

Section II : Machinery Breakdown Cover

MB, '기계위험담보'라고 불리며, 기계장치의 파손사고를 보상하는 것으로, 재가동을 위한 수리 또는 대체가 필요할 때 손해를 보상하는 것이다.

주의할 것은 보험가액을 산정할 때 보험대상 자산 리스트(장부가액 또는 담보 감정평가서 등)가 제공되는데, 건물에서 기계부분은 별도의 금액으로 산정해 Section I, PAR의 금액과 별도로 제출해야 한다.

즉 건물은 PAR에서 cover되며, 건물 내 각종 전기·설비 등 기계 장비는 이 리스트 안에 포함되어 있어야만 발생한 손해를 보상받을 수 있다.

Section III : Business Interruption Cover

BI, '기업휴지위험담보'라고 불리며, PAR 및 MB에서 cover할 수 없는 내용이다. 가입목적물의 보상 가능한 사고의 결과로 인한 조업의 중단 또는 휴지로 발생되는 매출액의 감소에 따른 총이익의 상실액과 매출액의 감소 방지 또는 경감하기 위해 지출되는 특별비용을 말한다.

보험사로부터 BI를 위한 보험가입금액 제출을 요청받았을 때 가장 좋은 것은 brokerage firm에게 상의하는 것이다. 일반적으로 3년간의 매출액을 BI coverage로 하는 것이 안전하며, 만약 이를 줄인다 해도 최소 1년간의 총수입[OPEX 등 각종 비용을 차감한 최종 수익(profit)이 아닌 총수입(revenue)전체]

를 cover해야 하는 것으로 생각된다. 그 이유는 (최악의 경우) 건물이 사고로 인해 순간적으로 멸실 되었다고 가정할 때, 임대인 입장에서 임대료·관리비 등 모든 수입을 가져올 수도 없을뿐더러, 임차인에게 임차공간을 제공하지 못해 손해배상을 해야 할 수 있기 때문에 BI로 cover해야 하는 금액이 예상 외로 커질 수 있기 때문이다.[209]

Section Ⅳ : Commercial General Liability

GL, '배상책임위험담보'라고 불린다. 피보험자가 영업을 영위하는 과정에서 제3자에게 손해 또는 신체·재물에 손해를 끼쳐 배상책임을 부담해야 하는 사고가 발생했을 경우 그에 대한 보상을 말한다.

쉽게 말해서, 건물 로비 청소 중에 바닥의 물기로 인해 지나가는 행인 또는 임차인의 직원이 다쳤을 경우에 그에 대한 보상을 의미한다. 이 또한 보험가입금액이 충분히 커야 하는데, 한두 명이 넘어지는 정도의 사고라면 피해금액이 크지 않을 수 있지만, 엘리베이터와 같이 여러 명이 이용하는 시설에 문제가 생겨 인명사고가 발생하는 경우에 대해서도 cover할 수 있어야 하기 때문이다. 이런 경우에 사고의 내용에 따라 피해보상 금액은 수억 원을 초과할 가능성도 높다.

참고로 패키지 보험에서도 GL은 별도인 경우도 있으므로 본 내용이 포함되어 있는지 확인이 필요하다.

---

[209] 임차인이 임대차계약을 중도해지할 수 있는 조항이 없을 때는 계약 해지를 위해서는 잔여 임대차기간 동안의 임대료를 납부해야 함을 떠올려보면 BI가 임대인을 cover해야 하는 금액도 만만치 않음을 간접적으로 알 수 있다.

임원배상책임보험

패키지보험(Section I~IV) 외에도 부동산 투자 관련한 보험이 더 있는데, 이는 '임원배상책임보험(Directors & Officers Liability Insurance, D&O)'이다.

이는 회사의 임원이 각자의 업무범위 내에서 업무를 수행할 때 선량한 관리자로서의 주의의무를 위반[210]해서 회사, 주주 또는 제3자에게 경제적 손해를 입혔을 경우, 그로 인한 손해 배상책임을 담보하는 보험이다.

예를 들어, 부동산 투자를 위한 별도의 회사(REITs, PFV 등 SPC)가 설립되었고 여기에 임원, 즉 이사 등이 되었을 때, 그가 결정한 내용으로 인해 민사상 손해배상 책임이 생겼을 경우 이를 cover하는 보험이다. 주의할 것은 본 보험은 민사에 대한 것이고, 형사에 대한 소송은 보호하지 못한다.

대부분의 해외 투자 기관은 D&O에 가입되어 있어서 의사 결정의 위험에서 어느 정도 자유로운 반면 국내 기업의 경우엔 투자를 위한 SPC의 임원으로 등재되어 있음에도 불구하고 D&O의 존재도 모르고, 이를 안다 하더라도 비용문제로 가입하지 않는 경우가 더 많은 것으로 보인다.
이는 상당히 위험한 것으로 나중에 소송에 휘말릴 경우에는 개인 자신을 방어할 수 있는 방법이 매우 제한적일 수 있음을 먼저 알고 업무를 맡아야 할 것이다.

---

[210] 과실, 의무위반, 태만, 허위진술, 신의위반, 누락 등의 부당행위가 포함된다.

6. PM계약

PMC, property management company는 직접 투자의 경우에는 소유자와 계약을 맺고, 간접 투자의 경우엔 AMC(Asset Management Company)와 PM계약(property management agreement)을 체결한다.

직접 시설관리를 수행하는 FMC(Facility Management Company)는 AMC를 거치지 않고 직접 PMC와 계약을 체결하는 경우가 대부분이다.[211]

PM계약의 해지

대부분의 PM계약서를 보면, 부동산의 처분이 있을 경우에 계약이 해지된다는 조항을 담고 있다. 이는 새로운 매수자가 PM계약을 인수할지 여부에 대해 선택을 할 수 있게 하기 위함이다.

대부분 매매종결, 즉 소유권 이전 1개월 이전에 PM업체에게 계약 해지통보를 하는 것이 일반적이다.

계약 해지 시 중요한 것은 PM 이하 FM(Facility Management) 인력[212]의 재배치 문제이다. 건물주가 바뀜에 따라 PM 및 이하 FM계약들이 새로 체결되는 경우, 그 빌딩에서 근무했던 직원에 대한 고려다.

즉 그 전에 근무했던 직원이 그 빌딩에 남아서 근무를 하든지 아니면 다른 직장(또는 다른 현장)을 찾아 떠나게 될 것인지에 대한 결정할 수 있는 기간을 두는 것이다.

---

[211] 그러나 이 경우에도 AMC에서는 FM 업체 선정 등에 대해 의견개진을 할 수 있으며, 몇몇 FM 중에는 직접 AMC와 FM 업체 간 계약을 체결하는 경우도 있다.
[212] PM 회사는 '관리소장' 또는 그 이하 직원 몇 명만 직접 고용한다. FM(Facility Management)회사의 미화, 보안, 시설, 전기 등의 업무를 직접적으로 수행하는 역할을 하며, 건물 운영을 위한 대부분의 직원은 FM에 소속된 인원이 된다.

그 기간이 짧은 경우엔 그 직원들이 당장 갈 곳이 없게 되거나, 너무 긴 경우엔 업무 태만 등으로 인해 빌딩 운영이 원활하게 되지 않을 가능성이 있다.

따라서 매매계약 체결 전까지는 매도자는 본 건물의 매각에 대해 관리소 직원 이하 운영담당에게 알리지 않아, 불필요한 동요를 막는 것이 중요하다. 매매계약이 체결된 이후, 거래 종료 1개월 전에 통지하는 것이 현실적으로 가장 알맞은 방법으로 보여진다.

7. 투자와 운영과의 관계

일반적인 기업은 주로 대외 업무를 담당하는 front office와 대외 업무를 처리하기 위한 middle office, 그리고 이 두 부서가 운영되기 위해 필요한 back office로 업무를 구별할 수 있다. 이 분류는 IB뿐만 아니라 일반 대기업에서도 통용될 수 있는 내용이기도 하다.

일반적인 자산운용사에서는 매입(acquisition)을 담당하는 투자팀과 운영(Asset Management, AM)을 담당하는 운영팀, 그리고 회계(accounting) 및 인사·노무(HR)를 맡는 팀으로 필수 업무를 나눌 수 있다.

이 중 투자팀과 운영팀에 대한 업무 특징을 기술해보면 아래와 같다.

업무성격상 투자팀은 한 프로젝트가 시작되면 매우 빠른 의사 결정 및 높은 업무 강도가 요구되고, 신규 deal이 없는 경우엔 시장 tapping 및 잠재 매물 확보를 위해 노력하게 된다.

하지만 운영팀은 일상업무(daily management)가 항상 있기 때문에 일년 내내 바쁘거나 혹은 보기에 따라서는 바쁘지 않아 보일 수도 있다. 운영팀은 투자팀의 follow up업무를 맡는 것이 아니라, 매입 시에도 운영팀의 의견을 적극 개진하고 modeling의 각종 assumption이 실제 운영 가능한 정도인지 확인해줘야 한다. 매입 시, 시장과 지속적인 호흡이 유지되는 AM team의 적극적인 협업이, 매입 이후 실제 성과를 보이는 데 반드시 필요한 요소 중 하나다.

다음은 각팀의 주요 업무를 정리한 것이다.

✓ **투자팀 Acquisition Team**
    신규 물건 확보 deal sourcing
    재무모델 작성 modeling
    자금조달 fund raising

✓ **운영팀 Asset Management Team**
    임대차 관리 Leasing Management
    자산 및 시설관리 PM, FM management
    사업계획 작성, 검토 Businss Plan Review
    운영보고서 Management Report
    매각 disposition

A manual for Real Estate Investment & Management

chapter
07

대출
(Loan)

chapter 07 대출 (Loan)

부동산 투자자가 아니더라도 대출의 필요성에 대해서는 잘 이해하고 있을 것이다. 주주equity 수익률을 높이기 위해서, 즉 지렛대 효과(leverage effect)를 위해서 대출하는 것이 좋다고 알고 있다.

그런데 상업용 부동산 투자에 있어서 상기 이유 말고도 대출을 받는 중요한 이유가 있는데, 다양한 기관 투자자의 눈높이를 맞추어 fund raising을 용이하게 해서 원만히 deal closing을 하기 위한 목적이다.

선순위 담보대출이 가능한 대형 보험사의 경우, 가능하면 선순위 대출 규모를 늘리고 지분 투자(equity) 규모를 줄이려고 한다. 이는 지렛대 효과(leverage effect)에 따른 높은 투자 수익률보다는 안정적 수익 창출이 더 중요한 목적이기 때문이다. 반면에 좀 더 높은 투자 수익을 올려야 하는 공제회의 경우, 선순위 담보대출보다는 지분 투자 금액에 더 관심이 높다.

따라서 대출금융기관과 지분 투자 기관이 서로 다른 시장을 형성할 수 있기 때문에, 대출을 받는 것이 부동산 투자를 위한 자금 모집에 있어 좀 더 넓은 시장을 확보할 수 있게 된다.

대출을 활용하게 되면, leverage effect이외에도 지분투자자에게 보다 많은 자산운용 기회를 제공한다. 예를 들어, 대출 금리 등 시장상황 변동 시 refinancing을 통해 주주이익을 증가시키거나, 지분만 매각하는 등 별도의 exit 전략을 실행할 수 있는 다양한 자산운용 방법을 만들 수 있게 된다.

대출약정서 주요 용어 해설

대출약정서에서 용어의 정의를 따로 내리는 경우가 많이 있어서, 그 정의를 다 옮기지는 않아도 될 것이다. 하지만 그 내용에 대해서는 약정서에서 설명하고 있지 않기 때문에 이를 중심으로 기술하면 다음과 같다.

차주(borrower)

자금을 빌리는 쪽을 의미한다. 간접 투자 기구를 사용하는 경우 차주가 수탁자(간접 투자 기구를 이용해 투자하는 경우 소유권을 신탁회사 – 수탁자에게 이전하게 되어 있음)가 되는지 아니면 간접 투자 기구 자체가 되는지에 대해 약정서 첫머리에 정의를 내려놓아야 한다. 물론 수탁자가 차주라고 해서 수탁자 자체가 자금을 실제로 빌렸다는 내용이 아니라, 수탁자의 지위에서 날인했다는 것이다.

대주(lender)

자금을 빌려주는 쪽을 의미한다. 한 개의 기관이 대주가 될 수도 있지만, 최근 경향은 여러 은행 또는 보험사 등이 모여 동일한 조건으로 자금을 모아서 집행(syndication)하게 되는데, 이 참여한 모든 금융기관을 통칭해 '대주단'이라고 부른다. 이 대주단의 대표격인 기관을 '주간사'[213] 또는 '대리은행(agency bank)'이라 하고, 주요 조건의 협상 및 타 금융기관에게 통지 등을 담당하게 된다. 주간사는 다른 참여기관[214]과 달리 대리은행 수수료 또는 금융자문수수료 등을 추가로 받게 되는 경우가 일반적이다. 이 경우엔 차주와 주간사 사이에만 대출약정서와 별도로 금융자문약정서 등을 체결하는 경우도 있고, 그 수수료의 성격에 따라 수수료가 입금될 때 한 번에 인식하는 경우와 대출기간에 안분해 인식해야 하는 경우로 나뉠 수 있으므로, 담당자는 이를 먼저 확인해야 한다.

Sponsor

'연대보증인' 정도로 볼 수 있는데, 해외에서 차입을 일으키는 경우 담보대출임에도 불구하고 차주 이외의 sponsor를 요청하는 경우가 상당히 많다. 따라서 대출약정서 주요조건을 담은 term sheet을 받았을 때 이에 대해 가장 먼저 살펴볼 필요가 있다. 만일 이것이 요청된다면, 해외에 설립된 REITs 등 SPC외의 직접적인 연대보증인(sponsor)이 필요하다고 이해하면 될 것이다.

---

[213] 또는 '주관사'라고도 한다.
[214] 참여기관을 두 가지로 구분해볼 수 있는데, 차주와 직접 대출계약관계가 체결되는 colender가 있으며, 차주와 대출계약을 직접 체결하지 않고 대주(lender)하고만 계약을 체결해 대출에 참여만 하는 경우(participation)로 나눌 수 있다. 후자의 경우, 참여기관은 당연히 차주와 대주 사이에 맺어진 대출약정서 한도 내에서만 대주를 통해 권리 행사를 간접적으로 구상할 수 있을 뿐이다. 대주가 자신의 대출채권을 제3기관에게 자유롭게 양도할 수 있는 것을 허용한 대출약정서와 그렇지 않은 경우가 있으며, 대출 협의 시 채권양도 계획에 대해 확인할 필요가 있다.

EOD(Event of Default)

'기한이익상실'이라고 표현하기도 한다. 차주가 이자를 납입함으로써 원금을 대출만기까지 상환하지 않을 수 있는 '기한이익'을 갖게 되는 것이 기본 개념인데, 일정 조건이 완성되거나 준수하지 못했을 경우에는 이 기한이익을 잃게 되어, 대출원금을 즉시 상환해야 하는 의무가 발생하게 되는 것을 말한다.

엄밀히 말하면, EOD가 발생했다고 해서 모두 즉시 채무를 변제해야 하는 것은 아니다. 채무를 즉시 변제해야 하는 것은 '기한이익상실'이 이미 된 상태를 말하기 때문이다. 약정서에 명확하게 구분되어 있는지 먼저 확인할 필요가 있긴 하지만 대부분의 경우 이자 또는 원금에 대한 지급일자를 놓친 경우에 몇일 이후 자동으로 기한이익상실이 된다. 하지만 약정서상 차주가 지켜야 할 의무(covenant) 위반한 경우 '기한이익상실 사유'를 구성하게 되어, 대리은행의 통지 등을 통해야만 '기한이익'이 상실되고 즉시 채무변제의무가 발생하는 것이다.

따라서 대출약정서에서 '기한이익상실사유' 통보 및 발생시기 등에 대해 면밀하게 검토 및 확인해야 한다. 약정서가 한번 날인되고 난 이후에는 설령 잘못된 또는 지나친 내용임을 담당자는 이해한다 하더라도, 이를 변경하기가 무척 어려우며 약정서 내용대로 이행해야 하기 때문이다.

Refinancing

'대환' 또는 '차환' 등의 표현을 사용하기도 하며, 기존 대출금을 새로운 대출을 통해 상환(repayment)하는 것을 의미한다. 기존 담보대출 보다도 이자율, 대출금액, 대출만기 등 새로운 조건이 유리한 경우, 기존 대출금을 상환하고 새로운 대출을 받는 것을 말한다.

기존 대출금을 다른 대출금으로 상환하는 경우 중도상환수수료가 발생할 수 있는데, 대출실행일로부터 3년 이내 대환할 경우 대출잔금의 0.5~1.5% 정도가 일반적이다.

유의할 점은 아무때나 기존 대출금을 상환할 수 있는 것이 아닌 경우가 많은데, 이자납입날짜('응당일'이라고 한다)에 해당하는 날에만 (중도)상환이 가능하도록 된 대출약정서가 있기 때문이다. 따라서 대환을 준비할 때엔 이러한 대환 또는 상환과 관련된 조항이 있는지 살펴봐야 한다. 참고로 이자납입은 매달 하는 경우보단 3개월 단위로 하는 경우가 대부분이기 때문에, 이 경우엔 대환이 가능한 날짜도 3개월에 하루뿐인 경우도 발생할 수 있다.

대환은 단순히 기존 대출조건을 완화시키는 역할을 하는 것뿐만 아니라, 이를 통해 지분투자 금액의 일부(또는 전부)를 회수하는 방법으로 사용할 수도 있다. 예를 들어, 최초 대출 실행 이후 자산 가치가 많이 상승한 경우에는 대환 시 대출금액을 증가시킴으로써 지분금액을 줄일 수가 있다.

만일 3년 전에 1,000억 원에 자산을 매입했고, 이때 LTV 60%로써 600억 원을 대출 받고 400억 원의 지분 투자를 했다고 가정해보자. 그 빌딩의 시세는 현재 1,400억 원이 되었다면, 같은 LTV인 60%를 적용할 경우 840억 원까지 대출을 일으키고 기존 지분투자 금액 400억 원 중 240억 원(=840억 원-600억 원)을 회수(equity pull out)할 수 있게 된다. 이는 단순히 시장 내 자산 가치가 상승할 때 적용할 수 있는 것뿐 아니라, 공실이 크게 해소되어 현금흐름이 양호해진 경우 또는 담보대출 이자율이 크게 하락해 동일한 현금흐름에도 보다 많은 이자를 감당할 수 있게 된 경우에도 검토할 수 있다.

대환은 크게 2가지 방법이 있는데, 기존 대출금을 상환하고 완전히 새로운 대출약정서를 맺어서 신규대출을 일으키는 방법과 기존 대출약정서 및 근저당을 유지한 채 대출채권양도를 통해 대주단만 바꾸는 방법이 있다. 참고로 후자가 가능 하려면, 최초 대출약정서에 대주의 변경이 가능하다는 조항이 있어야 하며,[215] 근저당의 효력이 그대로 유지될 수 있는지에 대해 법률검토가 선행되어야 한다.

　대출채권 양도의 방법이 대환 때 검토되는 이유는, 약정서를 새롭게 만드는 수고로움을 줄이는 효과도 있지만, 기 설정된 근저당을 그대로 남겨서 활용할 수 있기 때문에 대환에 따른 근저당 설정 비용 등(대출금액의 약 30~40bps)[216]을 절약할 수 있기 때문이다. 특히 보증금 반환을 위한 임차인의 전세권 또는 근저당이 담보대출 근저당 이후에 설정된 경우, 대환 때 새로운 근저당을 설정하게 되면 이 보증금 설정금액보다 신규 근저당이 후순위가 된다. 이 경우 신규 대출 시 LTV가 높아져서 충분한 담보대출 금액을 얻지 못하는 경우가 발생할 수도 있어 주의가 요구된다.

보증금이 있는 경우 refinancing 전/후 담보대출 LTV 비교

Refinancing 전

등기일자	채권자	채권최고액(원)	비고	각 대주별 LTV
2010.3.1	AAA 회사	12,000,000,000	임대차보증금반환채권	
2011.8.1	XX은행	110,500,000,000	담보대출에 따른 근저당설정금액	50%
2011.9.1	BBB회사	9,000,000,000	임대차보증금반환채권	
2012.2.1	YY보험	6,500,000,000	담보대출에 따른 근저당설정금액	68%
2013.1.1	CCC회사	3,500,000,000	임대차보증금반환채권	

---

215) 특히 대출채권 유동화를 염두에 둔 대주가 있다면 차주의 동의없이 대출채권 양도가 자유로울 수 있다는 조항이 반드시 들어가게 마련이다.
216) 대부분 근저당설정비이지만 법무사 수수료, 채권할인금액, 약정서 변경비용 등이 추가적으로 발생할 수 있다. 참고로 국공채를 매입해 자산운용을 하는 보험사 등 금융기관에서는 채권할인을 하지 않고 채권을 매입 후 만기까지 갖고 가는 경우도 많으니, 이에 대해 관련 팀과 먼저 상의하도록 하자.

Refinancing 안 1

등기일자	채권자	채권최고액(원)	비 고	각 대주별 LTV
2010.3.1	AAA 회사	12,000,000,000	임대차보증금반환채권	
2011.9.1	BBB은행	9,000,000,000	임대차보증금반환채권	
2013.1.1	CCC회사	3,500,000,000	임대차보증금반환채권	
2014.4.1	ZZ보험	117,000,000,000	담보대출에 따른 근저당설정금액	59%

Refinancing 안 2

등기일자	채권자	채권최고액(원)	비 고	각 대주별 LTV
2010.3.1	AAA 회사	12,000,000,000	임대차보증금반환채권	
2011.8.1	ZZ은행	110,500,000,000	담보대출에 따른 근저당설정금액	50%
2011.9.1	BBB회사	9,000,000,000	임대차보증금반환채권	
2013.1.1	CCC보험	7,500,000,000	임대차보증금반환채권	
2012.2.1	WW회사	3,500,000,000	담보대출에 따른 근저당설정금액	73%

예를 들어, 상기 표에 나온 YY보험의 대출금 50억 원[217]에 대해 refinancing을 하는 것으로 설명하면, 'refinancing안 2'와 같이 CCC회사의 임대차보증금으로 인해 LTV가 최초 대출했던 시점의 68%보다 높아져서 73%가 될 수 있다. 단지 5% 오른 것이 큰일이 아닐 것처럼 보일 수도 있겠지만 그렇지 않은 이유가, 각 금융기관 성격에 따라 대출을 취급할 수 있는 LTV 기준이 다르기 때문이다. 즉 이미 내부적으로 정해져 있는 일정 기준[218]을 넘게 되면 대출금리가 높아지거나 심한 경우엔 대출 취급을 할 수 없게 된다. 이 경우에도 WW보험사의 내부 기준이 70%

---

[217] 근저당설정금액('채권최고액'이라 한다)은 일반적으로 대출 원금의 1.3배로 한다. 따라서 상기 대출원금은 '65억 원/1.3=50억 원'이다.
[218] 제1금융기관(은행, 대형보험사 등)의 경우엔 가장 낮은 금리를 제시하고 있지만, 동시에 가장 낮은 LTV를 요청한다. 일반적으로 담보평가금액의 50~60%의 선순위 LTV 내부 가이드라인을 갖고 있는 경우가 많다. 제2금융기관(캐피탈, 저축은행, 종금사 등)은 60%를 넘어 70~80%까지도 후순위 대출을 취급하는 경우가 있다.

미만의 LTV 기준을 갖고 있다면 refinancing이 실행될 수 없게 된다.

그렇다고 해서 refinancing을 할 수 없는 것은 아닌데, 1안과 같이 기존 선순위 대출금을 합해 한꺼번에 refinancing을 하면 1순위 대출금액의 설정비율인 130%에서 30%만큼 LTV 계산에서 여유가 생기기 때문에 대출 취급 가능한 경우를 만들 수 있다. 그렇지만 이 경우엔 대출금 전체의 근저당을 다시 설정해야 하기 때문에 근저당설정비용이 신규로 크게 발생하는 단점[219]을 동시에 고려해야 한다.

참고로 2안에서 1순위 대출금액을 대환한 ZZ은행은 그대로 순위가 바뀌지 않았음을 볼 수 있다. 이것은 기존 대주인 YY은행이 담보대출을 그대로 ZZ은행이 승계받아 기존근저당을 활용[220]했기 때문이다.

DSCR

Debt Service Coverage Ratio의 약자이며 '부채상환비율'이라고 한다. '이자납입 직전 기간의 NOI'에서 '이자금액'을 나눈 값으로 계산되는데, 이자 납입 시기가 되더라도 그 바로 직전 월의 결산이 끝나지 않은 경우가 있기 때문에, 좀 더 이른 기간으로 정하기도 한다.

NOI 계산 시, 임대대행수수료(leasing commission), AMC 관련 비용, 자본적지출(Capex) 등은 비용의 차감항목에 고려되지 않아야 함을 염두에 두어야 한다. 따라서 대출약정서에 이러한 내용이 해석될 수 있는 문구를 반영하도록 하거나, 대주와 약정서 협의 시 향후에 이에 대한 해석을 명확하게 할 수 있도록 이메일 등을 통해 설명 기록을 남겨놓는 방

---

[219] 이러한 경우는, 상기 예와 같이 선/후순위만 있는 대출은 물론 여러 대주가 같이 대출에 참여한 syndication loan에서도 발생하는 이슈이다.

[220] 이를 위해 차주는 물론 후순위 채권자의 동의가 필요하며, 기존대주의 대출채권양도에 대한 협조도 필요하다.

법도 필요하다.

일반적으로 담보대출 금융기관은 그 해당 기간의 현금흐름(NOI)이 이자금액의 1.3배가 넘도록 요구하는 경우가 많으며, 이보다 작은 경우 이자납입금액의 일부(예를 들어 3개월분 이자 해당 금액)를 별도의 계좌(reserve account)에 유보하도록 요청하기도 한다. 이 reserve 금액이 언제 인출 가능한지에 대한 정의와 해석이 불분명한 경우가 많고, 나중에 이를 두고 대주와 차주 사이에 이견이 발생할 수도 있으니 약정서 작업 시 이 내용에 대해서도 명확히 해두어야 한다.

DSCR test가 약정서에 지켜야할 의무(covenant)로서 들어간 경우, 향후 1년간 projection을 통해 언제 위험할 수 있는지 선행적으로 준비해야 할 필요도 있다. 수입(revenue)이 일정하다고 가정하면 DSCR은 계절별로 달라지기 때문인데, 여름철 냉방부하로 인한 전기료 증가, 재산세 및 종부세, 보험료 납입으로 인해 3/4분기와 4/4분기가 낮게 나오고, 2/4분기가 제일 좋게 나온다. 따라서 이 시점의 DSCR이 위험하다고 예상된다면 미리 비용 계획[221]을 수립해야 한다.

대출취급수수료

대출 시 발생하는 부대비용 중 하나다. '대출취급수수료' 또는 '금융주관수수료'라는 이름으로 주선기관 또는 대주단 전체에게 지급된다. '금융주간수수료'인 경우, 이를 받는 입장에서는 컨설팅 수수료의 성격으로 보아 일시로 수익인식이 가능하지만 '대출취급수수료'로 받게 되는 경우에는 대출기간과 안분한 후 이를 수익인식 하는 경우가 있다.

---

[221] 구체적으로는 각종 수수료의 이연, 재산세 분납 신청 등이 있을 수 있다. 인건비에 해당되는 항목은 이연이 어렵지만, 수수료 또는 Capex 집행 등은 비교적 집행 시점을 조정하는 게 수월하기 때문에 먼저 고려될 수 있어야 한다.

참고로 차주 입장에서는 대주단이 구성될 때 참여 기관별로 역할이 달라, 이 수수료가 참여 기관별로 다르게 배분되는 경우도 있기 때문에, 각 기관에게 얼마를 지불하는지 함구할 필요가 있다.

LTV

Loan to Value의 약자로 '담보대출비율'이라고 하며, 담보가격 대비 대출금액의 비율이다.

담보가격이라 하는 것은 통상적으로 매매금액의 95% 내외의 금액으로 책정[222]되고, 대출금액은 대출원금 및 선순위 근저당 설정금액 등을 모두 포함한다.

담보가격은 금융기관이 자신의 대출원금 회수를 위해 담보물건을 시장에 매각을 할 때 받을 수 있는 금액으로 결정되는데, 일반 매각 때보다 짧은 시간에 적극적인 마케팅 활동 없이 시장에 매각될 수 밖에 없기 때문에, 시세보다 낮은 금액으로 보수적으로 책정된다. 차주는 이 담보가격 결정 설정을 돕기 위해 담보대출을 위한 감정평가를 받게되고, 감정평가업자는 '담보'목적의 평가를 실시해 금액을 책정하게 된다.

은행 및 보험사의 경우 담보가치 대비 60~66% 내외의 대출금액을 한도로 하는 경우가 일반적이다.

이보다 많은 대출금액이 필요할 경우 후순위 대출을 추가할 수 있는데, 후순위 대주는 선순위 담보대출 설정금액(일반적으로 대출금액의 130%를 설정함) 이후에 담보권을 갖게 되므로 후순위 대출까지 하게 된

---

[222] 정확히 하면 담보평가금액이 맞겠지만, 대부분의 경우 시세, 즉 매매금액이 이미 결정되어 있는 상태에서 대출을 검토하기 때문에 담보평가금액도 이에 맞추어 결정될 수 밖에는 없는 것이 사실이다. 따라서 감정평가기관도 시세의 약 95% 정도로 고려할 수 밖에는 없다.

경우 LTV는 80%를 훌쩍 넘기게 된다.

　국내 담보 대출약정서에서 흔하게 보이는 경우는 아니지만, 대출 이후에도 매년 자산가격을 평가해 그 가치가 낮아져 일정 LTV를 지키지 못한 경우, equity를 추가로 납입해 loan잔액을 낮추는 경우도 있다.

　참고로 대출약정서에서 선순위는 Trench A, 후순위는 Trench B, 부가가치세 대출은 Trench C 등으로 나누어 대출금의 성격을 규정하기도 하며, 각 trench 별로 중도상환수수료 발생 여부 또는 만기, 이자율 등이 달라질 수 있다.

Mezz Loan

　후순위 대출이며, 선순위 대출과 지분 투자 사이에 대출이 추가되는 것을 말한다. 선순위 대주와 후순위 대주 사이에 이해관계가 다를 수 있기 때문에, 이를 조정하는 것이 가장 중요한 이슈가 된다.

　유사한 표현으로 mezz equity라는 표현이 있는데, 이는 선순위 지분 투자자(우선주와 비슷한 개념)를 의미한다. Mezz loan과 mezz equity의 차이는 투자자가 받아가는 원천이 '이자'인지 '투자 수익'인지에 따라 달라지게 된다.

　또한 선순위 대주와 후순위 대주간의 상충되는 이해 조정을 위해 차주를 포함해 상호 간에 별도의 약정서를 맺는데 이를 Inter Creditor Agreement(ICA)이라고 한다. 이 ICA가 필요한 이유는 선순위 대주가 자신이 보다 낮은 LTV에 있다고 해서 무조건 EOD를 실행시키고 담보물건을 마음대로 처분하면, LTV가 높은 후순위 대주는 원금손실 가능성이 매우 높아지기 때문이다. 따라서 매각이 필요한 경우 절차 또는 기간 등을 거쳐서 후순위 대주의 이익이 어느 정도 보호받을 수 있는 내용을 ICA에서 담고 있다.

Off-shore loan

대주(lender)가 해외에 있는 경우의 대출을 말한다. 반대의 경우는 on-shore loan이라고 하며, 부동산의 소재지와 대주의 소재지가 같은 경우로 대부분의 선순위 대출이 이에 해당한다.

CP

Condition Precedence, '인출선행조건'이라 해서 대출 실행 전까지 차주가 지켜야 할 조건을 말한다. 약정서가 체결되었다고 해서 인출 전 모든 조건이 완성되어 있는 것이 아니고, CP에서 각종 서류의 제출은 물론 인출 직전 equity 납입 증명 등 필요한 모든 내용을 담고 있다. 따라서 대주는 모든 CP조건이 만족되고 있음을 확인 후에 대출 실행을 하게 된다.

대출약정 내용에는 CP말고도, 인출 후에도 지켜야 할 조건들이 있는데, 이를 CP와 반대되는 용어로 CS(condition subsequent, 인출후행조건)라 한다.

Pari Passu[223]

채권자 간 동일한 순위를 갖는 것을 의미한다. Pari passu clause가 있는 경우엔 채권자가 대출을 상환받을 때 동일한 순위로 인정될 수 있다.

---

[223] 라틴어로 영어로 표현하면 'with an equal step' 또는 'on equal footing'이다.

A manual for Real Estate  Investment & Management

chapter
08

매각
(Disposition)

chapter 08 매각 (Disposition)

 매입할 때와 반대 입장에서 매각이 진행되긴 하지만 여러 이유로 인해 외부 소문에 더욱 민감하고 어려운 것이 바로 매각 업무다. 매입할 때는 나 혼자 최선을 다해 매수자로 선정되면 되지만, 매각할 때는 수많은 잠재 매수인 속에서 단 한 명만을 선택해야 하고, 절차를 원만하게 마무리 지어야 하는 업무 특성이 있기 때문이다.

 쉽게 말해서 매각 업무는 잘해야 본전이고 못하면 혼만 나게 되기 십상이다. 따라서 업무처리의 객관성, 투명성을 지키면서도 회사 눈높이에 맞추어 절차를 진행하는 것이 중요하다.

1. 매각 방법

 부동산을 매각하는 방법은 수의계약, 공개매각, 크게 2가지로 나눌 수 있다.

 공개매각은 신문 공고 등을 통해 시장에 매각 사실을 알린다는 뜻이며, 줄여서 '공매'라고 부른다. '공매'와 유사한 용어로 '경매'가 있는데, 이는 법원에서 진행하는 매각 절차를 말한다.

반면 수의계약은 매도자가 매수자를 지정해 매매계약을 체결하는 것을 의미한다.

공개매각은 기본적으로 가장 높은 희망 매입가를 적는 자가 선정되는 경쟁입찰 방식을 취하는 경우가 많지만, 매수자의 자금조달 가능성(자기자금 투자인지, 외부 투자자모집이 필요한지 여부), 매매 구조(asset sale, share sale 등) 등과 종합적으로 고려해 선정하는 경우가 더 일반적이다.

경쟁입찰 방법도 공개·비공개로 나뉘는데, 몇몇 잠재 희망매수자만을 선별해 비공개 경쟁입찰방식을 선호하는 경우가 많은 편이다. 매도자가 시장에 부동산을 판다는 소문이 나는 것을 그리 선호하지 않거나, 사전 시장조사(tapping)없이 빠른 매매종결(closing)을 원하는 경우, 또는 잠재 매수자의 제안 금액이 시장에서 찾는 것과 비교해 큰 차이를 보이지 않는다고 판단되는 경우 등이 해당된다.

반면 공개 경쟁입찰 방식은 신문 공고 또는 매각자문사(sales agency)를 통해 시장 주요 참여자들에게 설명자료(teaser memo)를 배포하는 방법을 사용하게 된다.

2. 매각 절차

매각업무의 진행 주체는 투자팀(acquisition team)이 아닌 운영팀(asset management team)에서 진행하는 것이 더 수월하다고 생각된다. 그 이유는 매각 바로 직전까지 자산을 관리하던 사람이 그 장단점을 가장 잘 이해하고 있기 때문이다. 물론 매각 담당자는 매각대행사 및 외부 투자자 동향에 대해 충분한 이해와 넓은 네트워킹이 뒷받침되어야 함은 당연하다. 만일 운영팀 내 담당할 인력 또는 역량이 부족하다면 투자팀에서 매각을 주로 진행하고 이를 운영팀에서 협조하는 것도 방법이 될 수 있다.

매도자는 아래와 같은 절차로 매각을 준비하는 것이 일반적이다.

매각 내부 의사 결정

예상 매각 금액 및 최저 매각 가능 금액, 매각 종결 시기, 매각 방법 등에 대해 내부적으로 의사 결정을 해놓을 필요가 있다. 이것을 정해놓지 않으면, 진행하는 과정에서 잡음이 발생해 절차 진행에 어려움을 겪을 가능성이 매우 높아진다.

매각자문사(sales agency) 선정

매도자가 직접 매수자를 찾는 마케팅을 진행할 수 있지만, 매각전문 컨설팅사를 고용해 진행하는 것이 더 일반적이다. 컨설팅사를 고용하게 되어 약간의 비용(매각자문수수료)이 발생하지만 몇 개월간 지속되는 매각 절차 및 다수의 잠재매수인에게 다양한 정보를 적시에 제공하는 역할을 회사 내부에서 몇몇의 담당자가 진행하기에는 부담스러운 일이기 때문에 전문기관에게 매각 업무를 대리할 수 있게 해서 진행하는 것이 유리한 경우가 많다. 또한 이런 내부적인 이유 말고도, 입찰에서 탈락한 참여자들의 원성을 막아줄 든든한 방패 역할도 매각대행사가 대신 해줄 수도 있다.

매각자문사를 선정하기 위해서는 시장 내 자문사 리스트를 만들어 이들에게 매각 진행과 관련한 proposal(일정, 예상매각금액, 가망 매수자 리스트 또는 마케팅 대상, 수수료 제안, 유관 실적 등)을 받으며, 경우에 따라서는 PT를 받아 선정하기도 한다.

매각자문사가 선정된 후에는 향후 일정, 매각 방법 등에 대해 명확히 하는 kick off meeting을 갖도록 한다.

Teaser memo

Teaser memo란 시장 참여자들에게 매각 정보를 전달하기 위한 기초 자료로, 빌딩 위치, 규모 등의 기초적인 내용을 담은 몇 페이지 내외의 자료다. 이를 보고 잠재 매수자는 검토를 시작할 만한 프로젝트인지 판단을 하며, 깊이 있게 검토 가능할 것으로 판단되는 경우 CA를 체결하고 본격적인 자료를 받게 된다.

해외프로젝트인 경우엔 이 teaser memo로만으로도 어느 정도 깊이 있는 검토가 될 수 있을 만한 정보가 제공되지만, 국내 부동산인 경우엔 IM(Information Memorandum)을 받아야 어느 정도 내용을 파악할 수 있는 경우가 많다.

IM

IM(Information Memorandum)은 시장 정보를 포함한 부동산의 상세 정보를 담은 자료로, 최근에는 프린트된 hard copy보다는 PDF로만 제공되는 경우가 많다.

매도자는 IM을 통해 정확한 정보를 전달해야 하고, 사실과 다를 경우 매도자의 사유로 계약이 파기되는 경우로 이어져서 손해배상 소송까지 가능하므로 유의해야 한다.

예를 들어, 매도자는 그동안 문제가 없이 사용해 오던 인근 주차장이 건물에 부속된 부설주차장이었다고 당연히 여기고 있었고 이를 매각 대상에 포함을 시켰는데, 후에 본격적인 실사를 통해 그 주차장은 본 건물의 부설주차장으로 허가받은 것이 아니라 필요에 의해 오피스에서 사용해오던 것에 불과하고, 법적으로는 같은 동의 다른 용도로 사용했던 지하주차장의 지분을 갖고 있었음을 알게 된 경우도 있다.

따라서 매각 목적물의 현황 표시에 대해서는 매우 엄격한 정확성이 요구된다.

IM에는 본 매각 일정을 포함해 매수의향서 제출 방법, 우선협상대상자 선정 등 매각 절차에 대한 전반적인 사항이 포함된다. 또한 여기에 현상태 매각(As-Is sale)과 같은 매각 조건도 명시하게 되며, 계약서에 이러한 내용 또한 반영된다.

또한 매도자는 여러 잠재 매수인의 자료 열람을 위해 현장에 data room을 만드는 경우도 많다. 여기에는 도면, 임대차계약서 등 현장에서 관리되는 상세 정보를 직접 열람할 수 있다.

LOI
IM 등에서 제공된 정보에 따라 어느 정도의 자산 실사를 거친 후, 매수의향서(Letter of Intent, LOI)를 매도자에게 제출한다. IM 등에서 요구되는 내용에 따라 매도자가 자금조달방법, 매매종결(closing)가능시기 등에 대한 추가 정보를 요청하기도 한다.

매수자는 내부 투자심의위원회 등을 거쳐서 매입 확인을 받기 이전에 LOI가 발급될 수밖에 없는 시점 때문에, 이런 조건을 부기하는 것을 잊지 말아야 한다.

또한 일정 기간 이후에는 LOI 효력이 없음도 표기해야 하는데, 이는 매각일정이 매도자의 사정 등에 따라 지연되는 경우에 LOI 제출 당시와는 달리 시장상황 등이 바뀌어 이를 유효하게 진행시킬 수 없는 경우도 있기 때문이다.

우선협상대상자

LOI를 접수받은 후 내용을 비교해 우선협상대상자를 선정(preferred bidder selection)하고 외부적으로 이를 알려야 한다. 그리고 우선협상대상자와 협의가 원만히 진행되지 못할 것에 대비해 차순위자에도 이를 알릴 필요도 있을 수 있다. 그리고 나머지 참여자들에게는 선정되지 못한 것에 대해 아쉽다는 내용에 대해 공문 또는 이메일(sorry letter)을 발송해 확인시켜주는 것이 바람직한 절차다.

비교적 간단한 업체 선정임에도 떨어진 참여자에게 원망은 물론 이의 제기까지도 있는 경우가 있고, 내부적으로도 선정 결과에 대해 객관성을 유지했다는 증거가 필요할 수 있기 때문에, 관련 의사 결정 자료는 일정 기간 보관하는 것이 필요하다.

MOU

우선협상대상자가 선정된 이후 약 2주 이내에 양해각서(Memorandum of Understanding, MOU)를 체결하는 것이 일반적이다. 이 내용에는 우선협상대상자에게 매매계약을 체결할 수 있는 독점적 권한(exclusivity)을 부여하는 것을 주로 하고, 구체적인 자산실사 진행을 허용한다는 내용이 담긴다. 이 밖에도 자산실사(due diligence) 내용에 따라 일정 사유 및 범위에 한정해 매매금액, 대금지급 기한 등이 포함되어 지기도 한다.

MOU를 체결하면서, 우선협상대상자로부터 일정 금액 – 수억 원에서 매매대금의 몇%에 이르기까지의 금액 – 을 '이행보증금(earnest money deposit)'으로 해서 매수자가 우선협상대상자에게 요청하는 경우도 있다. 이 금액은 매매계약 체결 시 계약금의 일부로 전환되기도 하며, 체결이 되지 않을 경우 우선협상대상자에게 반환되는 이행보증금(refundable deposit)과 그렇지 않은 경우의 이행보증금(non-refundable deposit)으로 그 성격을 나눌 수 있다.[224]

MOU를 체결하고 우선협상대상자가 매매계약을 체결하지 않고 자유롭게 계약을 해지할 수 있는 것을 non-binding MOU라 하고, 매맥계약을 체결하지 못했을 때 이행보증금 등을 위약벌(penalty)로 내야 한다면 binding MOU라고 한다.

---

[224] 반환되는 금액이라 하더라도, 예치한 기간 동안 발생한 이자를 포함해 돌려줘야 하는지에 대해서도 먼저 명확히 할 필요가 있다.

MOU가 체결되는 시점 매수자 입장에서는 아직 투자에 대한 내부 의사 결정이 완성되기 이전인 경우가 많기 때문에, 매매계약의 확약을 하기엔 이른 경우가 많다. 따라서 매수자는 non-binding MOU를 당연히 선호하게 된다. 하지만 매도자 입장에서는 매매계약을 체결하지 못하는 경우엔 그간의 시간과 노력에 대한 보상을 받을 수가 없어지게 되기 때문에 binding MOU를 선호한다. 참고로 binding MOU가 아님에도 이행보증금을 요청하는 경우도 있고, 이 경우엔 매매계약이 체결되지 않게 되면 이행보증금은 우선협상대상자에게 돌려주게 된다.

여기에서 한 가지 더 고려할 점은, 이행보증금을 받은 후 협의를 진행하다가 매수자 측의 이유로 인해 매매계약을 체결하지 못한 경우다. 원래 돌려주기로 한 금원(non-binding MOU)이라 할지라도, 즉 상호 간에 협의한 내용이니 이를 돌려주기만 하면 그만이라고 생각할 수도 있겠지만, '이행보증금'을 받는 것이 매도자에게 아무 위험이 없이 유리하기만 한 것인지에 대해 생각해볼 필요가 있다.

돌려줄 때 너무 복잡한 내부 절차를 거쳐야 하거나, 이행보증금 금원이 잠재매수인이 외부로부터 잠깐 융통한 돈이고 문제가 생겨서 제3자가 매도인이 관리하는 이행보증금 통장을 가압류해서 더 이상 금액을 인출할 수 없게 만드는 등의 예기치 못한 일이 발생할 수도 있다. 이런 것을 어느 정도 회피할 수 있는 방법으로 매각 대행사 또는 법무법인이 개실한 에스크로계좌(escrow account)를 이용할 수 있긴 하지만 회계 이슈 등으로 인한 각 회사 내부 사정상 진행하기 어려운 경우도 많이 있을 수 있으니 사전 양해가 필요할 수 있다.

Due Diligence

우선협상대상자가 이행보증금을 내게 됨으로써 생기는 효과는 독점권(exclusivity)을 갖는 것과 자산실사(due diligence)를 실시할 수 있는 위치를 확보하는 것이다. 자산실사를 통해 다른 잠재 매수자가 알지 못하는 상세한 내용의 제공을 요청할 수 있으며, 이러한 자산실사 결과에 따라 매수자는 매도자에게 매매대금의 감액 등을 요구할 수도 있다.

특히 법령 등에 맞지 않게 운영되고 있는 사항, 이미 집행되었어야 하는 대규모 자본적지출의 집행이 미뤄져서 정상으로 작동이 어려운 경우[225] 또는 당장 수선이 필요한 항목이 있어 지출이 필요한 경우, 경계측량(boundary check)에 따른 경계침범 이슈, 연면적과 임대면적의 상이 등으로 인한 수익 감소 예상 등에 대한 내용에 대해 매도자와 협상을 시작할 수 있다. 이는 자산실사 과정 중 발견된 내용과 제공된 IM내용의 차이를 발견하고, 이를 명확히 하는 것에서 출발할 수 있을 것이다.

PSA

MOU 체결 시 협의된 매매조건을 기본으로 하되, 실사 과정을 통해 추가 협의한 내용을 반영해 매매계약을 체결하게 된다. 일반적으로 매매대금의 10%를 계약금으로 지급하며, 기 지급된 이행보증금이 있는 경우에는 계약금에 포함되는 경우가 일반적이다.

Closing

매매대금의 90% 및 건물분 부가세를 포함하고 정산금액을 고려해 잔금을 지급함과 동시에 소유권 이전을 한다. 매매계약 체결 이후, PM, 보

---

225) 'deferred capex item'이라 한다.

험가입 등 소유권 이전 후 운영을 위한 준비를 하게 되며 일반적으로 1개월 정도의 기간이 주어진다.

매도자는 그 기간 동안 임대차승계동의서 등을 포함한 매매계약에서 제출을 요구하는 자료를 준비하고 매수자에게 전달한다.

매도자가 간접 투자 기구를 이용한 경우 매매종결(closing) 이후 회사를 청산하는 절차를 밟게 된다. 부동산 펀드의 경우엔 일반적으로 3영업일 이내에 설립했던 투자 기구를 완전히 해산하는 것이 가능하지만, 공모로 이뤄진 투자 회사의 경우 채권자신고 등 절차에 시일이 걸리기 때문에 실제 회사 청산까지는 수개월이 소요될 수 있다. 회사를 청산하게 되는 경우 진술 및 보장에 대한 실질적인 청구 대상이 없어지는 결과를 초래하므로, 이를 고려해 계약서를 작성해야 한다.

매각 시 유의사항

매수(acquisition)는 다수의 매수자 중에서 내가 선택받거나 그렇지 못하면 그만이지만, 매각(disposition)은 여러 매수자 중 '내가' 그를 '선택'해야 하기 때문에, 매수자를 선택한 이유에 대해 내부적으로 그리고 외부적으로 모두가 납득할 수 있는 이유와 설명이 있어야 한다. 만일 이것이 잘 이뤄지지 않는다면, 매각 이후에도 끊임없이 부담이 될 수 있다.

따라서 매각에 있어서는 매각 절차를 먼저 정하고 그 절차에 대해 내부적으로 먼저 충분한 논의와 공유, 확인이 있어야 한다. 그 이후 외부에도 수립된 매각 전략에 따라 그 절차와 선정 기준에 대해 명확하게 해서,

담당자의 자의가 개입될 여지가 없음을 명확히 해야 한다.

또한 필요한 경우 제3자의 힘을 빌려 잠재적 위험 내지는 잡음을 피할 수 있는데, 이는 매각대행사를 선정해 그 회사가 모든 절차 및 내용에 대해 표면적인 책임을 질 수 있도록 하는 목적도 있다.

매각대행사를 선정하는 경우 외부에 알려지는 매각 절차는 전문가인 매각대행사와 협의해 정할 수 있지만, 매각 절차 진행 시 매수자에게 제공되는 자료의 내용은 매도자에게 책임이 그대로 남게 되기 때문에 매우 조심해야 한다. 이에 대해 매각 이후까지도 소송 등 손해배상이 진행될 수 있기 때문이다.

A manual for Real Estate Investment & Management

chapter
09

기타
(Others)

chapter 09 기타 (Others)

이 장에서는 상사에게 물어보기는 곤란하지만 궁금증을 갖기 쉬운, 그리고 꼭 필요한 업무 처리 기술에 대해 설명하고자 한다.

1. 이메일(email)

예전과는 달리 이메일이 공식적인 업무 수단으로 활용되는 시대다. 이메일 내용은 그대로 보관되어 단순한 사실(fact) 이상의 힘을 발휘할 수 있으며, 이메일 자체로도 공식적인 결재가 된 것으로 여겨지는 경우도 많다.

따라서 사적으로 활용하는 개인 이메일과 업무용 이메일은 분리하는 것이 바람직하며, 불가피하게 하나의 계정으로 공유하는 경우에는 적절히 사용하는 방법을 익혀두는 것이 필요하다. 업무용으로 이메일을 주고 받음에 있어서 에티켓을 지키지 못하는 경우엔 상당히 좋지 못한 결과를 초래할 수 있다.

이메일 작성

업무용으로 사용할 때 지켜야 할 에티켓과 작성 시 유의할 점은 아래와 같다.

아이디(ID) 만들기

명함에 적히는 업무용 이메일 아이디는 자신의 얼굴이고 이름이다. 자신의 영문 이름과 함께 회사 계정을 사용하는 것이 비즈니스에 가장 어울린다. 별명 또는 자신이 만든 영문 표현 등은 지양하도록 한다. 또한 생년월일 등의 숫자를 이름 뒤에 넣는 것도 그리 좋은 방법은 아닌 것이다. 오히려 자신의 영문 이름이 이미 등록된 경우엔, 영문 이름 뒤에 회사 이니셜을 붙이는 방법으로 새롭게 작성하는 것이 좋다.

만일 회사 계정이 없는 경우, 포털 사이트 등의 메일 주소를 이용할 수 있겠지만 이 경우엔 되도록이면 국제적으로도 누구나 알 수 있는 큰 도메인을 이용하는 것이 아무래도 신뢰를 얻기가 수월한 것 같다.

to(수신) / cc(참조) / bcc(숨은참조) 활용

내가 수신인(to)에 올라 있으면 반드시 내용을 이해하고 회신하는 것으로 이해해야 한다. 메일의 내용이 간단한 사실(fact)의 전달이라 할지라도 잘 받았다는 간단한 회신을 보내는 것이 좋다. 반면 내가 참조(cc)로 되어 있는 경우, 코멘트를 덧붙이는 등 새로 관여를 할 경우에 한해 회신하는 것이 일반적이다.

그리고 내가 숨은참조(bcc)로 이메일을 받은 경우엔 전체회신(reply to all)을 절대 하지 말아야 한다. 왜냐하면 그 메일을 받는 수신인은 당신이 메일의 수신인이었던 것을 몰랐을 텐데 갑자기 회신을 받으면 무척 당황스러울 것이고, 이는 메일을 처음 작성한 사람을 매우 곤란하게 만들 수 있기 때문이다.

메일을 회신할 때에는 보낸 한 사람에게만 회신(reply)할 수도 있고, 참조하는 사람을 포함해 모두에게 보낼 수도 있다(reply to all). 내가 보내는 내용이 메일의 전체 수신자에게 알려지는 것이 어색한 경우엔 메일을 보낸 한 사람에게만 회신하는 것이 좋다. Reply to all은 메일 내용이 메일을 받는 모든 사람에게 볼만한 수준이라고 생각될 때만 하도록 하자. 왜냐하면 많은 사람이 cc되어 있는 경우에 모두가 전체 내용에 대해 알 필요도 없는데, 메일만 여러 개 받아서 메일함을 정신 없게 만들 수도 있기 때문이다.

그리고 메일을 받았을 때 처음 cc된 사람 이외에 새로운 사람을 cc하는 것은 매우 유의해야 한다. 이는 메일을 처음 쓴 사람 입장에서는 상당히 기분 나쁠 가능성도 있다. 새롭게 메일 리스트에 들어온 사람에게 그간의 이메일 내용을 그대로 일러바치는 결과나 다름없기 때문이다.

내가 메일을 보낼 경우엔 받는 사람의 입장에서 위와 같이 해석되는 것을 전제로 to/cc/bcc 중에서 선택하도록 한다. 유의할 것은 나보다 높은 상사를 cc하거나 to를 할 때, 이메일 내용이 그 사람에게 직접 보내도 무방한 수준인지 내용을 검토하는 것이 필요하다.

받는 사람 이름을 메일 본문 처음에 넣기

받는 사람 이름을 메일 본문의 첫머리에 적지 않으면, 누구한테 쓴 메일인지 알 수 없는 경우가 많다. 영어 메일의 경우 'Dear Mr. ooo', 또는 'Dear John'과 같이 쓰고, 국문 메일의 경우 '홍길동 차장님께'와 같이 적도록 한다. 만일 받는 사람이 팀원 전부인 경우에도 전부에게 보내는 메일임을 알려줄 수 있도록 이를 첫머리에 넣어야 한다.

메일의 전달

메일을 다른 사람에게 그대로 전달할 때엔, 최소한 어떤 내용인지 확인은 하고 보내도록 하자.

본문 내용 없이 메일만 전달하게 되더라도, 최소한 FYI(for your information)라는 표시라도 해서 '참고'하라는 의미임을 알리도록 하자. FYI는 메일을 받는 상대방이 회신(reply) 할 필요는 없지만, 내용에 대해서는 한번 보고 알고 있으라는 정도의 의미다.

본문 마지막에 인사말 넣기

가장 처음 만드는 메일의 경우엔 마무리하는 인사말을 적도록 한다. '감사합니다'와 같이 아주 간단해도 무방하다. 이것이 없으면, 메일을 쓰다가 실수로 보낸 것인지, 마무리가 다 된 것인지 알 수 없는 경우가 많다. 영문 메일인 경우에도 마찬가지로 'Thank you' 또는 'Thanks'를 넣어 이를 알리도록 한다.

인사말 뒤에는 누가 보낸 것인지 알 수 있도록 '홍길동 배상'과 같이 적는다. 영문 메일인 경우에는 'Best, John', 'Regards, John'과 같이 적도록 한다.

그렇지만 상대가 답변해서 2번 이상 메일을 주고 받는 경우에는 매번 인사말을 다 적을 필요까지는 없고, '감사합니다', '확인 부탁드립니다' 정도로 맺어도 무방하다.

농담 또는 small talk 금지

메일 처음 또는 마지막에 날씨 안부 – '쌀쌀한 날씨에 건강 유의하시기 바랍니다' 정도를 넣는 것은 무방하지만 전화에서 주고받는 농담 또는 small talk를 적지 않도록 한다. 이메일은 text이기 때문에 읽는 사람의 기분에 따라 뉘앙스가 매우 다르게 읽힐 수 있어서 상대방 기분을 상하게 할 가능성이 있다. 더 나아가 상대방이 이러한 내용을 이메일에 넣었다고 하더라도, 어지간한 경우가 아니면 이에 직접적으로 답변하는 것을 삼가도록 한다. 지금 쓰고 있는 메일이 나중에 누구에게나 보여질 수 있다는 점을 염두에 둬야 하기 때문이다.

간략하게 요약하기

지금은 거의 모든 휴대폰에서 이메일을 언제나 직접 확인할 수 있다. 이 경우엔 컴퓨터로 보는 것보다 제한된 화면에서 빠르게 읽고 회신해야 하기 때문에 내용을 장황하게 설명하게 되면 상당히 불편하다. 따라서 간단하게 요약하는 것이 필요하다. 예를 들어, 임대차갱신과 관련된 이메일인 경우 다음과 같이 간략히 적는 요령이 필요하다.

홍길동 이사님께,

A빌딩에 임차 중인 ABC의 임대차 계약 만료에 따라 아래와 같이 재계약 협의를 진행했습니다.

확인 부탁드리며, comment 있으시면 알려주세요.

1. 현황

    임대면적 : 123평 (10층)

    임대기간 : 2010.12.1 ~ 2012.11.30 (2년)

    조건 : 800/80/32K (3% p.a. step up)

2. 갱신조건

    임대기간 : 2012.12.1 ~ 2014.11.30 (2년)

    조건 : 850/85/33K (eff. Rent : 81.5K)

    기타 : 1개월 free rent (step up 3% 동일)

3. 검토

    '13년도 BP보다 effective rent 기준 5%(1K)가 높음

감사합니다.

○○○ 드림

중요도 표시

아주 특별한 경우가 아닌 일반적인 메일에는 중요도 표시[226]를 하지 않도록 한다. 그렇지만 급하고 중요한 내용 – 예를 들어 인사(human resource)와 관련된 내용 등 – 인 경우엔 이를 체크해 받는 사람에게 알릴 필요가 있다.

첨부파일

첨부파일이 있는 경우 본문 마지막에 첨부파일이 있다는 언급해서, 받는 이가 메일을 읽는 것만으로도 유첨이 있다는 것을 알 수 있게 하는 것이 좋다.

메일 제목

제목은 나중에 메일함을 검색할 때 중요한 단서가 된다. 회신을 주고받다 보면, 수일에 걸쳐서 하나의 메일이 수십개로 불어나는 경우가 생기는데, 이때 처음 작성한 메일 제목과 그 내용이 제대로 맞아야 나중에 이를 쉽게 찾아볼 수 있다. 만일 제목과 내용이 완전히 다른 경우에는 중간에 메일 제목을 적절하게 바꾸고, 이를 수신인 전체에게 별도로 알리는 것도 고려해봐야 한다.

메일 제목은 Project name을 먼저 적고 '_'와 같은 빈칸 기호를 넣은 후 내용 설명을 하는 순서로 일정 패턴을 만들어서 사용하는 것이 나중에 메일함을 정리할 때 훨씬 수월하게 된다.

---

[226] 메일 설정에서 표기를 별도로 할 수 있는 옵션이 있다.

메일 수신 확인

대부분의 사내 메일에는 상대방이 메일을 언제 열어보았는지 상태를 확인할 수 있다. 하지만 메일함을 열어서 살짝 훑어본 경우도 '읽음'으로 뜨기 때문에, 이를 보고 상대방이 자신이 보낸 메일을 읽고 고민하고 이해했다고 장담하는 것은 금물이다. 중요한 피드백을 받거나, 메일 수신 확인이 필요한 경우엔 전화 등을 통해 직접 확인하도록 하자. 만일 이것이 어렵다면, 메일 본문에 회신을 요청한다는 내용을 강조(밑줄 등)해서 적는 것도 필요할 수 있다.

보낸 메일의 회수

메일 내용을 수정해야 하거나, 수신인을 바꿔야 하는데 그냥 전송해 버린 경우에, 빨리 회수(recall)하면 상대방의 메일함에서 내용을 삭제시킬 수 있다. 또는 즉시 수정해서 잘못 보낸 메일을 대체해 기존의 잘못 보낸 메일을 볼 수 없게 만들 수도 있다.

그렇지만 이것이 모두 가능한 것은 아니고, 어느 정도 시간이 지난 이후에는 두 메일이 다 보여지는 경우도 있지만, 잘못 보낸 메일을 그냥 두는 것보다는 훨씬 낫다.

또한 회수를 빠른 시간 안에 하게 되면 기존 메일이 잘못되었다는 것을 수신인이 인지할 수 있기에, 수신인이 잘못된 회신 또는 피드백을 보내는 것을 미연에 방지할 수도 있다. 따라서 평소에 회수 기능을 어떻게 사용하는지 찾아서 활용법을 익혀놓는 것이 필요하다.

메일을 잘못 보내지 않기 위한 tip

메일 본문을 먼저 적고, 그 다음 제목을 적고 제일 마지막에 수신인을 추가한다. 이 순서로 해야 무심결에 메일 전송을 클릭해 잘못된 메일이 전달된다든지, 엉뚱한 사람에게 메일이 간다든지 등의 위험을 줄일 수 있다.

또한 내가 받은 메일에서 전체 회신(reply to all)을 할 경우에는 수신인이 누구누구인지 정확히 아는 경우만 하도록 하자. 내가 보낸 메일이 예기치 않은 수신인에게 전달될 수도 있고, 모든 수신인이 보기에 적절하지 않은 내용이 포함할 수도 있다.

받은 메일을 수정해서 다시 보내는 경우, 자신이 모르는 사람을 수신인에서 임의로 배제하고 일부에게만 보내는 것도 실례가 될 수 있다. 예를 들어, 최초 수신자가 10명인 메일을 8명으로 축소시키면 다른 사람들은 최초 10명에게 계속 메일이 전달되고 있다고 생각하기 쉬울 것이고 이에 따른 오해가 생길 수 있다.

반대로 메일 수신인에 새로운 사람을 추가하는 경우에도 매우 신중해야 한다. 추가된 사람에 따라 기존 수신인이 기분 나쁜 상황이 연출될 수 있기 때문이다. 마치 어느 모임에 경찰관을 갑자기 입회시킨다든지, 동네 꼬마들 놀이에 엄마를 데려오는 듯한 인상을 줄 수도 있는 것이다.

전화 걸기

메일은 편리하고 간단하게 업무를 처리할 수 있는 장점이 있는 반면에 상대방의 뉘앙스를 정확히 알 수 없다는 단점이 있다.

업무 관계, 특히 무엇을 해주길 요청하는 내용의 메일을 쓰다 보면 지나치게 사무적으로 되어 딱딱하게 보일 수 있으며, 심지어 오만해 보일 가능성도 높다. 특히 내가 갑(甲)의 위치에서 일을 하는 경우, 받는 입장에선 오해 또는 분노를 일으킬 가능성이 있다고 항상 염두에 두는 것이 좋다. 업무는 같이 하는 것이지 갑을 관계에서 수직적으로 하는 것이 아니라고 생각하고, 서비스를 제공하는 입장(service provider)에서 그 업무의 어려움을 이해하고 도와주는 것이 결과적으로 더 좋은 결과로 나타난다. 특히 AM 업무에서는 다양한 유관 업체들과 협업해야 하는 경우가 많은데 이는 대부분 AM 측에서 어떤 내용을 요청하고 정보를 받는 형태다. 따라서 이를 간과하는 경우 좋은 결과를 받지 못함은 물론 장기적인 평판(reputation)에도 좋지 않은 영향을 미칠 수 있다.

따라서 메일로 무엇을 요청하는 경우에는 전화로 반드시 내용을 상대방에게 이해시키고 확인하는 것이 필요하다. 또한 그 업무가 늦어져서 독촉 메일을 보내게 되는 경우에도 마찬가지로 메일뿐 아니라 전화 또는 미팅 등을 통해 현 상태를 정확히 이해하고 업무 협조를 이끌어내는 것이 필요하다.

이메일 관리법

메일함(mail box)에 보면 개인용, 업무용 심지어는 스팸(spam)메일까지 다양한 종류가 쌓이기 마련이다. 따라서 이를 제때 정리해주지 않으면 쓰레기통 속에서 일하는 것과 같다. 메일을 정리하는 기술만 봐도 업무 처리 능력이 어떠한지 알 수 있을 정도로 중요한 기술이다. 쉽게 말해, 예전에는 책상과 서류 정리만 잘해도 상사로부터 일단 인정받을 수도 있었지만, 이젠 메일함 정리까지 해야 한다고 생각하면 된다.

메일을 잘 정리하면, 프로젝트 또는 종류별로 메일이 정리되어 나중에 이를 관리하는 데 무척 편하다. 정리하는 몇 가지 tip은 아래와 같다.

MS Outlook 활용

각종 포털 사이트에서 제공하는 이메일처럼 웹(web)에서 직접 메일을 관리할 수도 있고, 사내 메일이 별도로 있는 경우에는 회사에서 제공된 별도의 메일함을 사용할 수도 있을 것이다. 하지만 반드시 MS outlook을 사용해 메일을 관리하는 것이 좋다. 포털 사이트에서 제공하는 기능보다 빠르고 정교하며, 특히 주소록(contacts), 일정(schedule)과 연계해 이메일을 관리할 수 있는 것 또한 큰 장점이다.

포털사이트에서 제공하는 계정 및 사내계정 모두 outlook을 이용해서 한꺼번에 읽고, 보내는 것이 가능하다. 구체적인 방법은 사내 IT담당자 또는 각 포털 사이트의 사용설명서 등에서 쉽게 구할 수 있다.

메일을 받게 되면 한곳에 한꺼번에 모아두는 것이 아니라, 각 프로젝트별 폴더에 옮겨 정리하는 습관을 들여야 한다. 이때 각 메일마다 flag를 지정해 업무가 언제까지 끝나야 하는지에 대해서도 별도의 표시를 할 수 있다.

프로젝트별 폴더 정리

받은편지함(inbox)의 하위폴더는 업무용과 개인용 2가지로 나눈다. 업무용은 다시 연도별로 나눈 후 그 아래에 각 프로젝트 단위의 폴더를 만든다.

한 개의 프로젝트 폴더 안에는 주요 업무 순서에 맞추어 아래와 같이 세부 폴더를 별도로 만들어서 정리할 수 있다. 또는 이 책의 큰 목차를 중심으로 나누어도 무방하고, 딜(deal)이 검토 단계에서 진행되다가 멈추게 되는 경우가 훨씬 많기 때문에 아래 폴더를 먼저 만들어놓기보다는, 필요할 때 몇 개씩 추가하는 것도 방법이다. 물론 하부 내용을 더 추가해 자료를 정리하는 것도 가능하다.

다음은 매입(acquisition) 폴더하에 생성되는 하위 폴더 예시다.

    01 Bidding
    02 DD
    03 MOU
    04 PSA
    05 ICOMM
    06 Market
    07 Leasing
    09 Rentroll
    09 AM
    10 Closing

대략 이 정도의 폴더가 생성되면, 각 폴더에 수십 개의 메일이 쌓여도 한눈에 알아보기 편하고 어떻게 업무가 진행되어가는지 쉽게 기록할 수 있다.

물론 outlook에 있는 검색(search) 기능을 이용해 각 메일의 내용을 검색할 수 있지만, 이 경우 프로젝트별 관련 내용을 한꺼번에 이해하기 어렵게 때문에 폴더를 사용해 메일을 관리하는 것이 반드시 필요하다.

엑셀파일 첨부

첨부파일에 엑셀파일을 같이 보내는 경우가 생긴다. 이 경우엔 엑셀파일의 외부참조 링크(link)를 보내주거나, 하나의 엑셀파일 안에 원본(raw data)용 sheet를 같이 첨부해 링크 업데이트가 필요 없도록 만드는 것이 필요하다.

outlook의 이동 및 backup

이직을 함으로 인해서 컴퓨터를 바꿔야 할 때가 있다. 이 경우엔 outlook 메일함 전체를 그대로 복사해서 옮길 수가 있는데, outlook의 모든 내용은 컴퓨터 내 하드드라이브에 저장되어 있기 때문에 이를 복사해서 외부에 옮길 수 있다. PST라는 확장자를 가진 파일을 생성해 usb 등을 통해 옮길 수 있다.

2. 일정관리

MS Outlook의 강력한 기능 중 하나가 개인의 일정은 물론 다른 사람과 일정을 공유할 수 있다는 점이다. 예를 들어, 예전엔 여러 팀원에게 가능한지에 대해 일일이 물어보고 확인했어야 하지만 outlook을 같이 사용하고 있다면 그들의 일정(schedule)을 읽어서 적정한 시간에 맞추어 미팅을 요청할 수 있다. 미팅요청은 이메일을 통하게 되고, 여기에 참석(accept), 불참(reject) 등의 회신을 통해 참석 여부를 즉시 확인할 수 있다.

이는 conference call이 활발한 부서에 더 용이할 수 있는데, 여러 곳에서 conf. call을 진행하는 경우엔 call-in detail이라 해서 전화번호와 비밀번호가 필요하다. 이를 schedule에 포함하게 되면 참석자에게 한꺼번에 공유할 수 있다.

최근에는 스마트폰의 지도어플리케이션 등과 연계해 미팅 장소의 길 찾기 기능도 사용할 수 있다.

3. 명함관리

상대방의 명함을 받고 이를 정리하는 습관을 들여야 한다. 단순히 이름 또는 회사별로 명함을 모아놓는 것이 아니라, 이를 MS Outlook 연락처(contacts)에 저장하도록 하자. 특히 메모를 남겨서 언제 어떤 미팅에서 만났는지 간단히 적는 것이 오랜 시간이 지난 후에도 기억하는 데 도움이 된다.

또한 메모에 어느 프로젝트를 하면서 만났는지 공통적인 키워드를 적는다면, 이름을 기억 못 하더라도 MS Outlook의 검색기능(Ctrl+Shift+F)을 이용해 매우 빠르게 찾아낼 수 있으며, 나중에 상대방의 직장, 직책이 변동된 경우 그 내용을 계속 연락처의 메모에 업데이트해놓는 것도 필요하다.

4. 업무환경 만들기

사무실에서 보내는 시간은 매우 많고, 컴퓨터를 사용하는 시간은 그 대부분을 차지한다. 따라서 이 환경을 얼마나 익숙하게 만드느냐가 업무 효율성을 높일 수 있는 중요한 요소가 된다.

참고로 IB에서 업무가 주어지면 사원, 대리급에 해당되는 analyst의 경우 주당 100시간 정도의 근무시간이 요구되기도 한다. 이 정도면 2~3일에 한 번씩 잠깐 집에 가서 씻고 오기만 할 뿐 거의 모든 생활을 회사에서 하게 된다. 이렇게 강도 높은 업무를 진행하기 위해서는 역시나 근무 환경, 체력뿐만 아니라 업무량을 받쳐주는 장비도 중요하다.

만일 회사에서 근무 환경을 업무 내용에 맞도록 제공해주지 않는다면 자신이라도 먼저 나서서 이를 갖추는 자세도 필요하다. 자신이 속한 환경을 보다 좋게 만들어 높은 성과를 내려하는 것은 회사원이라면 지나치지 않을 정도로는 욕심을 내도 좋은 부분이라 생각된다.

SSD(Solid State Drive)

하드드라이브를 SSD로 교체하자. 재무 모델을 엑셀로 작성하다 보면 엑셀 파일이 20메가가 넘기도 한다. 이렇게 큰 파일을 하루에도 수십 번 작업해야 하는데, 이때 5초씩만 절약하더라도 큰 도움이 된다. 또한 방대한 자료를 검색할 때도 무척 빠르게 진행할 수 있다.

모니터

모니터는 2개를 사용하고, 하나는 세로로 세워서 사용하는 것이 업무 활용도를 높일 수 있다.

참고로 19인치 모니터를 세워서 사용하게 되면, 가장 많이 사용하는 A4사이즈의 출력물을 한눈에 볼 수 있어서 문서작업에 매우 편하다.

엑셀을 작업할 때에는 창을 늘여서 2개의 모니터에 가득 차도록 사용한다. 월별 현금흐름(monthly cash flow) 만들다 보면, 열이 옆으로 길어질 수 밖에 없다.

가능하면 모니터 패널도 눈에 피로가 덜한 고급 사양을 선택하는 것이 좋다. 시야각이 좋지 않거나 반사가 심한 광택이 있는 모니터는 지양해야 하는데, 눈이 피곤해지면 장시간 동안 업무를 할 수 없어 효율이 무척 떨어지기 때문이다.

마우스

번들 마우스가 아닌 고급 마우스를 구입한다. 게이밍마우스도 좋다. 게임을 하기 위해 만들어진 것이지만, 이는 하루에도 열 시간 이상 마우스 작업을 할 수 있도록 가장 편하게 만들어졌기 때문이다. 좋은 마우스를 사용하면 손목 등 관절이 매우 편하며, 감도를 높여 사용하게 되면 작은 범위를 민감하게 움직일 수 있어 큰 모니터를 쉽게 활용할 수 있다. 감도가 낮은 마우스는 그만큼 손을 많이 움직이게 되어 쉽게 피곤해질 수 있다.

마우스의 위치는 오른손잡이라 하더라도 왼편에 놓고 사용하자. 컴퓨터의 설정에 가면 마우스를 '왼손'으로 설정할 수 있고, 왼쪽 오른쪽 버튼이 바뀌게 된다. 왼손 마우스를 사용하게 되면, 키보드의 숫자패드 및 방향키를 마우스와 동시에 사용할 수 있어서 엑셀 작업 시 무척 편리하다.

키보드

번들로 제공되는 키보드보다는 자신이 만족하는 스타일의 키보드를 별도로 구매하는 것도 고려해보자. 경쾌한 타격감을 제공하는 것부터 소음이 작은 것까지 매우 다양한 종류가 있다.

컴퓨터

IB(Investment Banking)에서는 최신의 사양은 아니지만 매우 안정적인 제품[227]을 제공하는 것이 일반적이다. 이는 높은 업무 강도가 며칠간 지속되더라도 컴퓨터가 멈추는 일이 없도록 하기 위함이다. 컴퓨터가 말썽을 부리는 시점은 가장 업무가 바쁘고 긴장되는 순간이 될 가능성이 높다.

Back up

업무용으로 사용하는 파일은 주기적으로 backup을 받도록 한다. 사내 IT전문가와 상의해 주기적으로 backup이 될 수 있도록 하는 것이 회사의 보안정책에도 맞는 행동일 것이다. 개인적으로는 메일에 첨부하는 파일 또는 작업한 파일 등은 일단 바탕화면에 따로 저장하고, 이를 약 10~30일 단위로 모아놓았다가 별도의 폴더에다 주기적으로 저장하는 것을 추천한다. 이렇게 하면 시간이 지난 후, 언제 무엇을 직접 작성했는지 확인[228]할 때 무척 편리하다.

---

227) 경우에 따라서는 일반 데스크탑이 아닌 서버용 PC를 제공하기도 한다. 이런 PC에는 들어가는 CPU 및 RAM 또한 일반적인 데스크탑보다 더 안정적이면서도 오랜 업무에 버틸 수 있도록 설계되었다고 한다(하지만 경험에 따른 느낌으로는 컴퓨터가 망가지는 것은 운에 맡기는 수밖에 없는 것 같다).

228) 실제 수많은 파일들을 주고 받지만, 직접 자신이 작성하고 이메일에 송부한 것은 그 전체 파일의 절반도 안 될 수 있다. 따라서 수개월 이상이 지난 경우 이를 찾기 위해 여러 폴더를 검색하는 것보다, 자신이 생성한 파일들만 모아둔 폴더를 먼저 검색하는 것이 훨씬 편리하다.

Project Name

새로운 프로젝트가 생기면, 별도의 project code(영문+숫자 등으로 작성, 예: BD01) 및 project name(예: Polestar)을 정하고 이를 부서 내에서 공통으로 사용하는 것이 좋다. 비용 집행, 프로젝트의 종합 관리에서 공통된 이름을 사용하는 것이 검색 또는 분류 시 일관되게 사용할 수 있어서 좋다. 통일되지 않고 각 부서마다 자신의 이름으로 프로젝트를 부르게 되면, 일괄 검색하기 어렵게 된다.

Project name/code를 메일, 파일, 폴더 생성 시 가장 앞에 명시하는 습관을 들이는 것이 정리하기 무척 편해진다.

5. MS excel 등 활용팁

업무에서 자주 사용하는 사용팁을 Microsoft excel을 중심으로 살펴본다. 되도록이면 마우스를 사용하지 않고 엑셀 등 프로그램을 사용하는 것이 업무 속도를 높일 수 있는 지름길이며, 극단적으로는 마우스를 사용하지 않고 며칠 동안 컴퓨터를 다루는 연습이 도움될 수 있다. 또한 자주 사용하는 단축키는 외워놓고 사용하는 것이 반드시 필요하다.

셀병합 하지 않기

엑셀에서 셀병합은 특별한 경우가 아니면 하지 않도록 한다. 다른 셀을 선택하거나 수정할 때 셀병합이 되어 있으면 이를 해제하고 다시 설정해야 하는 등 매우 작업이 느릴 수 밖엔 없다. 셀병합을 하지 않고도 프린트할 때 제대로 된 위치로 나오게 할 수 있으니 이를 대신 활용하도록 한다.

숫자는 1,000단위 표시

1천 숫자마다 ','를 표시할 수 있도록 한다. 즉 일천(1,000)을 나타낼 때 '1000' 아니라 '1,000'과 같이 표시될 수 있도록 한다. 또한 소수점은 일반적으로 표시되지 않도록 하는 것이 원칙이지만, 면적표 또는 rent-roll과 같이 정확한 숫자를 요구하는 경우엔 예외로 한다.

음수 표시는 ( )기호 표시

음수를 표시하는 방법은 크게 세 가지로, 적색으로 숫자를 적거나, 숫자 앞에 − 부호를 붙이는 방법 그리고 ( )로 표시하는 방법이 있다. 이 중에서 ( )로 음수를 표시하고 이를 적색으로 나타내는 것이 가장 좋다. 엑셀에서 기본 양식에서는 − 부호를 숫자 앞에 붙이는 것으로 되어 있으니, 이를 바꾸도록 한다.

또한 지출되는 모든 비용은 음수로 집계될 수 있도록 유의해야 한다. 예를 들어, OPEX 항목에 대해 세부항목(breakdown)을 작성한다 하더라도 그 표(table)의 모든 숫자들은 음수로 표시하도록 해서, 이 항목들을 현금흐름(cash flow)에서 직접 연동(link)해 사용할 때 음수, 양수를 구분하지 않고 무조건 +해서 계산을 할 수 있도록 유의한다. 이는 간단한 cash flow를 작성할 때엔 문제가 없을 수도 있지만, 다양한 외부참조(source)를 가진 cash flow를 작성하게 될 경우, 그 link된 항목이 지출항목인지 수입항목인지 일일이 생각하면서 작업하기 어렵기도 하고 실수할 수 있는 개연성이 높기 때문이다.

합계는 굵은 글씨로 표시

합계(sum, total)는 반드시 굵은 글씨로 표시될 수 있도록 하는 것이 원칙이다.

세부항목 구분선은 실선이 아닌 점선

각 라인별 구분선은 실선이 아닌 점선으로 표시하도록 하는 것이 출력했을 때 더 보기 좋다. 실선을 사용하는 경우 출력물에 나타난 표(table)가 답답해 보이기 쉽다.

프린트 영역 정리

엑셀 파일을 완성해 다른 사람에게 전달하게 될 경우엔 출력될 때 어느 영역까지 나오는지 한번 실험하고 보내도록 한다. 엑셀을 처음 만들게 되면, 인쇄 영역이 정해져 있지 않기 때문에 몇 페이지에 걸쳐서 프린트되는 경우가 대부분이다. 따라서 인쇄를 한번 실시해서 용지 사이즈 및 방향, 용지에 출력되는 위치 및 크기 등에 대해 설정을 해서 다른 사람이 엑셀 파일을 그대로 출력하게 될 때 한 번 더 작업하지 않을 수 있도록 한다.

영문 엑셀에 익숙할 것

단축키는 영문 엑셀을 기준으로 만들어져 있는 데다가, 외국계 회사에서 근무하게 되면 MS office 영문판이 기본이기 때문에 미리 익숙해져 있는 것이 좀 더 편하다. 한글판이라 하더라도 어차피 메뉴에서 직접 이해할 수 있는 한글 표현은 많지도 않다. 처음 적응할 때 약간의 노력을 먼저 하는 것이 향후에 뜻하지 않은 경우에 도움을 받을 수 있다.

셀 이름 성의하지 않을 것

엑셀에서 지원하는 기능 중에 셀 이름을 별도로 지정해서 링크 작업을 할 때 좀 더 수월하도록 하는 것이 있다. 그런데 이를 사용하지 않는 것이 더 좋다. 엑셀의 용량이 커지게 되면, 셀 이름을 많이 정의해놓은 경우 엑셀이 망가져서 복구가 안 되는 경우가 종종 발생하기 때문이다. 또한 원본이 되는 파일에서 셀 이름을 사용한 엑셀을 다른 엑셀에서 링크를 걸 경우, 새롭게 파일을 열 때마다 이를 일일이 확인해줘야 하는 번거로운 작업을 해야 한다.

왼손 마우스 사용

앞서서도 기술한 바와 같이 왼손 마우스를 사용하면 키보드에서 숫자를 입력할 때 좀 더 빠르게 작업할 수 있다. 즉 오른손으로 숫자를 입력하기 위해 마우스에서 손을 떼지 않아도 되기 때문이다. 왼손 마우스는 따로 있는 것이 아니라 마우스의 좌우 버튼을 윈도우 설정에서 바꿔주는 것이며, 이후에 키보드 왼편에 마우스를 놓고 사용하면 된다. 단지 마우스가 좌우 비대칭으로 생겨서 오른손에만 맞게끔 디자인된 것은 왼손으로 사용하기 어렵다.

단축키 외우기

거의 모든 작업은 마우스를 사용하지 않고 키보드만으로 작업이 가능하다. 마우스를 손에 잡을수록 작업 시간이 더 오래 걸리기 때문에, 단축키를 외우는 것이 큰 도움이 된다. 처음에는 단축키를 알 수 없기 때문에, alt키를 눌러서 메뉴에서 표시되는 단축키 번호를 보고 따라가보는 것도 좋은 방법이다. 자주 사용하는 중요한 단축키는 아래와 같다.

CTRL + z : 되돌리기

CTRL + y : 마지막 명령 다시 실행하기 (F4도 같은 역할을 한다)

SHIFT + space : 열 선택

CTRL + space : 행 선택

CTRL + SHIFT + (+) : 열 또는 행 삽입

CTRL + SHIFT + (−) : 열 또는 행 삭제

F2 : 셀 내용 직접 수정

ALT, d, g, g : 선택한 열 또는 행을 묶기

ALT, d, g, u : 묶은 열 또는 행을 풀기

CTRL + b : 굵은 글씨

CTRL + p : 출력

CTRL + page up / page down : sheet 이동

ALT, w, w : 창 전환

CTRL + 5 : %로 전환

참고로 엑셀 이외의 유용한 단축키는 아래와 같다.

MS Word

    CTRL + z : 되돌리기

    CTRL + y : 마지막 명령 다시 실행하기

    CTRL + SHIFT + c : 서식만 복사

    CTRL + SHIFT + v : 서식만 붙이기

PDF

    CTRL + SHIFT + : 시계방향으로 화면 돌리기

6. 용어 정리

자주 사용되는 용어 또는 단위[229]를 정리했다. 부동산 업계에서도 이젠 IB(Investment Banking)에서 사용되는 용어가 자주 등장하므로 외국계 컨설팅회사에서 발행되는 리포트 등을 통해 익숙해지는 것도 좋을 것 같다.

> K, '000' ; 천
>
> mm, MM, mil ; 백만
>
> Bn, BN, Bil ; 십억
>
> Tn, TN, Tril ; 조
>
>
> BoY ; begining of the year, 연초 기준
>
> EoY ; end of the year, 연말 기준
>
> EoM ; end of the month, 월말 기준
>
> p.a. ; per annum, 연간 단위

GP

General Partner, 다양한 정의가 있을 수 있겠지만, 개념적으로는 펀드를 운영하는 데 책임을 지는 회사라고 이해할 수 있겠다. 그 책임에는 일반적으로 재무적인 부담까지도 포함하는 경우가 많다. 반대표현으로 LP가 있다.

---

[229] 모든 표에는 우측 상단에 단위(unit)와 날짜를 넣도록 하는 습관을 갖는 것이 좋다. 아무리 간단한 보고서 또는 표(table)라 할지라도 단위(unit)가 표시되어 있지 않으면, 상당히 보기 어려워진다.

LP

Limited Partner, GP와는 달리 자신이 투자한 금액을 한도로 위험을 갖고 있는 투자자이며, 일반적으로 펀드의 운영에는 관여하지 않는 투자자이다.

Diagram of the structure of a generic private equity fund[230]

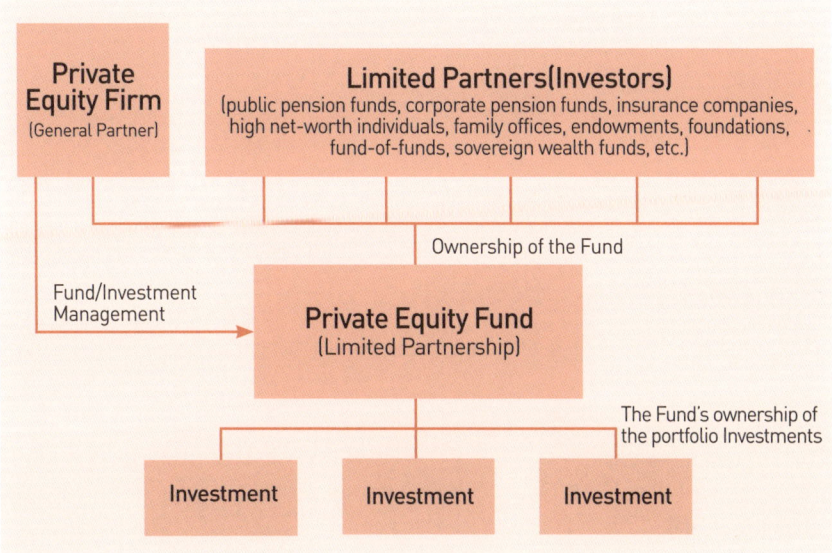

Blind fund

투자 대상이 정해지지 않은 상태에서 미리 투자자로부터 투자할 것을 확약받아놓은 펀드를 말한다. 대부분 일정 기간 동안 환매가 불가능한 형태로 운영된다. 투자 대상은 미리 정해져 있지 않지만, 대부분 목표 투자 대상의 성격에 대해서는 규정을 해놓는 것이 많으며, 이에 따라 목표 수익률 또는 이와 유사한 자산의 지난 수년간 실적 등이 같이 제공되는 것이 일반적이다.

---

230) 출처: http://en.wikipedia.org/wiki/Private_equity_fund

Target fund

Blind fund와는 반대 개념으로, 투자 대상이 미리 선정된 후 펀드 투자자가 결정되거나 투자자가 매입 이전부터 투자 대상에 대해 같이 검토하는 경우를 말한다. Target fund와 blind fund 중간 성격으로, 특정 자산을 미리 정한 것은 아니지만 그 특정한 상품군에 대해 연속적으로 투자하는 프로그램으로 약정한 경우도 있다.

Chinese wall

회사 내 이해 상충(interest of conflict)를 방지하기 위해 만든 물리적·제도적인 구분이다. 즉 실제로 출입권한이 없이는 다른 부서에 들어갈 수 없게끔 물리적으로 구분되어 있으며, 이메일 또는 사내 메신저 교환이 불가능하도록 장치해놓고 메신저를 통한 정보 공유에 대한 규정도 마련되어 있다.

Basis point

퍼센트의 100분의 1을 말하며, 줄여서 'bp' 또는 'bps'라고 한다. 예를 들어, 0.5%이면, 50bps가 된다. 주로 이자율 또는 수익률 등의 차이를 말할 때 사용한다.

Call option

어떤 정해진 시기에 사전에 약정된 가격으로 자산을 살 수 있는 권리를 말한다. 참고로 sale and leaseback 구조를 통한 책임임대차계약에서 call option을 임차인에게 부여하는 경우는 비교적 자주 볼 수 있는데, 사전에 약정된 가격을 결정하는 방법에 대해 잘 규정해놓을 필요가 있다. 자칫하면 매도자(향후 책임임차인, master leasee)가 매각을 부인[231]당하거나 리스계약으로 인정될 수 있기 때문이다.

Put option
미래에 정해진 시기에 약정된 가격으로 자산을 팔 수 있는 권리를 말한다.

Coupon
채권 또는 대출에 지급되는 이자를 말한다. 예를 들어, '쿠폰 성격의 딜'이라는 뜻은, 투자한 금액 대비 일정 수준의 금액이 일정하게 지급되는 것이 약정되어 있는 사업 또는 프로젝트를 의미한다.

Custodian
'수탁기관'이라고 한다. 현금, 증권 등을 맡아 관리해주는 금융기관을 말하는데, 대부분 은행 계열의 전문기관 또는 제3의 전문기관이 업무를 맡는다.

Capital markets
지분투자자를 모집하는 행위가 이뤄지는 시장을 뜻하며, '자본시장'이라는 표현을 사용하기도 한다.

Debt Capital Markets(DCM)
Captial market과 반대되는 표현으로 부채를 조달하는 행위가 기반이 된 시장을 뜻한다.

---

231) 이를 'true sale(진성매각)' 이슈라고 부른다.

Credit

한 당사자가 다른 당사자에게 금원의 지급을 일정 기간 동안 연기하는 것을 약정한 것을 말한다.[232] 쉽게 생각하면, 신용공여로 이해할 수도 있다. 관련 용어로는 신용장(letter of credit, LC)이 있으며, LC발행을 통해 매우 낮은 금리로 자금조달이 가능하다.

Tombstone

어느 프로젝트 또는 대출(financing)이 완료된 이후 이를 기념하고자 만든 기념패이다. 이 tombston은 주로 대출이 실행되었거나 신축 또는 리모델링 공사가 완료되는 등 성공적인 프로젝트 완수했을 때 제작해 주요 기관 또는 담당자에게 주어진다.

Liquidity

'유동성'이라고 이해할 수 있으며, 자산을 시장에 매각할 때 용이한 정도를 의미한다. 예를 들어, liquidity가 높은 자산은 시장에서 쉽게 매각이 가능하다.

Long position

자산에 대해 매입하는 것 또는 매입과 같은 효과를 내는 행위다. 반대로는 short position이 있다.

Short position

향후 자산 가치가 떨어질 것을 예상해 자산 가치가 떨어질 때 이득을

---

232) 일정 기간 동안 'credit line을 제공한다'라는 표현을 쓰기도 한다.

취할 수 있는 행위를 말한다. 주식에서는 공매도 등을 통해 자신이 갖고 있지 않은 자산을 통해서도 적극적인 short position을 할 수 있지만, 부동산의 경우엔 가진 자산을 파는 행위 정도가 short position의 예가 될 수 있다.

7. 외국계기업 취업 및 생활

여기에서는 국내기업과 외국계기업의 차이를 중심으로, 취업 또는 생활하는 데 도움이 될 수 있는 상식을 설명하고자 한다. 아래 내용은 당연히 절대적인 기준이 될 수 있는 것은 아니기 때문에 옳고 그르다는 기준으로 삼기보다는 참고삼아 이해하면 좋을 것 같다.

국내기업은 공개채용 또는 지인을 통한 추천을 통해 경력직으로 입사하는 경우가 대부분이다. 하지만 외국계기업은 신입사원을 뽑는 경우가 흔치 않은 데다가 경력사원을 뽑는다 하더라도 추천만으로 직원을 채용하는 경우는 거의 없고, 대부분 리쿠르팅회사(recurting company) 또는 헤드헌터(headhunter)를 고용해 업무를 진행한다.

이력서

취업을 위해 가장 먼저 준비해놓아야 하는 것은 그 회사에 맞도록 작성된 cover letter 및 가장 최근의 이력서[233]이다. 당연히 영문으로 작성되는 것이 기본이며, 나이 및 사진은 넣지 않도록 한다.[234]

---

233) Resume 또는 CV(Curriculum Vitae)라고 한다.
234) 국내기업은 대부분 해당 회사의 이력서 양식을 제공하며, 지원동기를 포함한 자기소개서가 함께 요구되는 경우도 많다.

인터넷 또는 취업 관련 책자를 보면 많은 예시 자료를 볼 수 있는데, 대부분은 적합하지 않으니 주변 지인 또는 선배들을 통해 좋은 참고자료를 구해서 자신의 것으로 수정하는 노력이 필요하다.

이력서를 보낼 때 몇가지 주의점은 다음과 같다.

- ✓ 이력서에 적은 이메일 계정을 사용할 것. 이메일로 사용되는 이름은 별명 또는 자신만이 아는 영어를 사용하지 않도록 한다.

- ✓ 보내는 메일의 제목을 명확히 할 것. 제목부터 '안녕하세요'와 같이 시작한다면 내용을 보지 않고도 탈락시킬 것 같다. 어느 곳에 지원하는 누구인지는 정확히 적자.

- ✓ 첨부파일의 이름도 신경 쓸 것. 파일 이름엔 작성 일자가 표시되어도 좋지만 너무 오래전 날짜가 되지 않도록 한다.

- ✓ 파일은 반드시 PDF로 보낼 것. 워드 또는 아래한글 등을 그대로 보내는 것은 전혀 도움되지 않는다. PDF로 만든 파일은 다시 한번 열어보고 출력해서 작성한 것과 동일한지 확인을 해봐야 한다. 페이지 크기 또는 여백 등이 다르게 설정되는 경우가 있을 수 있다.

면접

국내기업이 한두 번의 면접에서 결정되는 것과는 달리 외국계기업은 이보다 훨씬 많은 면접을 통과해야 하는 경우가 많다. 당연히 영어면접이 있을 것으로 예상하는 것이 좋으며, 예상질문과 답변에 대해 미리 준비해야 한다. 또한 전화인터뷰를 통해 면접을 하는 경우도 있는데 직접 면접을 하는 것보다 오히려 수월한 측면이 있을 수 있으니 미리부터 겁먹을 필요는 없다. 전화인터뷰의 경우 직접 보지 않기 때문에 body languge를 사용할 수 없는 단점이 있지만, 미리 준비한 답변을 보면서 활용할 수 있는 기회도 가질 수 있기 때문이다.

참고로 지원자가 직접 회사와 면접을 보는 것과 유사하게, 헤드헌터는 지원자에 대한 평판조회(reputation check)를 진행하는 경우가 많다. 전 직장의 상사 또는 다른 회사의 동료직원 등에게 다양한 질문을 통해 지원자의 성격 등을 요약해 회사에게 제출하며, 면접 결과와 같이 채용여부에 직접적인 영향[235]을 미칠 수 있다.

근로계약서

국내기업은 근로계약서를 별도로 작성하지 않거나 그 내용이 자세하지 않은 경우[236]가 많지만, 외국계기업의 근로계약서는 연봉, 상여, 취업규칙 등 자세한 내용을 한 번에 포함하고 있는 것이 일반적이다.

계약 후 몇 개월간은 probation period라고 해서 경력직이라 하더라도 수습기간을 갖게 되며, 이 기간이 지나야 정직원 신분이 될 수 있다.

근무환경

외국계기업의 근무환경은 국내 대기업의 분위기와 약간 다른데, 몇 가지 형식적인 차이점을 설명하면 다음과 같다.

---

[235] 어느 경우엔, 반대로 자신이 다른 지원자의 평판(reputation)에 대해 헤드헌터를 통해 질문받는 경우가 생기기도 한다. 중요한 것은 자신이 말하는 내용이 그 지원자에게 직접 또는 간접적으로 알려질 수 있다는 점에 대해 인지하고 신중하게 대답할 필요가 있다.

[236] 국내기업은 별도의 계약서가 매우 간단한 경우가 많은데, 이는 회사에서 별도로 규정한 취업규칙 등 복무규정이 있기 때문이기도 하다.

- ✓ MS outlook을 사용해 email 작성, 일정공유 등을 하게 된다. 따라서 MS outlook사용법을 충분히 숙지할 필요가 있다.
- ✓ Canteen은 '탕비실'과 거의 유사하다. 커피 등 음료수와 함께 약간의 간식거리도 있는 경우도 있다.
- ✓ 국내기업에서도 단축키, 녹음기능, 발신자번호 표시 등 다기능의 IT 전화기 사용이 일반화되고 있으며, 외국계기업 또한 마찬가지이다. 3자통화, 해외 담당자를 포함한 자주 쓰는 번호의 단축다이얼 등 기능을 미리 숙지해두면 업무 효율도 높일 뿐더러, 급할 때 빛을 발할 수 있다.[237]

  그리고, conference call을 자주 하게 되는데, call set-up, call-in number 및 password 등 입력 방법에 대해 먼저 알아두는 것도 필요하다.[238]

- ✓ 어릴 적부터 갖고 있거나 편하게 사용할 수 있는 영어 이름이 있다면 처음부터 알리는 것도 좋다. 그렇지 않은 경우엔 한국 이름을 그대로 사용하는 것도 가능하니 자신의 판단에 따라 하면 된다. 그리고 상대방이 상사라 하더라도 이름을 직접 부르는 것이 이상한 일이 아니다.
- ✓ 회식은 국내기업에 비해서 많이 없는 편이다. 하지만 좋은(?) 부하직원으로 평가되는 방법은 그리 다를 것 같지 않다. 상사 눈치를 보는 것은 당연한 부하직원의 role이다.
- ✓ 근무 인원이 매우 작은 편이다. 따라서 업무를 맡게 되면 그 업무를 다른 직원이 처리해 줄 수 없는 경우가 많으며, 이에 따라 야근 또는 주말근무가 있을 가능성이 비교적 높다.

---

237) 해외 담당자에게 전화를 할 때, 국가번호는 무엇인지, 사내에서 해외 통화할 때 001을 사용하는지, 해외 전화 시 다른 규정이 있는지, 내부 직통번호를 사용하는지 등 먼저 확인해두면 좋다.

238) 사원/대리급의 주요 업무 중 하나는 회의 일정, 장소 등을 잡고 회의 참석자에게 적절히 알리고, 직접 Conference call을 잡는 것이다. 일반적으로, Conference call 전화번호를 입력하고 전화를 하게 되면, Conference ID(또는 conference code라 부름. 방번호 같은 것)을 입력하고 PIN(passcode, 비밀번호) 누른 후 #버튼(이를 'pound sign'이라 부른다. '샵 버튼'이라 말하지 않는 것에 주의)을 입력하게 된다. 경우에 따라서는, PIN 입력 한 이후, 삐 소리가 난 후에 참석자 이름(일반적으로 성만 말하면 됨)을 요청하는 경우도 있다. 이후엔, 전화 연결되니, 인사 후 자신의 이름을 말하면서 회의에 참석하게 된다.

순환보직이라는 개념이 흔하지 않다. 오히려, middle office 또는 back office의 기능도 전문성 있게 인정되고 있기 때문에 순환보직이라는 것이 이상할 정도다. 반면 front office로 부서 배치를 요청하는 경우에 있어서도 기회를 찾을 수도 있으니 꾸준히 준비하는 것이 바람직할 것이다. 최소한 지금의 회사가 아니면 다른 회사에서라도 기회는 찾을 수 있기 때문이다.

회의 준비

회의 준비는 꼭 외국계 회사라 해서 특별히 다를 것은 없다. 어떤 내용으로 누구와 어떻게 회의가 진행될 지에 대해 먼저 생각해보면 준비할 내용이 예상될 것이다. 회의 준비는 성공적인 회의를 위해 필수적인 선행 절차인데, 대부분 회의에 참석하는 junior level의 직원이 준비하고 이에 대해 선임의 확인을 받는 것이 좋다.

회의 준비 시 중요하게 고려할 사항으로는 다음과 같다.

참석자

우리 회사에서는 누구누구가 참석하고, 상대 회사에서는 누가 참석하는지 확인한다. 참석할 사람의 스케쥴 확인은 물론이고, 회의에 참석할 사람이 누구인지 상대 회사에게 먼저 알릴 필요도 있다. 예를 들어, 한 쪽에서는 대리급이 참석하는데 다른 쪽에서는 임원이 참석하게 되는 경우엔 (특별한 경우가 아니라면) 회의 준비에 대해 질타를 받게 될 것이 자명하다. 간단한 내부 회의라면, 같은 회사 직원인 경우 자신의 스케쥴을 MS outlook에 올려놓은 경우엔 다른 직원도 이것을 볼 수 있으므로 서로 빈 시간을 찾아서 회의 시간을 잡는 것도 좋은 tip이 될 수 있다.

회의안건

중요한 것은 회의에 참석할 사람이 그 회의 내용을 사전에 알 수 있어야 한다는 것이다. 이는 큰 회의이건 작은 회의이건 모두 해당되는 것인데, 큰 회의는 사전에 그 안건에 대해 간단히 정리해 전달해놓는 것이 필요하고, 작은 회의인 경우엔 그 내용을 제목 등에 표시해 참석하는 사람이 사전 준비할 수 있도록 해야 한다.

장소

회의를 개최할 장소는 참석인원과 방법 등을 고려해 사전에 예약해 놓도록 한다. 회의 날짜와 시간만 확정해놓고 그냥 방치하는 경우, 회의실이 마땅치 않아서 허둥대는 일이 발생하게 된다. 만일 conference call을 하게 된다면 회의실에 전화기가 세팅되어 있는지 확인하고, call-in number 등을 간단히 먼저 메모해두도록 한다.

MS outlook

상기 내용 - 참석자, 회의안건 또는 제목, 장소 등 - 이 결정되면 이 회의를 일정표(schedule)에 등록시킨다. 상기 내용에 대해 meeting 요청을 하는 내용을 직접 MS outlook을 통해 참석자에게 보낼 수 있으며, 상대방은 이를 수락한다는 회신 메일[239]을 보내 확인하게 된다.

정리

회의를 마치고 나면, 회의 때 나온 결과에 대해 추가적으로 해야 할 일들이 생기기 마련이다. 이에 대해 정리해 회의 참석자에게 공유시키는 것도 중요하다.

---

[239] 이 점이 외국계 회사에서 미팅을 준비할 때 차이점 중 하나로 생각된다.

A manual for Real Estate　Investment & Management

부록
(Appendix)

부록 (Appendix)

가. 정산관련 계약서 예시

1. 비용과 수익의 배분

제○조 비용과 수익의 배분

① 배분기준일: 매매목적물과 관련된 제세공과금 등 일체의 비용 및 임대료, 관리비 등 수익의 정산은 매매종결일을 기준으로 해서 매매종결일까지 발생한 것은 매도인에게, 매매종결일 다음 날부터 발생한 것은 매수인에게 각 귀속되는 것을 원칙으로 하되, 아래 제2항 내지 제7항의 규정에 의한다.

② 재산제세: 매매목적물의 운영 및 소유와 관련해 201×년 6월 1일을 기준일로 해서 부과되는 재산세 및 이와 함께 부과되는 제반 세금("재산제세")은 별첨○에 기재된 바에 따라 매매종결일을 기준으로 그 관련 기간에 대해 일할계산해 당사자 간에 부담한다. 다만 매도인과 매수인이 매매종결일까지 매매목적물에 대해 최종 세금고지서 또는 부과고지서를 받지 못

한 경우, 매도인과 매수인은 매매종결의 시점에서 가장 최근에 수령한 세금고지서 또는 부과고지서상의 금액을 기준으로 매매종결일에 정산하며, 이와 같은 방법으로 재산제세에 관한 정산은 추후 추가 정산 없이 매매종결일에 완료된다.

③ 공공부담금: 도로점용료, 환경개선부담금, 교통유발부담금 등 특정 기간에 대해 부과되는 부담금 및 기타 비용("공공부담금")은 부과일, 고지일 또는 납부일에 상관없이 별첨○에 기재된 바에 따라 매매종결일을 기준으로 그 부과기간에 대해 일할계산해 당사자 간에 부담한다. 다만 매도인과 매수인이 매매종결일까지 매매목적물에 대해 최종 부과고지서를 받지 못한 경우, 매도인과 매수인은 가장 최근의 부과고지서상 금액을 기준으로 매매종결일에 정산하며, 이와 같은 방법으로 공공부담금에 관한 정산은 추후 추가 정산 없이 매매종결일에 완료된다.

④ 매매목적물 수익: 매매종결일이 포함된 달의 임대차계약에 따른 월 임대료와 관리비 및 선수 임대료와 선수 관리비 기타 매매목적물로부터 발생한 일체의 수익("매매목적물 수익")은 매매종결일을 기준으로 일할정산하되, 매매종결일까지의 기간에 대해서는 매도인에게 귀속되고, 매매종결일 다음 날부터는 매수인에게 귀속된다. 다만 매도인이 임차인의 실제 사용량을 기준으로 임차인에게 부과하는 관리비가 있는 경우 매매종결일에 계량기를 기준으로 관리비를 산정하고 이를 위 기준에 따라 일할해서 배분

하되 계량기에 의한 산정 및 배분이 불가능한 경우에는 매매종결일에 직전월 사용량을 기준으로 일할정산하며, 이와 같은 방법으로 매매목적물 수익에 관한 정산은 매매종결일에 완료된다.

⑤ 공공요금: 매매목적물과 관련해 발생한 가스, 전기, 수도, 및 하수도 요금 등 ("공공요금")은 매매종결일을 기준으로 일할정산하되, 매매종결일까지의 기간에 대해서는 매도인이 부담하고, 매매종결일 다음 날부터는 매수인 부담한다. 공공요금은 계량기를 기준으로 산정 및 배분하되, 계량기에 의한 산정 및 배분이 불가능한 경우에는 매매종결일에 직전월 사용량을 기준으로 일할정산하며, 이와 같은 방법으로 공공요금에 관한 정산은 매매종결일에 완료된다.

⑥ 임대대행수수료: 매도인이 본 건 양해각서 체결 이후부터 매매종결일까지 본 계약 제○조 ○항의 방법에 따라 새로운 임대차계약을 체결한 경우, 매수인은 매매종결일에 매도인이 새로운 임대차계약의 체결과 관련해 부담한 일체의 비용("임대대행수수료")은 잔금에 가산해 지급하기로 한다. 다만 매도인이 매매종결일까지 위 새로운 임대차와 관련해 그 임차인으로부터 월 임대료 등의 수익 및 수입을 수령한 경우, 그 새로운 임대차계약의 전체기간에 대해 임대차기간의 개시일로부터 매매종결일까지의 기간이 차지하는 비율에 상당하는 임대대행수수료에 관해서는 가산하지 아니하고, 그 나머지 비율에 상당하는 임대대행수수료만 잔금에 가산해

지급하기로 하며, 이와 같은 방법으로 임대대행수수료에 관한 정산은 매매종결일에 완료된다.

⑦ 본 건 매매 관련 비용의 부담: 매도인과 매수인은 매매목적물의 매매, 취득 및 등기와 관련해 각자에게 부과되는 모든 조세에 대해 개별적으로 책임지고 당사자 간 정산은 없다.

매매 관련 비용의 부담

구분	세금 부과기간	매도인이 부담하는 기간	매수인이 부담하는 기간
재산세 및 이와함께 부과되는 제반세금	'12.6.1일 소유자 기준	매도인 전액 부담	
교통유발부담금	'12.8.1 ~ '13.7.31	'12.8.1 ~ 매매종결일	매매종결일 다음 날 ~ '13.7.31.
환경개선부담금	'12.7.1. ~ '13.6.30	'12.8.1 ~ 매매종결일	매매종결일 다음 날 ~ '13.6.30.

2. 비례배분

제○조 비례배분

① 매매목적물에 관해 부과되는 재산세(토지분 재산세 및 건물분 재산세를 포함하고, 이와 함께 부과되는 지방교육세, 농어촌특별세, 지역자원시설세 및 과세특례에 따른 세액 등을 포함함) 및 종합부동산세(이와 함께 부과되는 세금 포함) 등 부과기간을 정하지 않고 매매목적물의 소유와 관련해 부과되는 세금 중 그 부과기준일이 거래완결일이 속한 역년에 포함된 세금은, 그 과세기준일이 거래완결일 전인 경우는 매도인의 부담으로, 거래완결일 이후인 경우에는 매수인의 부담으로 하며 거래완결일에 별도로 정산을 요하지 아니한다. 각 당사자는 본 건 거래와 관련해 법령에 따라 부과되는 세금을 각자 납부할 책임을 부담한다.

② 본 건 재산과 관련해 법률에 따라 부과기간을 정해 부과되는 환경개선부담금, 교통유발부담금, 도로점용료 등 일체의 부담금은, 그 부담금의 납부의무자가 어느 당사자로 지정되어 부과되는지 여부에 불문하고, 그 부과기간 중 거래완결일 직전일까지의 기간에 상응한 금액은 매도인의 부담으로, 거래완결일 및 그 이후의 기간에 상응한 금액은 매수인의 부담으로 해서, 일할정산 배분한다. 거래완결일이 속한 부과기간에 대한 부담금액을 거래완결일에 알 수 없는 경우에는 직전년도 같은 기간에 대해 부과되었던 부과금액을 기준으로 해서 비례배분하고 향후 실제 부담금의 부

과에 따른 차액 정산은 하지 않기로 한다.

③ 본 건 재산 관련해 본 건 재산의 소유자가 부담해야 하는 유틸리티 요금(전기요금, 가스요금, 수도요금, 전화요금, 인터넷사용료 등 본 건 재산의 소유자가 부담해야 하는 서비스 사용대금 일체)은, 그 부담금의 납부의무자가 어느 당사자로 지정되어 부과되는지 여부에 불문하고, 그 부과기간 중 거래완결일 직전일까지의 기간에 상응한 금액은 매도인의 부담으로 하고, 거래완결일 및 그 이후의 기간에 상응한 금액은 매수인의 부담으로 해서, 일할정산 배분한다. 위 정산은, 거래완결일 직전일 또는 당사자들이 합의한 날의 해당 계량기 확인 등을 통해 진행하고(계량기 확인이 곤란할 경우 전년도 동월의 사용에 대해 부과된 고지서를 기준으로 비례배분함), 향후 실제 요금의 부과에 따른 차액 정산은 하지 않기로 한다.

④ 제1항 내지 제3항에서 정하는 경우를 제외하고, 매매목적물에서 발생하는 비용 및 수익 중 거래완결일 직전일까지 발생한 부분은 매도인에게 귀속되고, 거래완결일로부터 발생하는 부분은 매수인에게 귀속된다.

⑤ 본 조에 따른 구체적인 정산 내용은 당사자들이 별도로 합의하는 양식에 의한 정산합의서에 따른다.

3. 비용, 수입의 정산

제○조 비용, 수입의 정산

① 본 건 부동산의 매매 및 등기와 관련해 부과되는 각종 세금 및 공과금은 납부의무자 각자가 부담한다.

② 본 건 부동산과 관련한 제세공과금 등 일체의 비용 및 임대료, 관리비 등의 수입의 정산은 거래종결일 오전 00시 00분 00초(이하 "기준시") 이전에 발생한 것은 매도인에게, 그 이후에 발생한 것은 매수인에게 각 귀속되는 것을 원칙으로 하되, 다음 제3항 내지 제6항의 규정에 따라 비용 및 수입의 정산 방법을 달리 정한 경우 그에 의한다.

③ 본 건 부동산의 운영 및 소유와 관련해 부과되는 재산세(이와 함께 부과되는 도시계획세, 지방교육세 및 공동시설세 포함) 및 종합부동산세(이와 함께 부과되는 농어촌특별세 포함)는 부과일, 고지일 또는 납부일에 관계없이 부과기간을 1월 1일부터 12월 31일로 보아 기준시를 기준으로 일할 정산한다.

④ 본 건 부동산과 관련해 과세관청을 제외한 행정기관으로부터 부과되는 도로점용료, 환경개선부담금, 교통유발부담금 등 부과기간을 정해 부과되거나 고지되는 기타 공과금은 부과일, 고지일 또는 납부일에 관계없이

부과기간 중에서 기준시 직전까지는 매도인이, 그 이후부터는 매수인이 각각 부담하기로 한다.

⑤ 본 건 계약에서 별도로 명시한 경우를 제외하고, 각 당사자는 본 건 계약에 따른 거래에 대해 관련 법률에 따라 각 당사자에게 부과되는 일체의 세금 또는 유사한 부과금 기타 비용은 각자 단독으로 부담해야 한다.

⑥ 본조에서 정한 비용 또는 수입 중 본조에서 정한 기간까지 정산할 금액을 확인할 수 없는 항목이 있는 경우 매도인과 매수인이 상호 합의해 결정하기로 한다. 만약, 당사자들이 거래종결일 직전일까지 본 건 부동산에 대해 최종 세금고지서 또는 부과고지서를 받지 못한 경우, 당사자들은 거래종결일에 가장 최근의 세금고지서 또는 부과고지서를 기초로 상호 합의해 정산하기로 하고, 구체적인 정산 내용은 거래종결일 당일 작성되는 거래종결합의서(이하 "거래종결합의서")에 따르기로 한다.

나. 진술 및 보장 관련 계약서 예시

제○조 진술 및 보증

① 매도인은 본 건 계약의 체결일 현재 다음 각 호의 사항이 정확하고 사실에 부합함을 진술하고 보증한다. 다음 각 호에서 진술 및 보증한 사항과 관련해 거래종결일 이전에 변경사항이 발생한 경우, 매도인이 거래종결일 이전에 매수인에게 해당 변경사항을 통지하고 그에 대해 매수인이 제○조 제○항에 따른 매매대금 지급 전까지 어떠한 이의를 제기하지 않았다면, 매도인이 다음 각 호의 진술 및 보증의무를 위반한 것으로 보지 아니한다.

1. 본 건 계약의 유효성 및 이행과 관련해

가. 매도인은 대한민국 법률을 준거법으로 해서 적법하게 설립되어 존속하는 회사이며, 본 건 부동산을 소유하고, 본 건 부동산을 임대, 사용, 유지, 양도할 수 있는 모든 적법하고 유효한 권한 및 자격을 가지고 있다.

나. 매도인은 본 건 계약을 체결할 수 있는 모든 권한 및 권리를 가지고 있으며, 본 건 계약의 체결 및 이행에 있어서 이사회 결의 등 상법, 정관 기타 내부규정에서 정한 절차를 준수했다.

다. 매도인이 본 건 계약을 체결하고 이행하는 것은 매도인의 정관 기타 내부 규정에 위반되지 않으며, 매도인이 당사자로 되어 있는 여하한 계약, 합의서, 약정서, 라이센스, 기타의 의무증서 등에 해제, 위반, 취소, 실효, 기한의 이익의 상실 기타 의무불이행이 되지 않고 대한민국의 법령, 행정명령, 판결 등에 위반되지 않는다.

라. 별첨O 및 별첨O에 기재된 사항을 제외하고, 본 건 부동산에는 근저당권 및 전세권, 임차권, 우선매수청구권, 환매권, 가압류, 가처분, 가등기를 포함한 일체의 소유권 제한사유가 존재하지 아니하다.

마. 매도인은 본 건 계약 상의 의무를 이행하는 데 필요한 모든 조치를 취했다. 본 건 계약과 관련해 매도인이 매수인에게 작성, 교부한 기타 서류들은, 매도인에 의해 적법하게 체결 또는 작성, 교부된 것이며, 매도인이 본 건 계약을 체결, 교부하는 즉시, 매도인의 적법하고 유효하며 구속력 있는 의무들을 구성하고, 본 건 계약의 조건에 따라 매도인에 대해 집행 가능하다.

2. 본 건 부동산의 유지 및 관리등과 관련해

가. 매도인은 본 건 부동산의 취득, 운영, 관리와 관련해 관련 법령을 준수했다.

나. 본 건 부동산은, 별첨 ○에 기재된 사항을 제외하고, 그 실제가 건축물대장 및 건물등기부등본의 기재와 일치하며, 건축물대장 및 토지이용계획확인서에 기재된 용도대로 이용되고 있다.

다. 매도인은 본 건 부동산을 적정하게 수리하고 유지 및 보수하고 있으며, 전력, 수도의 공급, 승강기, 하수처리 기타 설비의 유지, 운영은 본 건 부동산의 통상적인 유지 및 운영에 지장이 없는 수준으로 원만하게 이루어지고 있다.

라. 매도인은 본 건 부동산의 건축, 설치, 준공, 사용과 관련해 관계 법령에서 요구되는 사항을 준수했으며, 이와 관련해 제3자로부터 이의제기를 받은 바 없고, 관계 기관으로부터 시정명령, 과태료 부과의 행정처분을 받은 사실이 없다.

마. 본 건 부동산의 소유, 사용 및 운영에 영향을 주는 정부, 공기업 기타 이와 유사한 주체에 의한 수용, 도로선 저촉, 토지이용계획, 도시계획 등 공적 제한이나 부담은 존재하지 않는다.

바. 매도인은 본 건 부동산 및 본 건 부동산의 건축, 사용, 운영과 관련된, 환경, 소방, 위험물취급, 보건, 안전과 관련해 관계 기관으로부터 시정명령, 과태료 부과의 행정처분을 받은 사실이 없다.

사. 별첨○에 기제된 사항을 제외하고 본 건 부동산에 설치되어 있는 옥외 광고물은 모두 옥외광고물 등 관리법에 따라 적법하게 설치되었고, 설치 이후 동법에 따라 요구되는 사항을 위반한 사실이 없으며, 이와 관련해 관련 행정기관으로부터 시정명령, 과태료 부과의 행정처분을 받은 사실이 없다.

아. 매도인이 본 건 부동산의 유지 및 관리를 위해 체결한 제3자와의 계약은 별첨○ 기재와 일치하며 매도인이 당사자인 다른 추가적인 계약이 존재하지 않는다.

3. 본 건 부동산의 임대차 등 계약과 관련해

가. 별첨○에 기재된 사항을 제외하고, 본 건 계약의 체결일 현재 본 건 부동산과 관련해 매도인이 체결한 유효한 모든 임대차 등 기타 계약(이하 총칭해 "본 건 임대차등 계약")은 별첨○에 기재된 바와 같으며, 누락된 계약은 존재하지 않는다.

나. 본 건 계약의 체결일 현재 매도인 및 어떠한 임차인 등 계약의 상대방에 관한 치유되지 아니한 본 건 임대차 등 계약상의 의무 불이행 사항이 존재하지 않으며, 임차인 등 계약의 상대방들이 본 건 임대차 등 계약을 해지할 수 있는 사유가 치유되지 아니하고 존속 중인 것은 없다.

다. 매도인은 본 건 임대차 등 계약에 따른 임대차 등의 목적물 또는 기타 본 건 부동산의 다른 부분과 관련해, 본 건 임대차 등 계약상의 어떠한 임차인 등 계약의 상대방들로부터도 본 건 부동산의 증축 또는 개량의 요청을 받거나 임차인 등 계약의 상대방들에게 이러한 증축 또는 개량과 관련한 비용 부담 요청을 받은 사실이 없다.

라. 매도인은 본 건 임대차 등 계약상의 임차인 등 계약의 상대방들로부터 본 건 임대차 등 계약상의 규정과 달리 임대료 등을 선지급받은 사실이 없고, 본 건 임대차 등 계약상의 임차인 등 계약의 상대방들은 본 건 임대차 등 계약, 매도인과의 여하한 계약 기타 사유에 의해서도 본 건 부동산의 전부 또는 일부를 매수할 권리를 가지고 있지 않다.

마. 매도인은 본 건 임대차 등 계약과 관련해 임차인 등 계약의 상대방들 또는 여하한 제3자에 대해 어떠한 권리금을 지급할 의무를 발생시킨 바 없으며, 매수인은 여하한 임차인 등 계약의 상대방들 기타 제3자에 대해서도 위와 같은 권리금을 지급할 의무를 부담하지 아니한다.

바. 매도인은 본 건 부동산 및 기타 구축물, 조형물 등 어느 부분에 대해서도 별첨○에 기재된 무상 사용 내역을 제외하고는 무상으로 임대를 약속하거나 매도인이 그의 의사에 기해 무상으로 임대를 제공하고 있는 사실이 없다.

사. 매도인은 여하한 임차인으로부터도 매수인에게 통지하지 아니한 본 건 임대차 등 계약의 해지를 통보받거나 해지 통지를 수령한 사실이 없다.

4. 분쟁, 세금 및 공과금 등 기타와 관련해

가. 매도인은 본 건 부동산의 소유, 사용 및 운영과 관련해 제3자 소유의 토지를 침범하거나 제3자가 본 건 부동산에 대한 경계를 침범한 사실이 없고 이로 인해 소송 기타 분쟁이 개시되지 않았다.

나. 제3자에 의해 매도인의 본 건 부동산에 대한 소유권이 소멸될 수 있는 여하한 사유가 존재하지 아니한다.

다. 매도인은 별첨 ○의 승계대상 임대차 등 계약 중 전대차계약 및 무상 사용 내역을 제외하고는 매도인의 의사에 기해 매도인 또는 임차인 등 계약의 상대방 이외의 자가 본 건 부동산을 점유하도록 한 사실이 없다.

라. 매도인은 본 건 부동산과 관련해 본 건 계약의 체결일 전일까지 매도인에게 부과, 고지된 국세, 지방세, 도로점용료, 교통유발부담금, 선기요금, 수도요금, 각종 공과금 및 이와 유사한 부담금을 모두 납부했다.

마. 매도인은 매수인에게 본 건 부동산을 매도하는 것에 객관적으로 중대한 영향을 미칠 수 있는, 매도인이 당사자가 되어 있거나 매도인이 관련된 재판(소송절차와 집행절차를 포함한다), 행정절차(각종 청문절차, 이의절차, 행정처분절차 등을 포함한다), 중재 등이 계속 중에 있거나 개시되지 않았다. 또한 본 건 부동산의 소유, 사용, 수익 및 관리와 관련해 제3자(임차인 및 전차인을 포함하되 이에 한하지 아니한다)로부터 어떠한 민원사항(진정, 이의제기를 포함하되 이에 한하지 아니한다)도 제기되어 존속하고 있지 아니하다.

바. 매도인은 채무초과 상태(채무초과 여부를 판단함에 있어 대차대조표상 기재된 자산에 대한 항목에 대해서는 장부가가 아닌 시세 또는 감정가를 기준으로 한다)에 있지 아니하다.

사. 매도인은 본 건 부동산과 관련해 환경관련 법령을 위반한 사실이 없다.

② 매수인은 본 건 계약의 체결일 현재 다음 각 호의 사실을 진술하고 보증한다.

1. 매수인은 대한민국 법률을 준거법으로 해서적법하게 설립되어 존속하는 주식회사이며, 본 건 계약을 체결하고 본 건 계약에 따른 의무를 이행하며 본 건 계약에 따른 거래를 종결할 수 있는 권한 및 자격을 가지고 있다.

2. 매수인은 본 건 계약상의 의무를 이행하는 데 필요한 모든 조치를 취했다. 본 건 계약과 관련해 매수인이 매도인에게 작성·교부한 기타 서류들은, 매수인에 의해 적법하게 체결 또는 작성·교부된 것이며, 매수인이 본 건 계약을 체성·교부하는 즉시, 매수인의 적법하고 유효하며 구속력 있는 의무들을 구성하고, 본 건 계약의 조건에 따라 매수인에 대해 집행 가능하다.

3. 매수인은 본 건 계약을 체결하고 그 계약상의 의무를 이행함에 관계 법령, 매수인의 정관 기타 내부 규정에 정한 절차를 준수했다.

4. 매수인이 본 건 계약을 체결하고 이행하는 것은 매수인이 당사자로 되어 있는 계약, 합의서, 약정서, 라이센스, 기타의 의무증서 등에 있어서 해제, 위반, 취소, 실효, 기한의 이익 상실 기타 의무불이행이 되지 아니하며, 대한민국의 법령, 행정처분, 판결 등에 위반되지 아니한다.

제○조 진술 및 보증의 존속기간 및 면책

본 건 계약에 의한 진술 및 보증의 존속기간은 본 건 계약의 제설일로부터 6개월로 한다.

다. 이사회 결의 사항 내용 정리

상법 제374조(영업양도, 양수, 임대등) 회사가 다음 각 호의 어느 하나에 해당하는 행위를 할 때에는 제434조에 따른 결의가 있어야 한다. 〈개정 2011.4.14〉

1. 영업의 전부 또는 중요한 일부의 양도
2. 영업 전부의 임대 또는 경영위임, 타인과 영업의 손익 전부를 같이하는 계약, 그 밖에 이에 준하는 계약의 체결·변경 또는 해약
3. 회사의 영업에 중대한 영향을 미치는 다른 회사의 영업 전부 또는 일부의 양수 제1항의 행위에 관한 주주총회의 소집의 통지 또는 공고를 하는 때에는 제374조의2제1항 및 제2항의 규정에 의한 주식매수청구권의 내용 및 행사방법을 명시해야 한다. 〈신설 1995.12.29〉

단순한 영업재산의 양도나 이미 중단하고 있는 영업부문의 재산양도는 해당되지 않음. 단 영업재산의 처분 또는 담보의 제공으로 인해 영업의 양도나 해지의 효과가 나타날 때는 영업양도로 간주(대법원 판례)

'중요한 일부'의 의미는 한 개의 영업을 하는 회사의 경우 그 영업의 중요한 일부, 두 개 이상 영업을 하는 회사의 경우 그중 중요한 일부의 영업과 그런 영업 중 중요한 일부가 이에 해당됨.

자본시장과 금융 투자업에 관한 법률(이하 '자본시장법') 제165조의4 제2호 및 동법 시행령 제176조의6에서는 다음의 요건에 해당하는 경우를 「'중요한' 영업 또는 자산의 양수 또는 양도」로 봄. 이에 실무적으로는 주주총회의 승인이 필요한 상법상 '중요한' 영업의 양수도 기준으로 이해해 처리하는 경우가 있음. 그러나 동법 시행령상의 요건을 적용해 이에 미달하더라도 그 밖의 사정에 비추어 중요하다고 인정될 경우에는 주주총회의 특별결의를 얻어야 함.

'중요한' 영업의 양수도 예시는 아래와 같음.

- 양수, 양도하려는 영업부문의 자산액(또는 매출액)이 최근 사업연도말 현재 자산총액(또는 매출액)의 100분의 10 이상인 양수, 양도

- 영업의 양수로 인해 인수할 부채액이 최근 사업연도말 현재 부채총액의 100분의 10 이상인 양수

- 영업전부의 양수

- 양수·양도하려는 자산액이 최근 사업연도말 현재 자산총액의 100분의 10 이상인 양수, 양도(다만 일상적인 영업활동으로 상품, 제품, 원재료를 매매하는 행위 등 금융위원회가 정해 고시하는 자산의 양수·양도를 제외)

글을 마치며

"너 대체 뭘 하고 있는 거냐, 책을 써라!"

믿기 어려우실 테지만, 저의 부족한 첫 책이 나오게 된 계기는 꿈속에 나타난 한 선배님의 호통 때문입니다. 심지어 짜맞춘 듯이 새해 계획을 세우는 2012년 1월 1일이었습니다.

과연 이건 무슨 의미일까 며칠을 곰곰이 생각해봤습니다. 그리고는 결심했습니다. 한번 시작해보기로.

저는 정리와 기록을 즐겨하는 편입니다. 심지어 몇 년 전 사용하던 메모장은 물론 중·고등학교 때 쓰던 수첩을 아직도 보관하고 있습니다. 또 어떠한 인맥도 무척 귀중하다고 생각합니다. 그동안 사회에서 만났던 수많은 인연들을 소중히 주기적으로 관리하고 있습니다.

긴 문장을 쓰기 어색해하는 공대 졸업생인 제가 이 책을 무사히 마칠 수 있었던 것은 모두 이런 욕구 덕택이었습니다. 치열한 업무 현장에서 얻어낸 수많은 유·무형의 자료들을 지난 2년 동안 다시 한번 챙겨가며 생각의 실마리를 풀었고, 다양한 전문 분야에 있는 지인들과의 인터뷰를 통해 내용을 채웠습니다. 이 글을 통해 감사의 말씀을 드리고 싶습니다.

힘들지만 멋진 시기를 같이 지낸 모간스탠리캐피탈 유진형 대표님, 이정환, 함중호, 황선혁 상무님을 포함해 12 monkeys 여러 선후배님들! 항상 제게 멘토 같은 삼성생명 조태욱 부장님, 이훈표 부장님, 한화생명 박진국 상무님, 현대해상 정재영 팀장님, KB손해보험 정주열 차장님, 전성자 원장님 등은 가장 먼저 생각나는 분들입니다.

고된 퇴고 과정을 담당해준 김성연 씨, 각 전문 분야 내용을 검토해 주신 메리츠부동산자산운용 신준현 대표님, 세빌스코리아 홍지은 상무님, 딜로이트 이정기 회계사, 서브원 박영민 팀장, 신영에셋 이수정 부팀장, ACR 최원준 부장, KT 김수연 과장, 삼성생명 박창기 책임 그리고 항상 조언과 격려를 주신 삼성화재 최석천 부장님께 특별히 감사드립니다.

그리고 앞으로 저의 책을 읽고 그것을 현실에 반영해나갈 독자 여러분께도 감사드립니다. 저보다 훨씬 뛰어난 선후배님들에 의해 이 책의 부족하고 미진한 부분들이 충실하게 채워져나가기를 바랍니다.

마지막으로 아빠를 많이 찾을 시절인 아들, 딸에게 시간을 많이 내주지 못해 미안하고 부모님, 가족 모두에게 사랑한다는 말을 전합니다.

부동산 투자 운영 매뉴얼

제1판 1쇄 2014년 2월 7일
제1판 6쇄 2023년 10월 13일

지은이 최인천
펴낸이 최경선 **펴낸곳** 매경출판(주)
기획제작 ㈜두드림미디어
책임편집 이규재 **디자인** 디자인 뜰채(apexmino@hanmail.net)
마케팅 김성현, 한동우, 구민지

매경출판㈜
등 록 2003년 4월 24일(No. 2-3759)
주 소 (04557) 서울시 중구 충무로 2(필동 1가) 매일경제 별관 2층 매경출판㈜
홈페이지 www.mkbook.co.kr
전 화 02)333-3577
이메일 dodreamedia@naver.com
인쇄·제본 ㈜M-print 031)8071-0961
ISBN 979-11-5542-077-5 (03320)

책 내용에 관한 궁금증은 표지 앞날개에 있는 저자의 이메일이나
저자의 각종 SNS 연락처로 문의해주시길 바랍니다.

책값은 뒤표지에 있습니다.
파본은 구입하신 서점에서 교환해드립니다.

※ 본문에 나온 각종 정보는 사전 통보 없이도 수정 변경될 수 있으며, 실제 현황과 일부 다를 수도 있습니다. 또한 본문의 내용은 저자의 개인적인 의견이며 회사의 투자방향 또는 의견을 표시하는 것이 아닙니다.